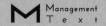

GLOBAL MANAGEMENT

新装版

# グローバル
# 経営入門

浅川和宏
Kazuhiro Asakawa

日本経済新聞出版

# 新装版まえがき

　本書は、2003年に刊行した『マネジメント・テキスト　グローバル経営入門』をレイアウトを一新して同一内容で新たに提供するものである。本書の刊行以来、グローバル経営をとりまく環境はさまざまな変化を見せてきた。新興国の台頭、国際ベンチャーの躍進、デジタル革命による国際ビジネスの変化、SDGsへの取り組み、ダイバーシティーとインクルージョンの重視、コロナ禍のもたらしたグローバル経営への影響など、枚挙にいとまがない。そしてその間、これらの今日的トピックスを扱った多くのグローバル経営関連の書物も刊行されてきた。

　その一方で、学問分野としてのグローバル経営研究は、この20年間、細分化されたテーマにおける実証研究の方向へと向かったため、膨大な精度の高い実証分析が蓄積された半面、グローバル経営全体を俯瞰するの理論そのものは発展が停滞した時代でもあったといえよう。そのため、本書で紹介されたグローバル経営理論は、今日においても入門レベルとして依然修得すべき内容に変わりはない。

　本書で紹介したグローバル経営理論のなかには刊行当時かなり斬新なのも含まれていたが、約20年後の現在、日本企業にとってようやくこれらの理論が現実のものとして必要な段階に至ったといえる。それゆえ、グローバル経営を学ぶ学生や実務家にとって今こそ本書で取り上げた本質的考え方を理解する必要があるだろう。

　その意味で、本新装版では、最近の具体的現象に合わせて改訂は行わず、グローバル経営の本質的考え方に特化した本書のこれまでの内容をそのまま掲載している。したがってこれから本書をはじめて手にする読者の方々は、是非ともまずここで紹介するグローバル経営の基本的考え方を体系的に理解したうえで、より今日的なトピックスの考察を行っていただきたい。最後に、グローバル経営のロングセラーとなった本書を、出版約20年後に新装版としてデザインチェンジしてくださった日経BP日本経済新聞出版本部の堀口祐介さんに改めてお礼申し上げたい。

2022年2月

浅川和宏

# まえがき

## ● 組織論・戦略論をベースに体系的に解説

　本書は、グローバル経営の論理を解説する入門書である。学部でグローバル経営を学ぶ学生に十分理解できるようにわかりやすく記述しているが、内容的には大学院修士課程の学生の教材としてもふさわしいレベルとなっている。企業実務につきながらグローバル経営の論理に関心を抱いている方々にも参考になるような内容づくりにも努めた。

　政治、社会、文化など各国のさまざまな条件が考慮されているため、グローバル経営は非常に複雑に見える。それだけに、どのような論理で組織が構築され、戦略が実行されているかの理解が不可欠である。そのような前提に立ち、本書では、グローバル経営の理論フレームワークを網羅するように心がけた。

　本書の特徴は、グローバル経営は単なる国内のオペレーションの延長ではないとの前提に立ち、組織論・戦略論をベースに体系的に解説している点にある。各章は、重要な基本的視点をまず提示したうえで、あらたな動向に関する筆者のパースペクティブを示すというパターンで、一貫性を持って記述されている。欧米での数多くの先行研究の成果を踏まえ、最新の理論もできる限り紹介した。

　したがって本書の構成は、従来の教科書と異なり、マーケティング、生産、財務などといったファンクション別の章立てとはなっていないが、欧米のビジネススクールなどで教えられているグローバル経営の標準的内容を盛り込んだテキストとして、学部学生はもとよりこれから内外のMBAを志す方々にも有益であろう。

　さらに、現在岐路に立つ日本企業のマネジャーの方々にとっても、本書で紹介したグローバル経営の論理は有効だと考える。海外のビジネスマンと互角に勝負するためにも、グローバル経営の理論武装はますます重要となろう。多くの日本企業はすでに海外に拠点を設置してはいるが、いかなる基準でどのような付加価値活動を海外のどこに「配置」し、かつそれらを世界規模でいかに「調整」すべきか、未だ模索中であるといえよう。オペレーションを海外に出すことは国際化の第一歩であるが、グローバル経

営の本当の課題に直面するのはこれからであるといえよう。そこで必要な
ものは、なによりも世界に通じるグローバル経営の理論武装ではないかと
思われる。

## ● 本書の読み方

　本書はとくに次のように使ってほしい。グローバル経営についての考え
方全般を学びたい方は、数々の引用文献や個々の理論フレームワークの細
部にはこだわらず、とにかく本書をざっと一読し、全体像を理解していた
だきたい。またグローバル経営理論についての理解を深めたい方は、とく
に第Ⅰ部をじっくり学習し、引用文献にも適宜目を通していただきたい。そ
してグローバル経営の各論に興味をお持ちの方は、第Ⅰ部を簡単に読みつ
つ各自の関心テーマの章に進んでいただいても構わない。

　なお、本書では前述のとおり多くの研究文献を引用しているが、それは
入門レベルの学習の後でより高度な学習を志す方への道案内の意味を込め
ている。とくに学生の読者は早い段階からなるべく原典にあたって学習を
進めていただきたい。また、グローバル経営に関する学期末レポートや卒
業論文の作成にあたっても役立つように、参考文献リストをできるだけ充
実させるよう努めた。本書をじっくり学習することで、グローバル経営に
関する研究の最新動向をある程度理解することができる。

　また、各章には、その章の内容を要約した「本章のポイント」、case、
columnなどが挿入されている。適宜参照されたい。

＊　　　　　＊　　　　　＊

　本書執筆にあたっては、多くの方々にお世話になった。グローバル経営
分野の先学、同僚をはじめ、多方面の方々との知的交流は本書を纏め上げ
るうえで大変役立った。また参考文献を入念にチェックしていただいた長
田悦子さん、索引キーワードを拾っていただいた菅原聡、三好廉昭、武元
勝の諸君、そして文書整理等を手際よくこなしてくれた村田亜紀子さんに
も改めて感謝したい。そしてとくに雑事にかまけて筆が滞りがちな筆者を
励まし辛抱強く見守って、適切な進捗管理をしてくださった日本経済新聞
社出版局の堀口祐介さんにお礼を申し上げたい。

2003年11月

浅川和宏

# グローバル経営入門

## 目 次

v

第 II 部

# グローバル経営の革新

第 III 部
# グローバル経営環境とマネジメント

# 第 *13* 章　グローバル経営における文化 ··············· 308

# 終　章　グローバル経営の課題 ······················· 329

## column

## case

第 1 部

グローバル経営の
論理

第 *1* 章

# グローバル経営の考え方

## *1* グローバル経営はどのように 捉えられてきたか

　今日の世界経済は、国際的な相互依存が非常に高まっている。これを経済のグローバル化と呼ぶ。あらゆる企業が何らかの形で海外とのかかわりを持つようになった。そして多くの企業は、原材料の調達、製品の輸出入、海外現地生産、海外製品開発、海外研究開発等、さまざまな形で国際展開をはかってきた。海外展開の形態も、海外企業との戦略的提携やライセンス契約等から海外企業買収、海外子会社設立までさまざまである。

　本書のねらいは、このように多様な側面を持つグローバル経営を見る眼を読者に提供することである。まずはじめに、グローバル経営に関する諸概念を整理しておきたい。

### 1. 多国籍企業（MNC）とは何か

　これまで、国際経営の主体である多国籍企業（MNC：Multinational Corporation）は、さまざまに定義されてきた。たとえばダニングは「多国籍企業とは、海外直接投資（FDI）を行い、1カ国以上において付加価値活動を所有もしくはコントロールする企業である」と定義した（Dunning 1993）。そして国内企業と多国籍企業とを区別する基準として、「海外に持つ子会社の数や規模」「付加価値活動を行っている国の数」「海外子会社の持つ資産、収益等の比率」「経営や株主の国際化の度合い」「各国拠点における経済活動から生ずる優位さの度合い」などを挙げた。彼によれば、多国籍企業の

固有性は「複数の国家間をまたがる複数の付加価値活動を組織化したり調整したりすること」である。

こうした活動は、単に国際貿易・通商や海外生産を指すのではなく、交通、輸送、観光、金融、広告、建設、卸し、小売り、マスコミ等といった、あらゆる分野のサービス産業をも含む（Ball and McCulloch 1999）。

ハーバード大学多国籍企業研究プロジェクトによる定義はどうだろうか。その中心人物であったバーノンの定義によれば、多国籍企業は大企業であり、「輸出や技術ライセンシングなどの国際経営活動を行う」だけでなく、「海外生産をも遂行」し、「海外子会社は地理的にかなり広範囲に分布」し、「多数の海外子会社」を「ひとつの共通の経営戦略のもとで統括」し、「親会社と海外子会社は資金、技術、人材、情報、販売網、トレードマークなどの経営資源の共通のプールを利用」している（Vernon 1971; 吉原 1978）。

吉原は、ハーバードプロジェクトの定義および独自の日本企業の調査経験に基づき、「海外に子会社や合弁会社を持って国際的に経営活動をしている企業」を多国籍企業と定義した（吉原 1978）。そして具体的には、日本の製造企業の場合、「最大500社以内（売上高基準、東証1部上場企業）」「5カ国以上に海外製造子会社を所有」という2条件を満たす企業を多国籍企業と定義している。しかし、その基準に満たない中堅・中小企業も「ミニ多国籍企業」としての特徴を備えているとした（吉原 2001）。

ヒーナンとパールミュッターは、多国籍化の基準として客観基準と姿勢基準を示した（Heenan and Perlmutter 1979）。客観基準とは、海外子会社数、海外子会社の所有形態、総売上高に占める海外売上の比率のような定量的指標である。しかし多国籍化の程度は、単にそうした指標のみでは測れない。そこで、本社のトップマネジメントが海外子会社に対しいかなる経営志向性を有するかに関する姿勢基準の4類型を提示した。

①**Ethnocentric（本国志向型）**　　本社主導により主要な意思決定が行われ、海外子会社は重要な役割は与えられず、本社で指示されたことを行うのみで自由裁量はない。本国のやり方、管理基準を海外にも適用し、海外子会社の主要ポストは本国からの派遣社員で占められる、といった本国中心主義の考え方がベースとなっている。

②**Polycentric（現地志向型）**　　現地のマネジメントは現地スタッフにまかせるという考え方があり、オペレーショナルな意思決定は現地子会社に権

限委譲される。海外子会社の主要ポジションには現地スタッフを登用し、比較的独立性を維持する。しかし財務、研究開発をはじめとする重要な意思決定は相変わらず本社主導のままである。

③**Regiocentric（地域志向型）**　　グローバル規模での経営と各国規模での経営の中間に位置するリージョン（地域）規模での経営志向性を意味する。企業を取り巻く外部環境は、各国単位で捉えるよりも近隣諸国を束ねたリージョン単位で考えたほうがより効率的な面が大きく、リージョン単位で生産拠点、人材採用、戦略策定等を行う。地域本社を設立し、リージョン単位の経営に関する権限を委譲する。

④**Geocentric（世界志向型）**　　ここでは各拠点が相互に複雑に依存し合い、本社と海外子会社は協調関係にある。普遍的かつ現地的な経営管理基準を用いるよう努め、人材の登用に関しても自国の社員を優遇したりせず、世界中からベストな人材を起用するような真にグローバルな企業である。

そして大多数の多国籍企業は、国内志向（E）から現地志向（P）に、そして地域によっては地域志向（R）に、さらには世界志向（G）に発展していくと述べた。こうした発展段階はE-P-R-Gプロファイルといわれるが、すべての企業が必ずしもそうした発展段階をたどるわけではない。現実にはいろいろな経路をたどることがありうるが、彼らの提示した類型は多国籍化を表すひとつの基準として現在でも頻繁に引用されている。図1-1はE-P-R-Gプロファイルを示したものである。

本書では、これらさまざまな定義を参照したうえで、多国籍企業を「海外に複数拠点を持ち付加価値活動を国際的に行う企業」と捉える。それは、海外子会社などの拠点があっても主要付加価値活動をすべて国内で行うだけでは不十分であるという認識に立っている。

**図1-1 》 E-P-R-G プロファイル**

P　　　　　　　　　　　　　　　　R

E　　　　　　　　　　　　　　　　G

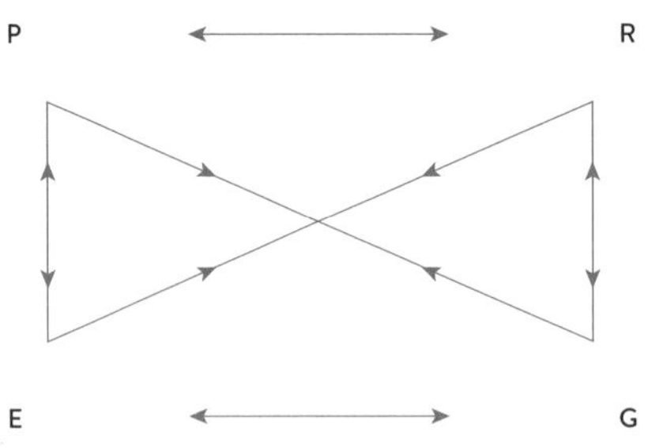

出所：Heenan and Perlmutter（1979）

## 2. グローバルとは何か

グローバル経営という言葉はさまざまな意味で用いられる。広義には、日常語として世界中

にプレゼンスを有し、事業展開を行うマネジメントを意味する。それらは、製品の輸入入、海外生産活動への投資、従業員の指導、海外のサービス（広告、旅行等）への投資、知的所有権（特許等）の国際的扱い等を含む広い概念である（Taggart and McDermott 1993）。またそれは、複数国の国境をまたぐすべてのビジネス取引のことをいう場合もある（Wild, Wild and Han 2001）。

　一般に、国際化（internationalization）が国内から海外へと活動舞台を拡大・進出することを指すのに対し、グローバル化（globalization）は世界規模で経済経営活動の相互依存化が進んだ状態を意味する。

　しかしより狭義には、世界市場を単一市場と捉え、付加価値活動を1カ所で集中的に行い、経済効率性や規模の経済性を享受する戦略を指す（Porter 1986; Bartlett and Ghoshal 1989）。同様に「いくつかの機能（ファンクション）領域において世界規模のオペレーションを標準化し、かつ世界中のオペレーションを統合するマネジメント」（Ball and McCulloch 1999）といった定義が与えられる。

　またグローバルという場合、各国の市場や経済を統合する過程に関係する。たとえばグローバル製品という場合は、全世界の市場に通用するような製品という意味合いで使われる（Wild, Wild and Han 2001）。つまりこれらに共通の見方は、世界の市場や競争環境を単一であると捉える戦略的見方である。

　本書では、グローバルという言葉を広義と狭義の両方の意味で使用している。本書のタイトルでもあるグローバル経営という場合は、世界規模で展開する経営といった広義の一般用語として使用しているが、グローバル戦略という場合には、世界を単一市場と捉えグローバル規模で競争優位を獲得する戦略、といったもっぱら狭義の意味で使われている。一見まぎらわしいようだが、この言葉の持つ実態を反映している。

## 3. 新時代のグローバル経営

　いずれにせよ、国際経営ないしグローバル経営といった場合、今日においては、単に「海外で生産活動を行う」というかつての定義ではもはや不十分となった。サービス産業をはじめ、多くの業界においてより知識集約型活動が国境を越えて展開されている。しかも、かつてはビジネス活動の

国際的広がり自体をもって、国際化の程度を表すという考え方もあった。たとえば、企業が海外各国に子会社や駐在員事務所を設立していれば、もう十分に国際化した証しだという風潮すら見受けられた。しかし、海外に拠点網を広く張り巡らしていても実質的な付加価値活動のほとんどを国内で行っている日本企業は、依然として多い。

　もし企業の競争優位の源泉が本国に集中し、それをベースに国際展開を行えば十分国際的に優位性を保てるならば、そのようなアプローチも問題ない。しかし、現実には自国の優位性のみをもとにしてグローバル規模のメガ・コンペティションを戦い抜くことは困難になりつつある。

　いくら本国に強固な優位性を保持していると自負していても、今日におけるテクノロジーの国際標準化の流れからして、その国家間における優劣のギャップが縮小している。また、途上国の追い上げも著しく、イノベーションのクラスターが気がつけば他国に移動してしまうことも十分ありうる。

　こうした時代においては、現在の本国優位性に安住せず、常に謙虚に他国の持つ強みにも注意を払い、学ぶ姿勢を持ち続けなければならない。しかしこうした謙虚な姿勢は、とりわけ本国に強い競争力の基盤を有する企業ほど持ちにくい（Shaver and Flyer 2000）。いわば本国の強さゆえの弱さが、潜在的に存在する。

　最悪の事態として、本国の相対的優位性が低下しているにもかかわらずプライドのみが先走り現実を直視せず、なおかつ海外の持つ強みから学ぶ姿勢もない場合が考えられる。この状況は、本国、海外のいずれの強みをも活かしていない、中途半端な場合である。

　仮に自国に競争優位があれば、いかにそれを維持しながら、海外からさらに良いものを吸収するか、といった積極的な姿勢が望まれる。また仮に自国に競争優位がなければ、いかに本国の持つ弱さを克服しうるかという問題意識を絶えず持ちつつ、謙虚に海外から多くを吸収するというアプローチが必要であろう。そこでグローバル経営の成功と失敗が分かれてくるといえよう。

　以上のような観点から、本書では、グローバル経営における大きな成功要因は「**世界規模で付加価値活動を展開し、競争優位を築いていく能力**」であると考える。

## 4. グローバル経営の属性

　グローバル経営固有の属性はどこにあるのか。グローバル経営はドメスティック経営（国内経営）とは本質的に変わらず、その違いは単なる国際化の程度の差にすぎないという見解もある。その一方で、それらの間にはより本質的違いが存在するとの見方も根強く存在する。

　企業はさまざまな次元の外部経営環境に取り囲まれており、グローバルという側面はそのひとつの次元にすぎないとも考えられる。たとえば、多角化企業はさまざまな事業領域にまたがって経営しているし、いかなる企業も、人事、生産、マーケティング、財務、研究開発等といった諸機能（ファンクション）を横断した活動を展開している。このように、多国籍環境は、多様で複雑な環境に直面した複雑組織（complex organization）といった点において、多事業（multi-business）環境や多機能（multi-functional）環境と何ら変わらないともいえる。

　また、グローバル経営は各機能（ファンクション）の国際的側面にすぎない、という見方もある。すなわち、マーケティングにせよ財務にせよ、あるいは人的資源管理にしても、それらの分野での国際展開があるわけで、グローバル経営はそれらの総称にすぎないという論理である。

　では、異文化間のマネジメントをもってグローバル経営固有の属性といえるであろうか。異文化をまたがるマネジメントは、言うまでもなくグローバル経営におけるきわめて大きな特徴であるが、それ自体をただちにグローバル経営固有の属性とは必ずしも見なし得ない。

　なぜならば、文化という概念自体がかなり多義的であり、国の文化以外にもあらゆるレベルの文化が存在する。ひとつの国家にもさまざまなサブナショナル・カルチャーが存在し、サブカルチャー同士の違いのほうが国家間のカルチャーの違いよりも顕著である場合もありうる。ベルギーやスイスのように、一国内で複数言語が使用されている場合などは顕著な例である。さらにはどの企業にもそれぞれ固有の企業文化が存在し、国内の企業同士が戦略的提携を結ぶ場合にも、異文化の摩擦が生じ、その統合に苦しむ例もめずらしくない。

　また、遠距離間マネジメントも、グローバル経営の大きな特徴といえよう。しかし、これもグローバル経営に固有の属性とはいえない。なぜなら

ば、通常は海外は国内より遠いと考えられるが、実際には国内の遠方都市よりも近い海外都市も結構ある。とくに米国のような大国の場合、国内とはいっても東海岸と西海岸の間はかなり距離があることは言うまでもない。さらに、昨今の情報技術の発展なども経営における距離の持つ意味を低減させる傾向にある。

　しかし、グローバル経営はドメスティックな経営全般とは本質的に異なる属性を持っている。それは政治的、法律的、通貨的な意味で国家間の壁を越えた経営行動である点である。

　グローバル経営に特有の特徴として、Hill（2001）は以下の4つの点を挙げている。①異なる複数の国々で事業展開する点、②国際ビジネスに身を置くマネジャーの直面する問題の幅ないしその問題自体がより複雑であるという点、③国際ビジネスにおけるマネジャーは、国際貿易や投資システムにおいて多かれ少なかれ複数の政府の介入の制約下で仕事を遂行しなければならない点、そして④国際ビジネスにおいては、各国間の通貨の為替が発生する点である。

　グローバル化の流れは、国境の意味を失うボーダレス化と同義語で捉えられる傾向も強い。しかし他方では、国家間の交流が深まるゆえに、人々を引き合わせるのみならず引き裂くことにもなる（伊丹1998）。企業の国際化により国境をますます意識せざるを得ない理由は、国家間に根強く存続しつづける制度、通貨、文化、風習、思想、社会組織等の違いが顕著だからである（伊藤1998）。

　さらに、グローバル経営は単なる各ファンクション分野の国際的側面以上のものである。たとえば、それぞれのファンクションにおいて、国際展開は当然なされているものの、その程度はファンクションごとにまちまちである。一般的には、ファイナンスとR&Dがもっとも本国に集中し、その反対に人事制度がもっとも現地化しているといわれている。そして、生産やマーケティングはその中間に位置するとされる（Goehle 1980; Hedlund 1981; Welge 1981; Bartlett and Ghoshal 1989）。

　問題は、現実の多国籍企業はいくつものファンクションがそれぞれ国際展開し、その度合いはまちまちであるため、マネジメントがきわめて複雑な点である。つまり、グローバル経営の役割は、各ファンクションの国際化をより包括的な視点から管理することなのである。

# 2 企業活動の国際展開の論理

ここでは、企業活動の国際展開の段階およびその論理について概観する。

## 1. 国際化の発展段階

個別企業の国際展開にはさまざまな経路があり、国際化の過程を一般化することはできない。しかし多くの場合、次のような発展段階を経るといわれる。国内のみで経営活動を行う企業が物の輸出入により国際化の第一歩を踏み出し、次いで製品・生産技術やノウハウの移転、さらには資本の移転が生じる。

やがて企業は、現地国に子会社および合弁会社を設立する。ここにおいて、本社輸出入部門による海外活動のコントロールだけでなく、現地マネジメントが経営に参加するようになる。そして現地子会社は、単なる販売子会社から製造子会社へとその役割を拡大する。

こうした海外子会社の活動を統括する必要から、本社は国際事業部を設置する。

しかしやがて海外売上が国内売上を上回るような国際化の発展により、国内事業と海外事業を区分せずグローバル経営システムの一環として捉えるグローバル企業型の経営が必要となる。この段階では、原材料や部品の調達、製造、販売等、いずれの活動も企業にとって最適な場所で企業内国際分業を行う（小林 1968）。

## 2. 海外への直接投資の論理

伝統的な考え方によれば、企業は、技術・経営技能、それに組織能力などの見えざる資産（intangible assets）の所有から派生する企業固有の優位性（Caves 1971）をもとに、経済的利益を創出するために海外に生産設備などを投資するとした。[2]

しかし、海外進出企業は現地の地元企業に比べ、言語、現地経済、商習慣、法規制、流通システム、その他の面で不利である。そこでハイマー

（Hymer 1960；1976に公刊）は、生産設備等に直接投資するためには、海外進出企業がそうした不利な点を上回るような優位性を保有していなければならないと論じた。

その優位性の源泉は、企業の持つ優れた信用力、製品開発力、生産力、マーケティング力等の能力である。さらに、海外進出先市場が新規参入障壁などに代表される不完全競争状態の場合、合弁や結託、協定等による集権的意思決定を行うほうが利益が大きい。市場の不完全性のため交渉を通じた価格・産出量調整ができない場合、結託による取引の内部化がより有利となる。

## 3. バーノンの国際プロダクトサイクル理論

では、企業はなぜ国際化するのだろうか。プロダクトサイクル理論は、製品サイクルの流れに沿って企業の国際化を説明している。バーノンは、米国の多国籍企業が戦後海外展開していく過程をこの理論で説明しようとした。

まずはじめに米国の企業は、米国内の革新的経営資源を活用した新製品を国内で開発、生産し国内市場に導入し、先発者利潤を享受する。

その後国内市場における需要増大を受けて、規模の経済を享受すべく大量生産する。やがて国内市場が成熟し生産量が消費量を上回る。そして他の先進国でも需要が高まり、輸出が行われる。やがて輸出先における市場が拡大・競争激化し、さらに現地国政府による輸入制限も課されると、米国企業はより低コストな生産の実現のため生産活動を現地国へ移すこととなる。国内寡占市場においてはリーダー格の企業のそうした動きにつられて、他の企業も海外進出を行う（Knickerbocker 1973）。

やがて、他の先進国での生産が消費を上回り、米国に輸出される。さらに標準化の流れは、発展途上国における規模の経済性を活かして低コスト生産を促し、発展途上国が輸出国となる。ここでは、米国は輸出国から輸入国へと転じる。

このようにプロダクトサイクル理論は、1960年代までの米国の多国籍企業の海外進出をプロダクトサイクルの流れを軸に捉えたものであった。

しかしその後いくつかの限界が指摘された。たとえば、米国をイノベー

ションの頂点とした見方は、その後の欧州・日本企業の発展により妥当性を見失うこととなった点、プロダクトサイクルが短縮化し、その流れが順次展開されるとは限らず、ある段階を飛ばしたり逆に進んだりする場合も生じる点、等が挙げられる。

## 4. 所有・ロケーション・内部化の優位：ダニングのOLIパラダイム

ダニングのOLIパラダイムは、企業の海外生産をはじめとした海外直接投資を説明する包括的フレームワークとして知られている。このフレームワークは、企業が海外進出市場において現地企業に対抗できるのに十分な有形、無形の資産を保有することによる所有の優位をどの程度持っているか（O-advantages）、そして所有の優位が存在する場合、その優位を海外企業に売るのではなく自ら使用することによりさらに優位を強化しうると企業が判断するのはいかなる場合か（I-advantages）、さらにどこへ海外進出するのがもっとも優位か（L-advantages）、という問いに解答を提供してくれる。よく折衷（eclectic）パラダイムともいわれる。

ダニングはまず、企業は持続可能な所有の優位（O）を持つことを前提としている。企業は進出先の他国企業に対する所有の優位があってはじめて、海外市場における諸々の不利な競争条件を乗り切ることが可能となる。所有の優位は、現地企業と戦ううえで必要な有形・無形資産を生み出す力を意味する。具体的には、企業規模、多国籍展開の経験、革新的製品開発能力、優れた製品や技術、技能等に現れる。

そのうえで、そうした所有の優位を実際に活用し付加活動を行うほうが売却するよりも有利だと企業が判断するとき、内部化優位（I）が存在する。つまり内部化優位は、市場取引に比べ組織内取引のほうがコスト優位性が高い状態を指す。中間財、知識など市場取引のコストが高い場合、内部化するメリットが生ずる。また内部化のメリットとしてはさらに、現地ロケーションの実情に応じて柔軟に生産拠点を移転したり社内移転価格の設定といった組織内調整の利点も挙げられる。

では、地球上のどこで所有の優位を活用し付加価値活動を行うのが最適か。立地的優位（L）は、その国にどれぐらい自社に必要な資源が存在しかつ入手可能かということにかかわる。その内容は、原材料や天然資源、さ

らに有能な人的資源が低コストで容易に入手できること、需要が大きい魅力的市場の存在、そして安定的政治環境、海外企業に有利な法規制等、多岐にわたる。

　たとえば、なぜ特定の国においては輸出でなく現地生産なのかという点についてDunning (1993) は、いくつかの点を挙げている。

- 現地国におけるイノベーション能力がある場合
- ある程度大きい市場であること
- 輸入障壁 (関税障壁、非課税障壁) がある場合
- 本国との文化的・心理的距離があまり大きくないこと
- 現地国の賃金があまり高くないこと
- 本国と現地との輸送コストが高い場合

ここまでの議論を整理しよう。ダニングは企業の持つ優位性を海外直接投資の必要条件とした。優位性なくしては海外における不利な条件を克服しえないという考えは、ハイマーの優位性命題と共通する (つまり所有の優位)。しかし、優位性だけではただちに海外直接投資は行われない。問題は、その優位性を海外企業にライセンス供与せずに自社で活用するメリット (つまり内部化優位) およびそれを自国内でなく海外の特定国において活用することのメリット (つまり立地的優位) があるかどうかにかかっている。

　上記の条件すべて (所有の優位、立地的優位、内部化優位) がそろったときにはじめて直接投資がなされ、立地の優位が存在しない場合は自社の優位性を自国内で活用し、製品を海外に輸出する。また優位性を自社で活用するメリットすらないと判断した場合は、海外企業にライセンスという形で供与するとした。

## 5. その後の展開

　ダニングのOLIパラダイムでは、企業の海外直接投資の前提は所有の優位 (O) を有することであった。しかしその後の研究者らにより、海外直接投資は必ずしも所有の優位を前提としないことが指摘された。そして、所有の優位 (O) を持たない企業がいかに海外直接投資を展開しうるかという点が、その後の研究において注目された。すなわち、本国・自社の弱さを克服するための海外直接投資についてである。たとえば、企業は海外直接

# 直接投資のタイプごとに見たOLIパラダイム

　ダニングは直接投資をいくつかのタイプに分けている（Dunning 1993）。ここでは各タイプごとに直接投資の要因を見てみよう。

- **天然資源探求型**　　自らの資金力、技術力、市場へのアクセス、その他の補完的資産をもとに（O）、目的の天然資源および輸送、通信インフラが整備された国において（L）、その天然資源を市場取引よりもより低コストで安定的に供給するために（I）行われる。

- **市場探求型**　　自らの資金力、技術力、経営・組織力、および規模の経済性やブランド構築力などをもとに（O）、ある一定の市場規模と需要サイズを持ち輸入障壁および直接投資の誘因がある国において（L）、直接現地生産し、現地市場へ製品を提供することにより取引費用を削減しうる（I）ものである。

- **効率探求型**　　自らの資金力、技術力、経営・組織力などの他市場へのアクセス、範囲の経済、地理的拡散による資源入手力などといった諸能力をベースに（O）、製品特化の経済性および低賃金を提供する国において（L）、内部化による規模の経済、ガバナンス体制共有による効率性（I）を享受するタイプである。

- **戦略的資産探求型**　　上記のような諸能力をベースに（O）、自社に現在欠けている技術、市場、その他の資産を有する国において（L）、取引を内部化することによりガバナンスの共有化による効率とリスクの低減を実現する（I）ものである。

- **貿易・通商型**　　自社の優れた製品と市場アクセス能力をもとに（O）、潜在顧客のいる魅力ある市場において（L）、効率的かつ高品質な製品の生産を安定的に可能にし、現地代理店によるサボタージュを回避すべく内部化する（I）パターンである。

- **支援サービス型**　　本国での豊富な対顧客経験をもとに（O）、リード顧客のいる市場において（L）、より安定的、確実な対顧客サービスを提供するために内部化を行う（I）パターンである。

投資を通じ海外での経験を積み上げることにより、現地特有の知識・能力を確保していくという「インクリメンタル（漸進的）な国際化」の考え方などひとつの例であろう（Johanson and Mattson 1987）。

また Almeida（1996）も、最近では海外（韓国等）の企業が彼らの技術力が米国に比べとくに弱い分野に直接投資を集中させていることを示した。同様にShan and Song（1997）も、バイオテクノロジー業界において外国企業が特許活動の活発な米国のバイオ企業に投資することにより、その企業独自の進んだ技術を吸収しようとしていることを示した。

このようなタイプに共通する点として、企業は世界最先端のイノベーション・クラスターに拠点を置くことによりそこからの知識・技術の吸収に努める傾向にあることが挙げられる（Cantwell 1989; Frost 2001）。

こうして、本国、自社の優位性を前提とせずに、海外拠点をベースに競争優位を構築するという考え方は、第7章で紹介するメタナショナル企業戦略（つまり本国のみならず世界各地のリソースをフルに活用することによりグローバル規模の競争優位を構築する戦略）をはじめとする、国際化に関する新しい見方へと連なっている。

---

column

## 経営理論の普遍性と相対性：グローバル経営論の立場

グローバル経営を考える際、もうひとつ重要な論点として、経営理論の普遍性と相対性という問題がある。経営学が学たる所以は、経営にまつわる普遍理論を構築しうるか否かにかかっている。しかしながら、多国籍にまたがる経営の場合、各国特有の慣習や論理がどの程度普遍理論により説明できるか、疑問が投げかけられた。その背後には次のふたつの問題があった。

第1に、米国を中心に発展し精緻化された現代経営学（米国経営学）は数々の経営理論を生み出していったが、普遍理論とされた多くのものは、実は主に米国における米国企業のデータをもとに構築されたものであった。一方、米国以外の国の企業データに基づく研究は地域研究ないし比較研究として片づけられ、そこから導出された結論は地域特

有のものであり決して普遍理論とは見なされなかった。

　経営の手法や考え方は地域ごとに異なり、したがってそれに関する理論も地域ごとに異なる、といった観点は、比較経営学の前提である。たとえば国により、企業統治（コーポレート・ガバナンス）のあり方や、イノベーション・システムが異なるため、それを説明する理論も各国の特殊文脈に大きく左右されるという考え方がそれに相当する。今でも米国の経営学会の中には、いわゆる国際研究を避ける風潮がある。とくに博士課程の学生の準備する博士論文などにおいては、あらゆる意味において理論的普遍性が危うい国際研究は回避せよといった指導が多くの教授によって頻繁になされている。

　第2に、仮に同一の現象を分析していても、研究者の認知スタイルが彼らの母国文化に大きく影響されるという。Hofstede (1983) は、独自の多文化比較に関する実証研究 (Hofstede 1980) に基づき、組織のプラクティスや理論は各国の文化体系に深く根ざしており、普遍的ではありえないと論じた。戦後経営理論のほとんどは米国発のものであり、米国人学者が米国企業のデータをもとに構築したものであるから、そのまま他の国々に適用するには無理があるという考えである。

　Galtung (1981) も、各国の知的スタイルが国々の文明、文化、社会的背景により大きく異なるとし、アングロサクソン (saxonic)、ドイツ (teutonic)、フランス (gallic)、日本 (nipponic) の各流儀をユーモアを交えて要約、披露した。各国の知的スタイルを典型的に表すものとして、「どのようにオペレーショナル化（概念操作化）するのか」（米国流）、「どのようにドキュメント化（文書に記述）するのか」（英国流）、「どのようにそれを基礎原理から引き出すことができるか」（ドイツ流）、「それをちゃんとしたフランス語で言うことはできるか」（フランス流）、さらに「あなたの恩師はだれですか」（日本流）という問いかけが象徴的であるとした。そのうえで、これらの差異はきわめて根本的なものであり、容易には薄められないと論じた。

　ホフステッドによれば、1950年代から60年代にかけて米国を中心とする経営学界には収斂仮説 (Convergence Hypothesis) なる考えが流行した。全世界に通用する良いマネジメント手法の原理を追求するうちに、第三世界をも含んだ世界各国の経営のあり方は収斂するはずだという論

理であった。しかしながら、1970年代に入ると、そうした考え方は影
響力を失っていった。そして、経営における国の重要性が再認識され
ていった。

　ホフステッドは、国の存在は政治的、社会（学）的、心理（学）的側
面から重要だと論じた。経営現象のみならず、それを研究対象とする
経営理論そのものが文化的制約を受けているという。社会文化が国に
より異なるのと同様、そこに生きている人々の価値観や常識も国によ
り千差万別である。

　研究者もその例外ではない。その人がどのような社会で生きている
のかにより、生み出す理論も異なる。ホフステッドの例を借りれば、ア
ダム・スミスはもし個人主義社会に生まれていなければ、また違った
理論を生み出していたかもしれない。また、たとえば参加型リーダー
シップ論などといった理論も、パワー・ディスタンス（権力格差）の高
い国では生まれてこなかったであろう（詳しくは第13章参照）。

　このように、経営理論の普遍性をデータのバイアスおよび知的スタ
イルの両面から疑う研究者たちは、経営理論の地理的相対性を唱え、比
較経営、地域研究を進めていった。その一方で、このような差異を克
服して普遍理論を構築しようという試みもなされた。まず第1のデータ
のアメリカン・バイアスという点に関しては、米国企業のデータをも
とに構築された経営理論仮説の世界各国の企業データによる反証が繰
り返されるようになった。そして第2の知的スタイルのバイアスについ
ては、米国人研究者も含めた世界各国の研究者たちによる多国籍研究
プロジェクトが数多く立ち上がった。そしてそれらから多くの優れた
研究業績が生まれていった。

　こうした試みは、必然的に一国内のドメスティックな企業経営に関
する研究ではなしに、世界各国にまたがる国際的経営現象を研究対象
とするようになっていった。その延長線上に位置する国際経営学は、国
ないし地域による相違を認めたうえで、それらをまたがったマネジメ
ントに固有の属性を究明する学問である。異質のものを融和・統合す
ることに関する一般理論の構築作業こそ、国際経営学の存在意義とい
えよう。

　したがって、国際経営学は比較経営学とは異なるし、地域研究とも

異なる。国家間をまたがってビ
ジネス活動を展開する際に特有
の論点を対象とする。換言すれ
ば、比較経営学ないし比較文化
論では国々の間にこれだけの違
いがあるという点を強調するの
に対し、国際経営学では、これ
だけの違いを前提として、それ
らを取り込んだ統合モデルが構
築可能かを問うている。

**図1-2 ≫ 矛盾を内包したアプローチ**

普遍的視点

グローバル
経営論

相対的視点

　その際、国際経営学が比較経営学ないし地域研究と異なるもうひと
つの点は、後者が対象地域の経営環境に関する具体的考察まで踏み込
むのに対し、前者はそれぞれの進出地域に関する具体的考察を行いつ
つも、国際化に関するより普遍的・抽象的命題の構築と反証に重点を
おいている点であろう。

　じつはこうした違いは、なにも経営学の分野のみに当てはまること
ではなく、国際政治学・国際関係論と比較政治学・地域研究との違い
のように、他の社会科学分野にもみられる。

　以上、グローバル経営を見る眼として、相対的視点と普遍的視点を
概観した。ひとことで整理するならば、グローバル経営論は、その両
方の視点を包摂した分析枠組みを提示するところにその特徴があると
いえよう。図1-2にも示したように、一方において各国別の文化、社会、
制度に根ざした部分に関してはその差異を強調し、その違いをよく理
解することを促すとともに、他方において、かかる違いを乗り越えた
統合戦略の重要性も説く。

　前者は主に比較文化論、地域社会研究、文化人類学的なアプローチ
をベースとするのに対し、後者は主に経営戦略論、経営組織論的アプ
ローチをベースとする。また、前者はより相対的視点を反映するのに
対し、後者はより普遍的視点を有するとでもいえようか。

　グローバル経営論は、その両者の持つ特徴を取り込み、いかに地域
的多様性を認識しつつ経営管理上の手腕によりいかにその差異を乗り
越え、グローバル規模での活動展開を行っていくかがその着眼点であ

第1章　グローバル経営の考え方

017

る。まさにグローバル経営論は、社会文化的相対性と、理論的普遍性
をつなぐ矛盾を内包したアプローチといえよう。

---

**本章のポイント**

　本章ではまず多国籍企業を「海外に複数拠点を持ち付加価値活動を
国際的に行う企業」と定義し、またグローバルという用語をめぐり世
界規模で展開する経営といった意味の一般用語としてのグローバル経
営と世界を単一市場と捉えグローバル規模で競争優位を獲得するグロ
ーバル戦略を区別した。そのうえでグローバル経営における成功要因
を「世界規模で付加価値活動を展開し競争優位を築く能力」とした。
グローバル経営の属性としては異文化・遠距離間のマネジメントとい
ったものに加え、政治的・法律的・通貨的意味での国境を越えた経営
活動であるとした。

　次に、企業活動の国際化の論理をいくつかの代表的な理論の紹介を
中心に概観した。つまり企業が国際化する際には、海外における不利
な条件を克服できるだけの優位性を持ち、それを海外企業にライセン
ス供与せずにある海外の特定国において自社で活用するメリットが存
在する際に直接投資を行うという考えであった。

　そして海外直接投資の新たな見方として、企業が単に自国の保有す
る優位性、ないし本社の持つ経営資源をベースに、海外に遠心的に適
用することではなく、むしろ海外各地に潜む重要なイノベーションの
能力を確保し、国境を越えて移転・共有する目的に注目した。

---

本文注

*1*　その他の定義として、国連は「本拠のある国以外で生産またはサービスの設備を所有もしく
　　は支配している企業」という定義を示した。また竹田（1993）は、「販売市場が国内と海外に
　　ある」「国内生産による輸出を含め世界各地の経営資源の有利な利用のため現地生産・現地販
　　売・輸出を行う」「現地子会社の永続的な支配を目的とする」（直接投資）「企業グループ内で
　　統一・共通の戦略を有する」「グループ全体の最大利益を目指す」という定義をした。

*2*　ハイマーは、直接投資と証券投資を区別した。「直接投資」は資本移動のみに関する証券投資
　　とは異なり、経営資源を移転し投資先の国における企業活動の支配を目的としている。つま
　　り、海外で経営活動を行うに必要な企業経営知識・ノウハウ（経営監理、研究開発、技術、生

産、マーケティング、販売等）の現地移転を伴う。

3　なぜ中間財（知識・ノウハウ等を含む、最終製品でないもの）の国際的取引が、市場でなく組織内で行われるのかを説明しているのが内部化理論である。内部化理論では海外の付加価値活動の内部化を論ずる際、「どこの」（where）海外における活動かが必ずしも明確に考慮されていないとの批判を受けた。それに対し、Buckley（1987）やCasson（1987）らは、内部化仮説にロケーション（立地）の変数を入れる必要性を認識している（Dunning 1993）。そして、より直接的に内部化をロケーション（立地）、所有とともに体系的に捉えたのが、折衷パラダイムを提示したダニングであった。

第 *2* 章

# グローバル経営の戦略論

# *1* グローバル企業を取り巻く
多様な国際環境と戦略

　グローバル企業は多様な環境に直面している。それは、少なくとも複数国にまたがる異質な文化・慣習・制度にさらされているからである。それに加え、複数の事業部門を持つ多くの企業は、各事業特有の異なる環境に直面している。こうして見ると、多国籍企業は、現存する組織の中でももっとも複雑な環境に身を置く存在であるといえる。さらに、今日のように外部環境が激変する時代では、多国籍企業にはなお一層、環境変化への俊敏な適応が要求されるといえよう。

## 1. 多様な外部環境

　グローバル規模の経営管理における最大の課題として、複雑性が挙げられる。言うまでもなく、グローバル規模にビジネスを展開する際、世界各国の固有環境に直面する。多様な環境に常に直面しているのが多国籍企業の宿命であり、利点でもある。多国籍企業は、各国あるいは各地域ごとに異なる顧客ニーズ、競争環境、社会文化的状況、法的制度といった要素にきめ細かく対応する必要が生じる。

　もちろん、そうした海外環境の多様さの度合いは、業界によって異なる。ある産業は（たとえば家電や自動車等の場合）、優れた製品を作れば世界中で受け入れられる傾向が比較的強い。高性能の製品を低価格で提供すれば、国を問わず比較的よく売れる。それに対し、他の産業（たとえば食品、嗜好品

等）では、各国特有の食文化、生活習慣に強く影響され、ひとつの国で爆発的に売れた製品が他国で売れるとは限らない。そうした具体例は枚挙にいとまがない。

　グローバル企業の戦略は、単に外部環境の一側面のみに適応すればよいのではなく、絶えず、国の文化、社会、法律といった社会の基本的側面と、産業や機能（ファンクション）などといった、ビジネス的側面を、複合的に捉えたうえで柔軟に適応する必要がある。

## 2. 環境と戦略

　企業経営にとって、企業を取り巻く外部環境と戦略とは密接な関係にあることは言うまでもない。だがその関係にはさまざまなタイプがある。いわゆる環境適合理論（コンティンジェンシー理論）によれば、外部環境に戦略・組織が適合（フィット）したとき、その企業の経営成果が高いという。

　しかし、適合を実現する方法はさまざまである。ひたすら外部環境の変化に合わせて戦略・組織を変化させる受け身的手法もあれば、逆に能動的に外部環境へ働きかけ環境を戦略的に変化させることもある。場合によっては、そうした適合よりもむしろ不適合（ミスフィット）の状態こそ新たな革新の可能性が高いという考え方もある。そこで、ここでは企業の外部との適応のパターンに注目し、グローバル経営環境に対していかなる対処法が有効かを検討する。

　マイルズとスノウによれば、企業の環境への適応パターンとして次の4つがある。第1は、分析型（analyzer）といわれるものであり、市場の変化に敏感でありつつも行動に関しては慎重である場合である。防衛型（defender）は、現状の強いポジションに安住し、外部の変化にはあまり敏感に反応せず、あくまで現状のロジックで戦い抜こうとするパターンである。攻撃型（prospector）は、環境の変化を敏感に察知し他者に先駆けて新たな行動へ果敢に挑戦するパターンである。最後の受動型（reactor）は、いかなる場合にも確固たる戦略を持たない場合である（Miles and Snow 1978）。

　この分類を応用すれば、グローバル企業は常に外部環境の変革をいち早く察知し、他者に先駆け行動する攻撃型にもなりうるし、また、環境変化を察知しつつも具体的行動には慎重になる分析型、さらには現状を確信し

環境の変化に反応しない防衛型にもなりうる。いったい、どのような要素がこうした行動をとらせるのであろうか。

　ひとつには、本国における企業の相対的力に大きく左右されるということがある。すなわち、本国におけるマーケットシェアや売り上げ、収益等がきわめて強力な場合は、比較的グローバルな経営環境の変化に鈍感になる場合が多い。それに対し、国内においてフォロアー的存在の場合は、環境の変化を常に先取りし、チャンスに転嫁しようという意思が強く働くであろう。

　そうしたグループの大多数は、分析型に分類されるが、ごく一部は攻撃型となり、ハイリスク・ハイリターンを狙った行動をとる。一般に攻撃型戦略をとる企業群は、サイズの面においても収益の面においても、より後発組に属し、変化に乗じて一獲千金を狙おうと画策している場合が多い。

　しかしながら、多国籍企業マネジメントの難しさは、本国における状況のみをもとに戦略を選択しにくいことにあろう。本国の力にかかわらず、海外の子会社の現地マーケットにおける相対的ポジション次第で現地オフィスのとりうる戦略は自ずと変わってくるだろう。

　現地マーケットにおける現地収益が申し分ない状況であれば、よほどのことがない限り、防衛者としてのアプローチを放棄しようとはしないであろう。現地マーケットにおける環境が激変した場合は、防衛者から分析者へとシフトすることはあっても、攻撃者へと変化することはまれである。

　他方、現地マーケットにおけるポジションがきわめて弱い場合、その本国のパワーがいかに強力であろうとも、その子会社はより強い危機感を抱き、分析型はもとより、場合によっては大いに攻撃型の戦略をもとりうる。

## 3. 環境創出戦略

　グローバル企業は、単に各国の環境に対し受け身的に適応するだけではない。外部環境に応じ、時には現地に適応し、時には現地市場に働きかけたりもする。多国籍企業は多くの国の市場に接している関係上、一国で成功したやり方を他国でも実践してみることができる。その国のやり方にそぐわない場合、一部修正を経て現地適応を行う。

　一般的に、先進国の進んだ現地市場に対しては現地適応し、より後発の

市場に対しては市場を創出し潜在顧客を教育することも必要となる。また、先進国であっても、市場が成熟期にある場合などは、他国で築きあげた新たなイノベーションを進んで導入することもありうる。

さらには、その国がいかに戦略的に重要な市場であるかによって、現地適応度も違ってくる。当該国市場が自社にとって死活的に重要であれば、企業としての一貫性を犠牲にしても、現地適応をいとわないであろう。しかし戦略的にたいして重要でないと判断された場合は、過度の適応をせず、現地国からの撤退をも視野に入れておくことも選択肢のひとつである。

## 4. 環境・戦略・組織・経営資源のダイナミック・フィット

これまで、グローバル経営における環境と戦略のありかたについて見てきた。ひとことでいえば、多国籍企業は多様な環境に絶えず直面しており、状況に応じ、時には現地環境に適応する戦略を選択し、時には現地の特殊性に迎合せず企業の固有の戦略を適用していく戦略をとる。多国籍企業の場合は、多くの国の環境条件に応じ、適応したり現地環境に対し働きかけたりするのである。

ノーリアとゴシャールはこうした多国籍企業の特徴を、差別化された統合ネットワーク（differentiated network）と表現し、それぞれの外部環境に対しそれぞれの海外子会社を通じて異なった形で対応する姿を捉えた（Nohria and Ghoshal 1997）。

また、グローバル経営における戦略と組織のありかたも重要である。なぜなら、組織は環境と戦略のダイナミックな相互作用を可能にするエンジン的存在だからである。グローバル戦略、マルチドメスティック戦略にはそれぞれに適した組織がある。世界を単一市場と捉えたグローバル戦略にもかかわらず、各国の子会社がばらばらな対応を行っていてはまずい。反対に、マルチドメスティック戦略がふさわしい状況にもかかわらず本社主導で海外子会社への権限委譲を行わないのでは、明らかに不適合である。

本国の優位性や、本社の経営資源を駆使してグローバル化を図る場合、中央集権的組織構造でもよいかもしれない。なぜならば、主要な資源は本社・本国に集中しており、あとは遠心的に海外に移転すればよいからである。反対に本国の優位性がなく、主に海外から資源を調達せざるを得ない場合、強

い本社の存在はマイナスであり、海外子会社の権限の強化が急務である。

しかし、マルチドメスティック戦略をとるために海外子会社への権限委譲を進めても、それだけでは不十分である。なぜなら、各国単位で現地環境への対応がうまくできたとしても、多国籍企業全体としての整合性および効率性が確保されなければ意味がないからである。

そこで必要となるのは、権限委譲された自立的海外子会社とともに、各国のオペレーションを戦略的に統合する部門の存在である。いわば、分化と統合の両側面がそろってはじめて一人前というわけである。

# 2 グローバル経営戦略を見る 3つの眼

本章ではグローバル経営戦略を見る眼として、これまでに発表されたさまざまな分析フレームワークを紹介する。まず全体を概観してみよう。グローバル経営の戦略論は、経営戦略論のひとつの応用分野である。したがってグローバル経営戦略の議論の多くは、経営戦略論の国際的側面という色彩が強い。

本書では、経営戦略論の流れを大きく3つに整理してみる。1つ目は戦略の中身を扱うストラテジー・コンテントといわれる流れ、2つ目は戦略の立案ないし実行に関する過程を主に扱うストラテジー・プロセスといわれる流れである。3つ目は、企業固有の経営資源（リソース）を競争優位の源泉と捉えるリソース・ベースト・ビューといわれる流れである。

ストラテジー・コンテントの場合、その主な関心は「いかなる戦略をとるべきか」という点におかれ、産業組織論（Industrial Organization）の流れを汲む。産業内のポジショニングと企業パフォーマンスに焦点を当てたポーターの戦略論などは、典型例といえよう。

一方、ストラテジー・プロセスの場合、よい戦略を立案し実行するには、なによりも優れたマネジメント・プロセスが必要だという立場に立ち、トップ・ミドル・フロントラインそれぞれの役割、組織能力（organizational capability）、経営の質（quality of management）といった点に関心を寄せている。

バウアー、バーゲルマンらの研究がベースとなり、プラハラード、ハメル、ドーズ、バートレット、ゴシャールらが代表的である。

　そして1980年代半ば以降、急速に影響力を持つに至ったリソース・ベースト・ビュー（経営資源論：Resource-Based-View）は、企業の競争優位の源泉をその企業特殊的資源（リソース）・能力（コンピタンス）に求め、Wernerfelt（1984）、Barney（1991; 2001）、Rumelt（1991）などが代表的である。

　グローバル経営戦略論においても、こうした経営戦略論と同様の傾向がみられる。

# 3 ストラテジー・コンテントから見た　グローバル経営戦略論

## 1. グローバル産業とマルチドメスティック産業

　企業が世界へ向けての経営戦略を構築するとき、自らの属する産業の特徴によって、とるべき戦略の中身も異なる。ここでは、グローバル産業とマルチドメスティック産業といったもっとも対照的な産業を比較してみよう（Porter 1986）。

　グローバル産業とは、競争環境が世界規模に拡大し、企業は絶えず世界市場を念頭においた競争戦略を立てなければならない産業を指す。主な競合相手も世界の競合各社であり、世界の共通市場におけるシェア確保をめぐりしのぎを削る。

　このようにグローバル産業においては、顧客・市場も競合他社も世界規模の広がりを持っており、グローバル対応が必要である。世界を単一市場と見なすことができる産業なので、標準化した製品を全世界に投入することができる。場合によっては現地適応を行うこともあるが、効率を犠牲にしてまでは決して行う必要がない。いわゆる価値連鎖（バリューチェーン）の配置を最適な場所1カ所に集中することにより、規模の経済性を追求できる。

　マルチドメスティック産業とは、競争環境が各国ごとに異なり独立しているタイプのもので、市場戦略も各国ごとにまちまちな産業である。世界

的規模での標準化製品を一律に投入することなど、決してありえない。い
くら一国内で競争優位を確立したといっても、他国ではまったく通用しな
い。なぜなら、各国において競争相手や顧客だけでなく、供給者、購買者、
関連産業、政府といった各要素が異なるからである。それぞれの国で努力
を積み上げなければならない産業なのである。

　こうした条件のもと、価値連鎖の全活動を各国別に配置することが必要
とされる。

## 2. グローバル戦略とマルチドメスティック戦略

　こうした異なった産業の特徴は、企業のグローバル戦略構築にも影響を
及ぼす。一見同じように海外展開している多国籍企業各社も、その戦略ロ
ジックは異なる。ある企業は、世界中の潜在的顧客を視野に、世界で認め
られる企業になるにはどうすればよいのかを一生懸命考えている。一方、他
の企業は、特定の国々におけるビジネスの成功を目標におき、いかにすれ
ばそれぞれの国の潜在顧客に愛される製品を作り、売り上げを伸ばせるか
に挑戦している。

　要するに、両方とも海外でのビジネスに高い優先順位をもって取り組ん
でいるものの、前者は世界市場での成功、後者は各国市場での成功を目標
としている点で、大きく異なる。前者をグローバル戦略、後者をマルチド
メスティック戦略と称する。

　これらの戦略の主な特徴は、表2-1のとおりである。

　グローバル戦略においては、世界全体を単一市場と捉え、各国別ではな
く全社的な経営成果の向上を第一義的目標とする。地元業者ではなくグロ
ーバルレベルでの競合相手との競争戦略が重要となり、そのためにもっと
も有利になるべく価値連鎖の各機能を国別に集中し、ロケーションの利点
と規模の経済を享受する。潜在顧客はグローバル・カスタマーであるので、
国別に過剰な現地適応を行わず、あくまで標準化製品の投入を行う。オペ
レーションは中央集権し、本社による海外子会社のコントロールが行われ
る。

　マルチドメスティック戦略においては、各国ごとに市場は独立し、個別
の国における競争優位の確立が重要課題となる。競争環境も各国ごとに異

表2-1 ≫ グローバル戦略とマルチドメスティック戦略

| グローバル戦略 | マルチドメスティック戦略 |
| --- | --- |
| ・世界を単一市場と捉える | ・市場は各国ごとに独立 |
| ・世界規模での競争優位の確立が目標 | ・各国ごとの競争優位の確立が目標 |
| ・価値連鎖（バリューチェーン）の各機能をもっとも有利なロケーションに配置（国別に集中） | ・価値連鎖（バリューチェーン）の各機能を各国別に配置 |
| ・グローバル・カスタマーを対象に製品の標準化を行う | ・各国市場ニーズを反映した現地適応戦略 |
| ・本社主導の海外子会社コントロール | ・現地への権限委譲 |

なり、価値連鎖の各機能を各国別に配置する。また、グローバル標準化製品は意味をなさず、各国市場ニーズを反映した現地適応戦略をとる。こうした現地化政策を有効に遂行するためには、本社からの強いコントロールは効果を発揮せず、むしろ海外子会社への大きな権限委譲が行われる。

　一般的には、企業は産業特性に適合した戦略をとるのが適当だと考えられる。たとえばNohria and Ghoshal（1993）は、産業特性（つまりグローバル産業かマルチドメスティック産業か）に適合した組織戦略（つまりグローバル戦略かマルチドメスティック戦略か）をとった企業群の間でもっとも高い企業収益を確認できたとする実証結果を報告している。

　これは、一般常識からも理解できる。すなわち、国家間の垣根がない産業においては戦略もグローバル戦略をとり、他方、市場や競争環境が国別に異なる産業においては各国ごとに個別対応するマルチドメスティック戦略が望ましい。そしてまた、それらにみあった組織構造（本社へ権限を集中するか、海外子会社へ権限委譲するか）も必要となる。

## 3. 企業活動の配置と調整

　Porter（1986）は、上で述べたような産業レベルの考察を踏まえ、グローバル規模の競争戦略を価値連鎖の配置（configuration）と調整（coordination）の問題として捉えた。

　配置については、価値連鎖内の諸活動が世界のどの場所で行われるか、そ

**図2-1 ≫ 価値連鎖**

出所：Porter（1986）；『グローバル企業の競争戦略』土岐坤他訳、ダイヤモンド社

　の場所の数はいくつかといった点が論点となる。また調整においては、国別で行われる同種類の活動が、お互いにどれくらい調整されているかが論点となる。なおここでいう価値連鎖とは、競争優位を生む源泉を診断するための企業分解を指す（図2-1）。

　Porter（1986）は、グローバル戦略とは、「集中配置」か「分散された活動の調整」か、あるいはその両方によって国際的な競争優位を確保しようとする戦略である、と定義した。集中配置のメリットは、規模の経済性、習熟曲線、調整の容易さ等が挙げられる。一方、分散調整のメリットとしては、比較優位の変化への対応が比較的容易である、ブランドの評判を強化しやすい、政府への信頼の獲得手段となる、競争相手への対応が柔軟となりうる、などの点が指摘される。

　配置（集中・分散）と調整（高・低）の度合いの組み合わせにより、ポーターは国際経営戦略のタイプを提示した。図2-2はそれを示している。

　右上の「単純なグローバル戦略」は、配置を一拠点（典型的には自国）に集中し、なおかつ諸活動の調整度合いが高いものである。

　右下の「マーケティングを分権化した輸出中心戦略」とは、価値連鎖の配置は集中するがマーケティング部門を分権化し、調整度合いの低い輸出中心のアプローチである。

　左下の「多国籍企業（MNC）ないしドメスティック企業による国を中心とした戦略」は、配置を分散し、しかも諸活動間の調整もあまりないもの

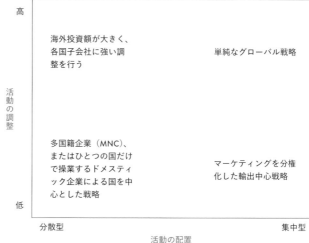

図2-2 ≫ 配置と調整

出典：Porter（1986）；『グローバル企業の競争戦略』土岐坤他訳、ダイヤモンド社

であり、典型的なマルチドメスティック戦略といえる。

　左上の「海外投資額が大きく、各国子会社に強い調整を行う」戦略は、価値連鎖の諸活動を世界中に分散する必要が大きい状況で、なおかつ調整も重要な場合にとるアプローチである。

　ポーターは、このような類型化を行った後、今後の国際経営戦略の方向性として、左上のタイプへと向かうと示唆した。その根拠は、「単純なグローバル戦略」のように集中が必要でなく、また不可能な場合が生じ、さらにITその他の進歩により、今後調整がより重要に、また容易になるからであった。

## 4. グローバル産業の4戦略

　Porter（1986）は企業が競争する産業内のターゲット・セグメントの幅（多数か少数か）と戦略の地理的範囲（グローバル戦略か国別戦略か）との組み合わせにより、大きく4つの戦略が考えられるとした（図2-3）。

　グローバル・コスト・リーダーシップまたはグローバル差別化戦略では、グローバル規模でしかも多数のセグメントでビジネスを展開することを通

**図2-3 ≫ グローバル産業の4つの戦略**

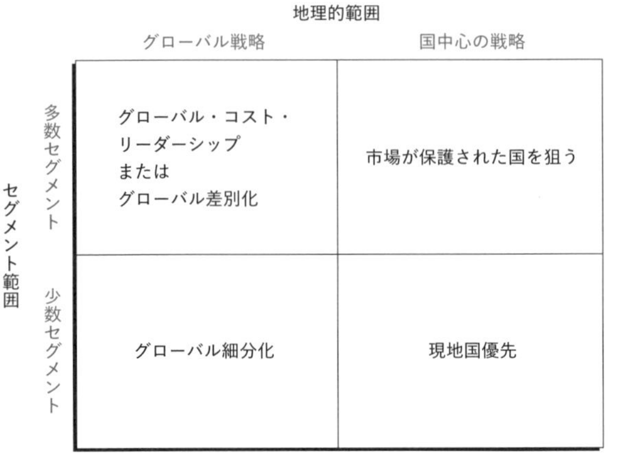

地理的範囲

|  | グローバル戦略 | 国中心の戦略 |
|---|---|---|
| **多数セグメント** | グローバル・コスト・リーダーシップ または グローバル差別化 | 市場が保護された国を狙う |
| **少数セグメント** | グローバル細分化 | 現地国優先 |

セグメント範囲

出所：Porter（1986）；『グローバル企業の競争戦略』土岐坤他訳、ダイヤモンド社

じて、グローバル規模での配置と調整によりコスト優位ないし差別化優位を追求する。

　前者は、標準化製品の導入により規模の経済性、優位性を確保する戦略である。具体例としては、トヨタや小松製作所が挙げられている。後者は、規模と習熟度優位を活用し差別化のコストを下げ、製品の差別化、ブランド化による地位を確保する戦略である。具体例としては、IBMやキャタピラーが挙げられている。

　グローバル細分化は、世界中の特定セグメントへ製品を供給する戦略である。この戦略は、狭いセグメントのみで活動を行うため、経営資源をむだにしないという利点があり、あまり大きくない多国籍企業やドメスティック企業にとっても可能な戦略といえる。

　保護された市場に対する戦略は、国家により市場が保護されている国に向けてのものである。高関税率、輸入割当、ローカル・コンテントといった政府の政策に対しては、早くからの直接投資が必要となる。インド、アルゼンチン、メキシコといった国が例として挙がっている。

　現地国適応戦略は、産業全体はグローバルだがある産業セグメントにおいては現地国の独自性がとても強い場合に、有効な戦略となる。ここでは、なによりもまず現地独特の製品、チャネル、マーケティング慣行に根ざした要求を満たすことが重要となる。上述の保護された市場への戦略とも似

通っているが、グローバル配置と調整が経済的に妨害される場合には、この現地国適応戦略がとられる。他方、政府により政治的に妨害される場合には、上の保護された市場への戦略がとられる（Porter 1986）。

## 5. グローバル・プラットフォームとしての国

　さまざまなグローバル戦略のタイプが提示されたが、ここでいえることは、ひとつには、国の枠組みが企業の競争戦略の主要な場となるケースはごく一部にすぎないということである。たしかにたとえば保護された市場への戦略や現地国適応戦略などは、特定の国に対する国別戦略であった。しかし、このような戦略は各国の特殊性があまりに大きいため、他国への応用可能性が低い。そのため、あまり多くの国には適用できない。これからはますますビジネスのグローバル化が進み、グローバル戦略の重要性が増していく。そうした中、グローバル・コスト・リーダーシップ、グローバル差別化ないしグローバル細分化戦略が大きなウエートを占めると考えられる。

　Porter（1986）は、グローバル・プラットフォームという概念を提示した。すなわち、国が国内企業に対してグローバルに戦える優位を与える環境を提供する場合、その国をグローバル・プラットフォームと呼ぶ。国は企業の全活動を集中させる場所である必要はなく、比較優位を与える場所として、企業活動の拠点となればよいという議論である。

　グローバル企業の競争優位は、その活動に関し比較優位性を持つ国に拠点を置くことにより生まれる。その場所は、比較優位を有しかつ国内需要と経営環境が整っていることを条件に、企業のグローバル戦略への競争優位の源泉となる。

　これまでの常識では、主にそうした国は企業の本社所在地（いわゆる本国）と一致する場合がほとんどであった。すなわち、自国の優位性をベースに、海外直接投資を行い国際展開を行ってきたというのである。しかし、このグローバル・プラットフォームは自国である必要はない。むしろ自国中心主義の呪縛から企業を解放することこそ、真の意味でのグローバル・プラットフォームの活用になり、優れたグローバル戦略となるだろう。

## 6. 国の競争優位とダイヤモンド

　グローバル経営にとって国の競争優位はいかなる意味を持つのか。重要なのは、企業がある特定の業界で戦ううえでその本拠を置く国が有利な諸条件を備えているかどうかである。ホームベースとは、企業がその競争優位を創造、維持することのできる国なのである。

　ポーターは、国の競争優位の決定要因を次の4つに求めた（Porter 1990）。

　①**要素条件**（factor conditions）　　熟練労働力やインフラといった、ある特定の産業で競争するのに必要な生産諸要素における国の地位（position）を指す。

　②**需要条件**（demand conditions）　　特定産業の製品あるいはサービスに対する本国での需要の特質を意味する。

　③**関連・支援産業**（related and supporting industries）　　国内において国際的競争力のあるサプライヤー産業・関連産業があるかどうかを指す。

　④**企業戦略・構造・競合関係**（firm strategy, structure and rivalry）　　その国においていかに企業が創設、組織化、経営されるかを統制する条件、ないし国内での競合関係の性質を意味する。

　上のダイヤモンドを表したものが、図2-4である。

　これらの要因はそれぞれその国の企業に競争優位をもたらす条件であるが、相互に関連する動態的要因でもある。

**図2-4 ≫ ポーターのダイヤモンド**

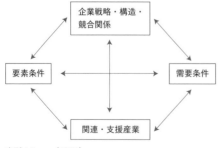

出所：Porter（1990）

　要素条件でいう生産要素は、労働力、土地、天然資源、資本、インフラ等さまざまであるが、労働力などは高度知識社会の到来を受けてたえずグレードアップに努めねばならない。

　需要条件でいう国内需要の重要性はグローバル競争においてきわめて大きい、とポー

ターはいう。国の競争優位を確保する産業には、単に本国の需要が大きいのみならず、質の面でも顕著である。産業セグメントが海外市場より国内でより大きい場合、国内企業からより注目される。また高度な知識を持ち要求の厳しい買い手の存在が、さらなるイノベーションを誘発し、競争優位をもたらす。さらに国内の顧客ニーズがグローバル市場のニーズの予告となる場合は、グローバル規模での競争優位をもたらす機会が生まれる。

　関連・支援産業が国内にあることは、その国に本籍を置く企業に競争力をもたらす要因となる。支援産業のサプライヤーが国際競争力を持っていると、川下産業の企業に競争優位をもたらす。高品質の部品・資材等のモノを低コストで効率的に確保できるのみならず、イノベーションの共有が可能となる。このことは関連産業においてもまったく同様である。

　企業戦略・構造・競合関係もまた、特定産業における企業の競争優位をもたらす。企業経営における諸要素は、競争力の重要な基盤である。個人のやる気も重要である。さらに国内における競争がコスト削減、品質向上、イノベーションの実現につながる。

　こうした諸条件が相互作用を持ちながら、システムとして機能する。ひとつの要因のみ強くても、他の要因がそろわなければ効果は限定される。しかし、各要因はお互いに自己強化をもたらす。たとえば、国内における強いライバルの存在は、その他の要因を刺激し向上させる。競争が激しい日本のエレクトロニクス産業において各企業が競合他社から刺激を受けて共に能力向上をとげ、需要拡大にもつながった例などが挙げられる。

　こうしてつくられたダイヤモンドの環境は、競争力の強い複数のクラスター（業界集団）を形成する。ひとつの競争に強い産業は1カ所に集中することにより補強しあう。こうして形成された産業集団は互いに助け合い、なお一層強力になる。米国のシリコンバレーやカリフォルニアのワインクラスター、イタリアの革製品クラスター等が有名である。

## 7. ラグマンのグローバル戦略批判：地域（リージョナル）戦略の提唱

　以上のようなポーターの議論は、特定産業における国の競争優位がそこに本籍を置く企業に競争優位を提供し、その競争力をもってグローバル規

模で成功するという考えであった。ここで重要なのは、あくまでも企業に競争優位を与えるホームベースたる本国の存在である。つまり、とられる戦略はグローバル戦略であり、海外における各国市場適応の必要性は二の次であった[2]。

こうしたグローバル戦略に対し真正面から批判を行ったのが、ラグマンである。彼は、グローバル化がいかに誤解を招いているか、グローバル戦略の有効性がいかに神話にすぎないか、についての議論を展開している。ラグマンの論点を以下に列挙しよう（Rugman 2000, 2001）。

- グローバル戦略などそもそも存在しないし、存在したこともない。なぜなら、自由貿易による単一世界市場などありえないからである。
- 現実には、グローバルビジネスは過去、現在、未来ともに、トライアド（米欧日3極）体制を基本とする。
- 多国籍企業は、基本的にはトライアドの一極市場内で主な活動を展開し、その他の極の市場に進出している。その戦略はリージョナル戦略であり、グローバル戦略ではない。
- 国家政府は、ほとんどのサービスセクターを規制しており、自由市場への流れを阻害している。そうした流れは止まる見込みはない。
- 企業はグローバル戦略など忘れ、あくまでも "Think Local and Act Regional"（ローカル思考をもってリージョナル規模で行動せよ）といった原則を貫くべきだ。

## 8. モス・カンターのグローバル戦略批判

モス・カンターらは、グローバル戦略とはローカル色を無視してグローバル標準化を行うものであるという見方を否定した。そしてグローバル戦略に関する6つの神話と誤解を示した（KanterandDretler1998）。

① グローバル戦略とは各国オペレーションの間でいかなる関係性を有するかにかかわらず海外でのプレゼンスを持つことである、との誤解。
② グローバル戦略とは世界中どこでも同じように行うことである、と

いう誤解。

たとえば、コカ・コーラのような世界ブランドでさえ、実際にはボトリング、流通、マーケティング、商品名など、各国で異なる対応が必要とされる。

③グローバル化とはいかなる国家やコミュニティーとの関係も持たない無国籍企業（a stateless corporation）となることである、という誤解。

実際にはグローバル企業とは現地コミュニティーへのコミットメント、アイデンティティーを確立する必要がある。かつてABB社のバーネビク会長は自社をグローバル企業でなくマルチローカル企業と呼んだ。またノバルティスもローカル・コミュニティーサービスを自社のグローバル・アイデンティティーとした。

④グローバル化とは国のイメージや価値観を捨てることである、という誤解。

しかし実際には国のイメージは強力で、それをうまく活用する例が多い。米国文化の象徴としてのタバコのマールボロ・マン（Marlboro man）、米国企業だがスカンジナビアのイメージを利用したハーゲン・ダッツ（Häagen-Dazs）アイスクリーム、同じく米国企業でありながらフランス風イメージを前面に打ち出したベーカリーのオーボンパン（Au Bon Pain）などがある。

⑤グローバル化とは他国企業との統合をはからず、企業買収や戦略提携によりパートナーを世界に広げることである、という誤解。

実際には、海外企業と提携を持っただけでシナジー効果を発揮できていない例が多い。

⑥グローバル戦略を行うには海外での販売やオペレーションを展開する必要がある、といった誤解。

肝心なのは、グローバルな発想であるという。


そのうえでカンターらは、真のグローバル戦略の意味として次のものを列挙している。


- ビジネスのあらゆる側面（サプライヤー、生産拠点、市場、競争等）を統合した思考ができること。

- すべての製品・サービスを国内／国際の両視点から評価すること。
- 国際的観点を製品開発の段階から持つこと。
- 世界市場を目指す前から世界的標準を満たし、ローカル市場でも世界クラスを目指すこと。
- ローカルな文化的相違を理解すること。
- 本国から遠く離れたロケーションから学ぶ能力を持つこと。
- 機能、部門を超えてローカルな統合を行うこと。

# 4 ストラテジー・プロセスの流れを汲むグローバル戦略論

　多国籍企業（MNC）プロセススクール（多国籍企業戦略のプロセス面に焦点を当てた学派）は、クリステンセンをはじめとするハーバードビジネススクールのビジネスポリシーグループによる総合経営（ジェネラルマネジメント）分野を起源とする。その後、バウアーによるリソース・アロケーション（資源配分）の研究において、トップマネジメント、ミドルマネジメント、フロントライン（第一線）マネジメントそれぞれの果たす役割が整理された。その後、スタンフォード大学のバーゲルマンのインターナル・コーポレート・ベンチャリングの研究に引き継がれていった。

　そうした流れが多国籍企業研究に持ち込まれたのが、プラハラード、ドーズ、バートレット、ゴシャールらの研究である。トップマネジメントの役割に注目した初期の研究（主にプラハラードとドーズ）から、次第にミドルマネジメントやフロントラインマネジメントの役割にも注目した研究（バートレットとゴシャール）へと進展していった。そして、グローバル統合と現地適応のバランスをいかに達成するかという組織論に重点をおいたプロセス・スクールを構築していった。

## 1. プラハラードとドーズのグローバル戦略分析フレームワーク

　彼らのグローバル戦略フレームワークの特徴は、あくまでもコーポレー

トのトップマネジメントの観点から、いかにグローバル戦略を考えるかの指針を与えている点にある。第6章でも詳しく見るが、彼らはグローバル統合と現地適応といったふたつの概念を組み合わせることにより、多国籍企業がとりうる戦略のパターンを考える機軸を提供した。さきに見たポーターの分析のように、産業の特性をも視野に入れ、どの産業がよりグローバル統合に適し、またどれがより現地適応に適するかをマッピングした。その際に、彼らはグローバル統合と現地適応の軸を、トレードオフの関係ではない二次元の関係として捉え、グローバル統合も現地適応も大事な産業の存在をも指摘した点が目新しい。

　Prahalad（1975）やDoz（1976）は、当初からグローバル統合の軸を「経済的効率」、現地適応の軸を「政治的圧力」ないし「現地市場ニーズへの適合」と捉えた。

　そしてプラハラードとドーズは、戦略的コントロールといった概念のもとに、多国籍企業（彼らは多角化多国籍企業と呼んだ）の果たすべき3つの戦略をマネジメント・プロセスの視点から提示した。それらは、コントロール、変革、柔軟性といったものである。コントロールとは、各企業の諸々の活動をどの程度グローバル統合もしくは現地適応させるか、という意味である。変革とは、時とともに変化する環境条件に応じ、グローバル統合と現地適応のバランスをシフトさせることを指す。また柔軟性とは、いかに一見矛盾したグローバル統合と現地適応のロジックをうまく両立させるか、といった意味での柔軟性を意味する。

　このグローバル統合・現地適応のフレームワークは、グローバル戦略論のプロセススクールにおけるベースとなり、その後多くの研究者により利用されていった。

## 2. バートレットとゴシャールの戦略フレームワーク[3]

　バートレットとゴシャールは、グローバル経営における伝統型組織構造と新たな組織構造を対比してその特徴を明らかにしている。そのうえで彼らはABB社を具体例に、グローバル・マトリックス組織におけるトップマネジメント、ミドルマネジメント、フロントラインマネジメントの役割が、伝統型事業部制組織における各階層マネジャーの役割とどう違うかに着目

した。

　それによれば、伝統型組織においてはトップマネジメントがリソースを配分し、全体的方向性やルールを定め、ミドルマネジメントが主に上と下の情報を仲介し、フロントラインマネジメントが、決定事項を忠実に実行したり問題解決することを想定したのに対し、ABBのような新型ネットワーク組織においては、トップマネジメントは全体の目的・ビジョンを提示し、ミドルマネジメントは相矛盾する利害や部門間情報を横断的に調整・統合し、そしてフロントラインマネジャーは最前線での起業家的イニシアティブを出していくことが求められる。そして起業家的プロセス、統合プロセス、再生プロセスといった企業革新に欠かせない3つのプロセスにおいて、各レベルのマネジャーが果たす役割を整理した。

　さらに、彼らはABBのような新たな企業モデルにおいて必要となるのは従来からいわれてきた経営のハードな側面、すなわち戦略 (S)、構造 (S)、システム (S) のみならず、よりソフトな側面、つまり、ひと (P)、プロセス (P)、目的 (P) といったものこそ重要だと論じている。このように彼らは経営者の役割、プロセスに注目した経営プロセス理論の構築を試みているが、その舞台の多くはグローバル規模で展開している新型多国籍企業である。

# 5 コンテントとプロセスの両面を融合したグローバル経営戦略論

　以上、ストラテジーをコンテントとプロセスの観点から捉えたアプローチを概観した。しかし、実際には戦略には、中身と過程といったようにすんなりと分けられない領域も多く存在する。そういう意味で、近年の経営戦略論の研究動向は、まさに両者の収斂過程にあるともいえよう。

　たとえば、ポジショニング戦略は、特定産業内における自社の位置づけを確認しそれに対応する戦略をとることにより、ある一定以上の成果があがるというものだった。しかしそうした理論では同じポジショニング戦略をとっても異なる結果が生じる理由が説明できない。

　企業間のパフォーマンスの違いを説明するためには、産業レベルないし産業内の戦略グループ単位の分析では不十分であり、あくまでも企業レベルの分析が必要となる。その企業のコア・コンピタンスとは何か、それを支える組織能力はどこから生じるのか。そこにおいて有効となるのが戦略プロセス論である。企業内のマネジャーの考え方や行動プロセスを研究することにより、企業文化の特徴もよく理解でき、ひいてはその企業の組織能力の源泉をつきとめることに成功するかもしれない。

　また、戦略立案過程におけるマネジャーの役割と行為に注目する戦略プロセス論は、コンテント・スクールからは得られない企業内部のきめ細かい視座を提供してくれる。しかし、それだけでは、なぜ（またいかに）個々のマネジャーの行為や施策が組織レベルの能力に転化したのかを十分に説明しきれない。やはりその背後には産業内のいかなる競争環境に自社がおかれ、どのような戦略をとっているかがある。

## 1. ゴシャールのグローバル戦略フレームワーク

　そもそもグローバル戦略の目指す目標は何であろうか。そして、それらを実現するためにはどんな手段が考えられるか。こうした体系的な議論なしでは、グローバル戦略は各国マーケットへの場当たり主義的な環境適応になってしまう。Ghoshal（1987）は、グローバル戦略の戦略的目標として、①オペレーションの効率の実現、②リスクの管理、③イノベーション・学習・適応の3つを挙げた。そしてそれらの目標を達成するために必要な競争優位の源泉を、①国の違い、②規模の経済、③範囲の経済の3つに求めた。図2-5はそのフレームワークの要約である。

　まず、①オペレーションの効率性を見てみよう。企業はグローバル戦略をとることにより、国の違いから派生する賃金や資本等の低コストのメリットを享受でき、広範囲な活動を通じて潜在的な規模の経済性のメリットを拡大、享受し、さらに製品、市場、事業をまたがる投資やコストの共有による範囲の経済性も得られる。

　②リスクの管理に関しては、各国の比較優位の変動に対しても、経済リスク、政治（政策）リスク、競争リスク、資源リスクといった各種のリスクの管理を国の違いを活かして行い、規模の経済とオペレーション上の柔軟

**図2-5 ≫ ゴシャールのグローバル戦略フレームワーク**

|  | 競争優位の源泉 | | |
|---|---|---|---|
| | ①国の違い | ②規模の経済 | ③範囲の経済 |
| ①効率 | ファクターコストの違い（賃金・資本コスト等）からのベネフィット | 規模の経済を進出・拡大により享受 | 投資・コストを商品・市場・事業間でシェア |
| ②リスク管理 | 各国固有のリスクをバランス | 規模と柔軟性をバランス | リスクのポートフォリオ、多角化 |
| ③イノベーション、学習、適応 | 社会間の差異からの学習 | コスト削減とイノベーションの経験からの学習 | 異なった構成要素からの共有された学習 |

（戦略目標）

出所：Ghoshal（1987）

性をバランスさせ、範囲の経済を活かして多方面のリスクをポートフォリオ的に分散させる。

　③イノベーション・学習・適応であるが、国の違いを活かして各国の組織社会システムの違いから学習し、規模の経済の動態的利点である経験によるコスト削減およびイノベーションを促し、さらに異なる製品、市場、事業をまたがる範囲の経済による学習の共有の可能性を活かすことができる。

　ゴシャールのフレームワークの大きな特徴は、効率やリスク管理とともに、イノベーション・学習をグローバル戦略の目標として捉え、競争優位の源泉を多面的に捉えた点にある。

## 2. 競争優位と比較優位： コグートのグローバル経営戦略フレームワーク

　コグートは、グローバル経営戦略をかなり広いスコープで捉えた一人である。彼はポーターの価値連鎖に類する概念である付加価値チェーン（value-added chains）という概念を用いて、グローバル戦略の論点を提示した。

　付加価値チェーンとは、「技術が原材料や労働力と組み合わされ、その加工されたインプットが組み立てられ、市場投入され、流通する過程」を意味する（Kogut 1985a）。

　要するに、さまざまな原材料や労働のインプットが最終アウトプットを

生み出し市場投入される一連のプロセスを意味すると考えてよい。ある企業は、そのチェーンのごく一部しか扱わないかもしれないし、また別の企業は、すべてのプロセスを自社で行うかもしれない。また、ある場合は、そのすべてを自国内で行うかもしれない（ドメスティック企業の場合）が、グローバル企業の場合はどの部分をどこで行うかが戦略的課題となる。

　コグートは、グローバル企業の重要な戦略課題として、以下の2点を挙げた。第1は企業の付加価値チェーンのどこに投資すべきか、という点。第2は、これらの活動を国際的にどこに置くか、という点である。その答えとして、コグートは、企業は付加価値チェーンにおける諸活動のうち競争優位のある部分に投資し、それらを比較優位のある場所に置く、と論じた。

　コグートは、上のような結論を出したが、実際にはこの判断には不確実性・リスクがつきものであり、運営上の柔軟性（operational flexibility）をもって、中央による統制と現地適応のバランスをとることがいかに重要であるかを論じた（Kogut 1985b）。ここにおいては、コグートは戦略プロセス論の域に達している。

## 3. イップのグローバル戦略論：Total Global Strategy

　Yip（1989, 1992）はグローバル戦略の構図を多面的かつ体系的に整理した。とくに彼はグローバル戦略がいかなる条件のもとでうまく機能するかについて体系的フレームワークを提示した点で注目に値する。

　彼は、グローバル戦略の利益とコストに与える要因として、グローバル戦略手段、産業グローバル化推進力、グローバル組織要素を挙げ、グローバリゼーション・トライアングルと称した。

　より具体的には、ビジネスと親会社の状況と資本および産業グローバリゼーション推進力の各要素が、グローバル戦略手段に影響を与え、それがグローバル戦略の利益とコストへと影響するという構図である。また、その間にグローバル戦略実行のための組織力という要素が主にグローバル戦略手段からグローバル戦略の利益とコストへの関係に影響を与え、場合によってはグローバル戦略手段へも直接影響を及ぼすとした。図2-6はその関係を示したものである。

　イップのフレームワークの特徴は、その包括的構図にある。ポーターが

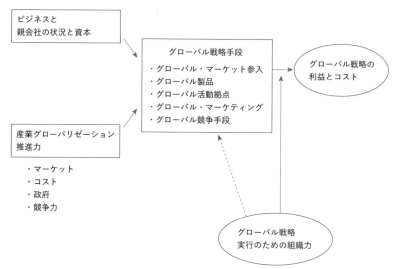

図2-6 » イップによるグローバル戦略の構図

出所：Yip（1992）；『グローバル・マネジメント』浅野徹訳、ジャパンタイムズ

主題とした産業レベルの要素はもとより、グローバル戦略手段の中身や組織能力まで包摂している。その意味で、このフレームワークはゴシャールのものをさらに包括的にしたものであるといえよう。以下、各要素の中身を簡単に概観してみよう。

　グローバル戦略の利益とは、コスト削減、品質改善、顧客好感度の増大、それに競争手段の増加である。またグローバル戦略のコストに関しては、すべての手段が調整コストを引き起こすとしている。
　グローバル戦略手段とは、グローバル・マーケット参入、グローバル製品、グローバル活動拠点、グローバル・マーケティング、グローバル競争手段といったものを含む。
　産業グローバル化推進力とは、マーケット、コスト、政府、競争力の4つの要因からなる。
　グローバル組織要素とは、組織構造、マネジメント・プロセス、人材、文化からなる。

# チャクラバーティーらの戦略的プランニング論

　多国籍企業（MNC）における戦略的プランニングに関する研究がチャクラバーティーらによって展開されたのも、この時期においてである（Chakravarthy and Perlmutter 1985; Lorange 1976）。多国籍企業は、価値連鎖の各要素を地理的に分散するか集中するかといった経済的課題、そして、多国籍企業が活動する現地国の要請にどの程度対応するかといった政治的課題に直面している。

　まず経済的課題についてだが、ある場合には、規模の経済性を追求するために標準化が好まれるのに対し、ある場合には製品の地域性の高さや輸送コストの面から各国対応が優先される。

　また政治的課題についても、ローカル・コンテントなどの現地国政府の規制などにより各国対応が優先され、またある場合には、輸出助成や特定産業に対する研究開発支援等により本国集中策もとられる（Porter1986）。

　それに加え、各社の有する戦略的オリエンテーションがパールミュッターらのいう本国志向（ethnocentric）、現地志向（polycentric）、地域志向（regiocentric）、世界志向（geocentric）のいずれかのパターンに該当するとするならば（Heenan and Perlmutter 1979）、MNCの戦略的プランニングはきわめて複雑なタスクとなる[4]。

　チャクラバーティーらは、多国籍企業はそうした経済的課題、政治的課題、戦略的オリエンテーションといった異なる要求を調和しつつ、次のふたつの基準により異なる戦略的プランニングシステムを選択することを提起した。その基準とは、「多国籍企業とホスト国政府との力関係」および「付加価値がバリューチェーンの上流か下流で最大化されるか」の2点であった。こうして、いかなる条件のもとでどのようなモデルが有効であるかを次のように示した。

- 相対的パワーが多国籍企業にあり付加価値活動が上流で行われる場合には、モデル1すなわち本社によるタイトなトップダウン型コントロールによるグローバル統合が望ましいとした。
- その反対に相対的パワーがホスト国政府にあり、付加価値活動が下

流で行われる場合には、モデル2すなわち地域別組織構造をとり現地の自律性が高い現地対応型プランニングが望ましいとしている。

- また多国籍企業とホスト国政府とのパワーが拮抗しており、付加価値活動が下流にある場合は、モデル3すなわちポートフォリオ・プランニングを導入することにより、各事業ごとにモデル1とモデル2を使い分けることができると論じた。たとえば、その事業がある国で成長期にありマーケットシェアの確保が期待される場合には、モデル2をとり、またその国ではすでに成熟期に達しており、今後のビジネスチャンスはあまり期待できない場合はモデル1をとる、というふうに。

- 最後に、多国籍企業とホスト国政府とのパワーが拮抗していて、付加価値活動が上流にある場合は、モデル4すなわち二重構造プランニングがよいと論じた。つまり、製品軸と地域軸のマトリックス構造をとり、それぞれの側面において統合、適応の比重が変わるとした（Lorange 1976）。

このように、チャクラバーティーやロランジらは、戦略的プランニングの立場から、適切な多国籍企業プランニングシステムを本社が合理的に選択することを唱えた。図2-7は上記の各モデルを図示したものである。

**図2-7 » 戦略的プランニングシステム選択のフレームワーク**

相対的パワーの所在

| | | 多国籍企業 | | ホスト国政府 |
|---|---|---|---|---|
| 最大価値が付加されるセグメント | 下流 | 本国志向型<br>（ethnocentric）<br>モデル3 | 地域志向型<br>（regiocentric）<br>モデル2 | 現地国適応型<br>（national responsiveness）<br>モデル2 |
| | 上流 | グローバル統合型<br>（global integration）<br>モデル1 | 世界志向型<br>（geocentric）<br>モデル4 | 現地志向型<br>（polycentric） |

出所：Chakravarthy and Perlmutter（1985）を基に作成

イップのフレームワークは、グローバル戦略がうまく機能する条件を多面的に整理したものといえる。あまりに網羅的なために、どれがとくに重

要であるかという論点が必ずしも明確ではない。しかし、それはグローバル戦略という事象自体の複雑さを反映しているともいえよう。したがってイップのフレームワークは、企業がグローバル戦略を実施しようとする際の包括的・体系的チェックリストとして活用できる。

# 6 グローバル経営戦略としての<br>　リソース・ベースト・ビュー

## 1. 経営資源（リソース）からの視点

　これまで、グローバル戦略に関するさまざまな分析フレームワークを紹介した。これらは主に、①マクロな産業特性とのかかわりでグローバル戦略を捉え、その戦略の中身（つまり、どのような戦略をとるべきかという論点）に主なウエートをおくものと、②よりミクロな視点から、多国籍企業（MNC）のマネジメントとのかかわりでグローバル戦略を捉え、戦略策定、実行に不可欠な組織能力の重要性を強調するものであった。

　さきにも述べたが、①は一般にストラテジー・コンテント・スクールともいわれ、グローバル戦略の中身にその考察の眼を向けているのに対し、②はストラテジー・プロセス・スクールといわれ、グローバル戦略の策定・実行の過程を分析対象としている。

　しかし、そのいずれのアプローチにおいても十分に取り上げられなかった論点がある。それは、リソース（経営資源）をベースとしたアプローチである。企業の競争優位の確立には、業界内における戦略的ポジショニングだけでも、自社のマネジメント能力だけでも不十分である。

　経営戦略論においても、かつて同様の議論が展開された。ポーターをはじめとするポジショニング・スクールによれば、業界内におけるどの戦略的集団（ストラテジック・グループ）に属するかにより、適切なポジショニング戦略が決まり、それが企業収益に影響を及ぼすという。

　しかし、仮に同一の戦略的集団に属して同一の戦略をとったとしても、企業間にパフォーマンスの差が生じるのはなぜかについての説明がマクロ・

アプローチからはなされない。そこで、個別企業特有の能力により焦点を当てた分析が求められた。コア・コンピタンス経営の概念は、その意味できわめて重要な意味を持った。

　他方、ストラテジー・プロセス・スクールによれば、トップマネジメントのビジョンとリーダーシップ、それに適切なグローバル経営のメンタリティが重要であるとされた。また、ミドルマネジメントやフロントラインマネジメントレベルにおける力の発揮をベースとした組織能力の重要性も指摘された。ここでの前提は、戦略策定も実行も適切なマネジメントプロセス次第であるということである。

　しかし、仮にそうした要件を満たしたとしても、間違った産業内ポジショニングを行ったり、自社のコア・コンピタンスの構築につながらない場合、決して競争優位は築けない。

## 2. グローバル経営資源論の特徴

　RBV（リソース・ベースト・ビュー）の主な論点は、企業特殊的な持続可能な競争優位の源泉は何かということである。価値が高く、模倣困難、稀少で差別化されるもので、なおかつ幅広く応用可能性が高いといった経営資源の獲得、構築こそが持続的競争優位の源泉であるとされる。そして、そのためには組織能力構築のための組織学習、イノベーション戦略が重要なメカニズムとされる。ワーナーフェルト、ルメルト、バーニーらがその先駆的研究者であるが（Barney 1991, 2001, 岡田 2001）、プラハラードとハメルはコア・コンピタンスという概念を用いて実践的文脈に翻訳した（Prahalad and Hamel 1990）。

　企業が自社のコア・コンピタンス（中核的能力）を競争優位の源泉にしうるためには、経営資源にいくつかの要件が必要となる（Collis and Montgomery 1995）。

　**非模倣可能性**　　資源がユニークで真似ができないものであれば、それだけそこから生み出される価値も大きく、その持続性も長いと考えられる。しかし、非模倣可能性は、永遠には持続しないので、その持続性を極力維持することが競争優位を保つことにつながる。

　多国籍企業の場合、この非模倣可能性の構築、維持に適した条件を有す

る。その理由は、多様かつ差別化されたリソースを遠隔地から入手し、社内にある既存のリソースとうまく組み合わせることによりじつにユニークなリソースに変換する可能性を持つからである。そして非模倣可能性が失われそうになっても、常に世界中からユニークなリソースに新たにアクセスしつづけることが理論上可能である。

　リソースの非模倣可能性は、物的独自性、経路依存性、因果曖昧性、経済的抑止力から生まれるという（Collis and Montgomery 1995）。

　物的な独自性が高い場合は、比較的模倣されにくい。優れた立地条件等がこの代表例であろう。多国籍企業の場合、どこの国のどの都市に拠点を有するかという立地条件がまず考えられる。しかしこれだけでは、競合他社も容易に模倣可能である。むしろ多国籍企業ならではの世界的人脈ネットワーク等を駆使し、競合他社よりはるかに好条件の一等地を確保するということがある。

　また、経路依存性は、資源の蓄積過程が独特であるため、他社が結果を模倣することはできても、そこに到達する過程までも模倣することはできない。たとえば、他社製品のブランドネームを模倣するのはたやすいが、そのブランドロイヤルティーを模倣することはきわめて難しい。

　多国籍企業の場合、国際化の発展のパターンが企業によって異なる。同じ国の立地に拠点を出したとしても、そこに至る経緯は各社各様であろう。問題はその進出に至る過程での経験・ノウハウの蓄積であり、それは容易に模倣できない。多国籍企業の場合、たとえば製品開発のプロセスひとつとってもその過程でどの国の拠点でいかなる試行錯誤を経ているかがとくに複雑であり、他社からそう簡単に真似できない。

　さらに成功の因果曖昧性は、競合他社による模倣を妨げる。他社の成功要因には、模倣可能な要素も少なからずあるが、もっとも肝心な要因は因果関係が曖昧な部分であろう。組織能力や文化といった曖昧な要素がそれに相当するだろう。多国籍企業の場合、世界各地の人々の持つ暗黙知が交じり合い、そこから数々の有形・無形の資産が創造されるため、事業の成果に至る要因を特定しにくい。世界中のリソースを入手し、社内で移転・加工して価値創造を行うその過程は、外部からはブラックボックスと映る。それが非模倣可能性を維持しているといえよう。

　経済的抑止力は、企業が資産に膨大な投資を行うことによって、競争相

手の先手を封じる手段である。競争相手は、同一の資源を確保する技術は有するものの、市場の可能性が限定されているために、そうしないことを選ぶ。とりわけ大規模多国籍企業の場合、中小国のGNPを上回る資金力を有しており、巨額投資による効果は著しい。

**経営資源の価値の持続性**　　資源がどのくらい長持ちするだろうかということである。これいかんにより、競争優位がどのくらい継続するかが定められる。ディズニーの持つブランドネームは、持続性を持つことで有名である。多国籍企業の場合、リソースの価値が低下しないために、世界中から新たなリソースを導入し補強するよう努める。しかし仮にひとつの国においてそのリソースの価値が低下した場合も、その他の国に当該リソースを移すことによりその価値を維持することができる。

**占有可能性**　　資源が創造する価値を誰が手に入れるであろうか。いくら企業がその資源を所有していても、所有企業が利益を得るとは限らない。自分の資源から生み出される利益から何を収穫できるかということは、自社の競争優位を確保する必須の条件となる。

多国籍企業の場合、潜在的価値の高いリソースを世界中の拠点で保有している可能性が高い。しかし、ある海外子会社内にある特定のリソースに対する現地での需要がない場合、それは死蔵されてしまう。しかし社内の他拠点でそのリソースを必要としている場合、そのリソースの保有者と需要者をリンクさせることにより社内で有効活用される。

このように、社内であっても遠隔地間でいわばシーズとニーズを結ぶことは困難な作業ではあるが、社外取引と比べればより障害が少ないとも考えられる。社内における知識・情報の共有を促進するメカニズムの有無で、この専有可能性に影響を及ぼすこととなる。

**代替可能性**　　独自の資源が別の資源によって出し抜かれないことが必要である。これはポーターの5つの勢力の枠組みにおけるひとつの重要な要素でもある。多国籍企業の場合、そのリソースの有効性を規定する補完的資産まで世界的にコントロールすることにより、ある程度までは現在のリソースの代替可能性をおさえることができる。しかし技術革新や天然資源の枯渇等により、代替資源の台頭が避けられない場合もある。その場合でも、多国籍企業はドメスティック企業とは異なり、その代替可能性をブロックできる国においてはしばらく競争優位のベースとして利用し続けるこ

とができる。

以上、経営資源論の主要論点を多国籍企業の文脈で概観した。こうした見方に基づき、次のことがいえよう。

多国籍企業がドメスティック企業と異なる最大の点は、オペレーションが世界規模で展開されていることである。したがって、そのマネジメント次第では、世界中の貴重なリソースを多国籍企業内部に取り込み、市場取引に比べより確実に活用することができる。そして、多国籍企業の戦略の方向性に合致するような経営資源を社内から引き出し、企業全体戦略のために貢献する下地がある。しかしその反面、重要なリソースに限って、その場所特有の文脈に埋め込まれていて、その文脈を離れてしまっては威力を失ってしまう場合も多い。

そこで、グローバル経営における経営資源マネジメントの課題は、どうしたら企業戦略の方向性に適合した重要経営資源を世界各国の内外ネットワーク網を駆使していち早く確保し、移転、共有し、戦略的に活用できるか、といった点に尽きる。そして、そのような経営資源をどのように積み上げるかによって、自社固有の競争優位を構築していくことができるかということが重要課題である。こうして経営資源論は、従来のストラテジー・プロセス論の知見を取り込み深めていったのである。

**本章のポイント**

　多様かつ複雑に変化する外部環境に直面するグローバル企業は、そ
れに応じた柔軟な戦略をとる必要に迫られている。多国籍企業は単に
各国の環境に適応するだけではなく、外部環境に積極的に働きかける
ことも求められる。

　このように複雑な現象としてのグローバル経営戦略を見る眼として、
戦略の中身を扱うストラテジー・コンテント、戦略立案ないし実行過
程を扱うストラテジー・プロセス、さらに競争優位の源泉としての企
業固有の経営資源を扱うリソース・ベースト・ビューおよびその折衷
論を紹介し、それぞれがいかにグローバル経営を説明するうえで有効
な理論的ツールであるかを検討した。

　いずれも理論のコア部分は経営戦略論に依拠しており、国境を越え
た経営に特有のものではない。しかし本章でもおわかりのとおり、グ
ローバル経営独特の戦略フレームワークも少なからず存在する。いず
れの場合も、ドメスティック経営に比べてより複雑な文脈におけるグ
ローバル経営戦略はその実行がより大きな困難を伴う反面、そのマネ
ジメント次第ではより大きな効果を発揮するといえる。

---

**本文注**

1　"industry"という用語は「産業」もしくは「業界」と訳される。本書では主に「産業」という
　用語を採用しているが、適宜「業界」も使用している。
2　ラグマンの批判するグローバル戦略とは、世界を単一市場と見なす標準化戦略のことである。
3　本項に関するより詳しい解説は第6章、第7章を参照。
4　パールミュッターらの類型については第1章を参照。

# 第 3 章

# グローバル経営戦略の諸側面

# *1* 国際化のモードと戦略

　第2章では、グローバル経営戦略の理論的枠組みを多面的に整理して紹介した。それを受けて本章では、企業が実際に直面するグローバル経営戦略上の論点を取り上げて整理する。はじめに取り上げるのが、グローバル化のマネジメントにおける基本的問題としての国際化モードである。

## 1. エントリー・モード

　海外進出の形態（エントリー・モード）としては、大きく輸出、海外生産、その他が挙げられるが、より細かくはいろいろな種類に分類される。たとえばHill（2001）は、輸出、ターンキー・プロジェクト、ライセンシング、フランチャイジング、合弁、完全所有子会社を取り上げ、それぞれの利点と欠点を整理した。またBall and McCulloch（1999）も輸出（間接輸出・直接輸出）、海外生産（完全所有子会社、合弁、ライセンシング、フランチャイジング、コントラクト生産）という分類を行っている。ここではそうした分類に基づき、それぞれの特徴を簡単に要約する。

（1）**輸出**
　この方法がもっとも初期の方法とされる。輸出には、間接輸出と直接輸出がある。
　**①間接輸出**　　もっとも簡単な輸出方法であり、手数料さえ払えば、あとは自国の輸出代行業者にまかせておけばよい。海外現地での状況等に関

する知識も通常輸出代行業者が持っており、国内企業が海外市場に自社製品を投じる第一歩としては簡便だ。

しかし、現地での委託販売業者は競合他社製品をも扱うため、手放しで安心はできない。現地での自社製品の扱いの優先順位が低いかもしれない。また、現地販売業者が突然方針を転換し、当社製品を扱わなくなる危険性もある。このやり方を続ける以上、何年経っても海外でのビジネスに関する経験も知識も蓄積されないというデメリットもある。

**②直接輸出**　　生産業者が自社製品を自ら輸出する方法。社内で海外向け輸出担当者を決め、担当させる。通常はその製品のセールス部門から選ばれる。やがて輸出販売部門を設立し、そこが担当するようになる。

輸出においては、海外での生産活動に伴うコストが生じることなく、生産を国内に集中することによる規模の経済のメリットが生じる。しかし、本国の生産コストが高い場合、経済的にデメリットが大きい。また、製品によっては輸送コストが膨大になる。さらに関税障壁にも対処しなければならない。そこで、やがて海外生産に踏み切る例も多い。


## (2) 海外生産

海外生産を行う場合、いくつかのパターンがある。

**①完全所有子会社方式**　　海外現地に完全所有子会社を持ち、そこでの生産活動を行うというタイプ。グリーンフィールドといって、一から自前でスタートする場合と、現地企業を買収する方法がある。

**②合弁方式**　　複数企業により所有される企業を設立するやり方。現地企業との合弁の場合や、現地以外の国の企業同士が合弁を設立する場合がある。一般的には、現地企業との間の合弁のほうが、現地国政府の扱いがよいとされる。

とくに現地企業との合弁のメリットとしては、現地の知識・ノウハウのアクセスが挙げられる。その他、リスクやコストを分散し共有することが可能である。また、ある現地国政府による現地化規制に対しても、対応することができる。

合弁のデメリットとしては、自社の技術の管理の一部を相手に渡してしまうリスク、マネジメント全般でのコントロールが自由にならず相手との意見の相違もたびたび起こること、などが挙げられる。

**③契約製造**（contract manufacturing）　　海外の企業に細かい指定のもと自社製品を現地製造するよう委託するが、その販売に関しては自社が責任を持つ形式。現地国で製造設備をまったく持たず、もっぱら現地企業に委託する場合もあるし、部品の組み立て、製品等だけ委託する場合もある。いずれにせよ、発展途上国のより後発企業に対してこの方式がとられるケースが多い。

　しかし、現地企業はあくまで受け身の立場で作業をしており、現地ノウハウを吸収したり、独自性を発揮して現地により適合したマーケティング方法や生産方式の提案などといった発展はない。現地企業があくまで受け身で従属的な場合の形態である。


### （3）その他のモード

　なお、生産以外の局面でも、海外参入モードとして重要なものがある。それは主にサービス企業の場合にあてはまるフランチャイジングといわれる方式である。

　**①ライセンシング**　　ある企業が他の企業にある一定期間、特許や発明や公式やデザイン、コピーライト、商標、それに技術ノウハウ等の無形資産に対するアクセスを与える契約。ゼロックスが富士ゼロックスとの間に結んだライセンス契約などが代表例である。

　ライセンシングのメリットとして、あまり資金がかからない点（ライセンシー側で現地オペレーションにかかる資金は調達されるため）、とくに不慣れなしかも政治リスクの高い国においてもライセンサー側は資金面での心配はあまりない。

　しかしその反面、ライセンシーへのコントロールが及ばない点、またあくまで各国のライセンシーの利益管理はローカルベースであり、全世界規模での調整には対応できない点、さらには海外企業への技術ノウハウのライセンス供与は潜在的競合相手育成ではないかといった恐れがある。

　この最後の点は、たびたび強調される。米国企業がかつて日本企業（家電企業など）とライセンス契約を結び、やがて日本企業がその技術力をバネに、米国企業の市場のシェアを奪っていったことが米国企業には常に念頭にある。

　そうした危惧への対抗手段として、クロス・ライセンシング契約を結び、互いに無形資産を供与しあうこと、もしくはゼロックスと富士ゼロックス

の場合のように、ライセンス契約と同時に合弁という資本形態をとるやり方がある（Hill 2001）。

**②フランチャイジング**　　海外のフランチャイジーに社名ブランドの使用を許可する代わりに、その現地運営のやり方に関して細かい規則を課すもの。たとえばマクドナルドが世界中のお店にそのブランドネームで営業する権利を与えるかわりに、メニュー、調理法、サービス、ロゴなどすべてにわたり世界標準を課す。これはライセンシングの一部と考えられるが、製造業よりサービス産業にあてはまる点が特徴。

メリットとしては、ライセンシング同様、海外でのオペレーションを単独で行う場合に生じるコストとリスクを背負わなくてよい点が挙げられる。その反面、デメリットとして、世界中のフランチャイジーのサービス面での品質管理の難しさが挙げられる。海外で悪い評判が立てば、長年かかって築きあげた「のれん」にたちどころに傷がついてしまう。

以上、海外進出のモードとして、輸出、生産その他の形態を、それぞれについて概観した。どれひとつとっても絶対的に優れたものはなく、メリット・デメリット両面を持つ。したがって、それぞれの企業が国際化する場合、自社の状況に照らしてよく検討する必要がある。

## 2. 国際化発展段階

上で海外進出のモードを整理したが、これらは一連の発展段階をとるという考え方が一般的となっている。いわゆる発展段階説（ステージ・モデル）である。発展段階説は多くの研究者により異なった段階が設けられているが、Dunning（1993）の分類に従い、おおむね以下のパターンで国際化が進むと考えるのが一般的であろう。

第1段階：間接輸出
第2段階：直接輸出（海外での自社販路の開拓、現地販売子会社設立）
第3段階：現地生産（部品の現地組み立て、生産）
第4段階：現地生産（新製品の現地生産）
第5段階：地域・グローバル統合

　第1段階の間接輸出は、上で見たとおり、国内輸出代行業者（商社等）へ依存したドメスティックな段階である。ものとしての自社製品は海外へ流れるが、マネジメントはすべて国内で完結している状態である。なお、国内の輸出業者への依存から脱却するひとつの過程として、外国の輸入請負業者との国内での接触が挙げられる。取引場所は国内であっても、現地の輸入販売業者と直接コンタクトをとるほうがより安心であると、多くの輸出業者は考える。

　第2段階の直接輸出に到達すると、海外に自社販売子会社を設立し、自社製品を輸入する。これにより、間接輸出段階で問題となっていた現地市場・顧客との接点が実現し、現地市場ニーズへのよりきめ細かい対応が可能となる。

　第3段階の部品の現地組み立て・生産段階へは、すべてを国内で組み立てて完成品を現地に輸出するよりも、むしろ部品を輸送したほうが安いこと、関税もそのほうが低いこと、またより低コストで労働力を活用できること、といった理由で到達する。

　第4段階の新製品の現地生産段階は、海外生産の本格的段階である。現地国における関税障壁を設けたり、ローカル・コンテントの要求水準を高めたりさまざまな規制がしかれることがある。そうした政治的状況に対する対応として、現地生産が加速する。上で見たとおり、現地生産には、直接投資（完全所有子会社、もしくは合弁）、ライセンシング、契約製造等といった形態がある。

　第5段階の地域・グローバル統合においては、海外現地で単に生産のみを行うのではなく、より高付加価値な活動を国境を越えて行うようになる。研究開発（とりわけ基礎研究）といった、きわめて国内志向の強い機能も、一部海外へ移転し、海外向け製品開発を本国と現地で相互依存関係のもとに行う。

　さらに、単に本国と現地国といった1対1関係ではなく、海外市場が地域（超国家としての）ないしグローバルな単位で捉えられ、ひとつの現地国内での研究開発、生産、マーケティングといった諸活動が他の海外諸国での活動と連動する方向へと向かう。こうした流れが、第5段階である（Dunning 1993）。

## 3. 国際化と所有政策

　海外直接投資による海外進出における重要決定事項として、以下のものがある。ひとつ目のオプション軸は、完全所有か合弁かといった選択である。

　完全所有のメリットは、戦略やオペレーション、ないし重要な経営資源に対し、完全なコントロールが利く点である。社内の問題である分、スピーディーな意思決定が可能である。海外拠点は組織内部であるので、知識、ノウハウの移転もよりしやすい。また能力、資源が社内に蓄積され、保持しやすい。さらには、利益を一社で独占できる分有利である。

　その反面、デメリットとしては、投資を一手に行ううえ、失敗のリスクを一手に負うことになる。また、現地環境の条件が急変し、もはや立地としては適さなくなっても、投資の回収ができない以上、たやすく撤退はできない。さらに、保護主義国の場合、とくに政治的圧力、バッシングの標的にすらなりかねない。

　合弁の場合はどうか。メリットは完全所有のデメリットの裏返しとなる。すなわち、単独の場合に比べ投資額が少なくてすむ点、パートナーから手っ取り早く重要な知識やノウハウを入手する可能性がある点、現地企業との合弁ということで政治的バッシングから逃れることができる点、そしてなによりも相手との間にリスクを分散できる点が挙げられる。

　その反面デメリットとしては、自社と相手との戦略的な統一の難しさ、調整の困難さ、自社のコントロールの相手への譲歩、意思決定の遅さ、収益の山分けによる自社の取り分の減少、といった点が挙げられる。

　なお、合弁にもいろいろな種類がある。

　合弁は、完全所有子会社とポートフォリオ投資の中間に位置する。株式所有比率95%以上のものを完全所有子会社、5%未満のものをポートフォリオ投資、その中間（すなわち5%以上95%未満のもの）を合弁とするヘナーによる区分が一般的だが（Hennart 1991）、20%、80%をカットオフ比率とすることも多い（たとえばMakino and Beamish 1998）。

　さらに合弁の出資比率に応じ50%以上のものを過半数所有（majority ownership）、50%のものを共同所有（co-ownership）、そして50%未満のものを少数所有（minority ownership）と区分する。

　また合弁の形態として、自国企業と海外現地国企業との間で結成される

伝統型合弁の他、自国企業と第三国企業との間で組まれる合弁や、自国企業が現地自国企業と組む合弁もある（Makino and Beamish 1998）。日本企業のアジアにおける合弁を調査した牧野らは、興味深いことに通常代表的とされる自国企業と海外現地国企業との間の2社間合弁は3割程度にすぎず、それ以外のタイプ（つまり第三国企業や現地における自国企業との間の合弁、3社以上の合弁）が多いことを指摘した。

　また、伝統型と呼ばれる自国企業と海外現地国企業との合弁においては、現地子会社のパフォーマンスがもっとも高い代わりに撤退の比率ももっとも高い。現地自国企業との合弁は、撤退の比率は低くパフォーマンスも結構高い。第三国企業との合弁の場合は、撤退の比率がきわめて高くパフォーマンスも低いことが明らかにされた（Makino and Beamish 1998）。ここからわかるように、一口に合弁といってもかなり多様である。

　第2のオプションの軸は、グリーンフィールドでいくか買収でいくかの選択である。これはあくまでも自らの手で一から立ち上げるか、現地企業を買収するかの選択である。それらにはメリット、デメリットの面で大きな違いがある。

　グリーンフィールドでじっくりと立ち上げるやり方に比べ、海外企業買収のメリットは以下の点に要約できる。

　第10章でも詳しく解説するが、買収により、なによりも手っ取り早く現地の既存企業から各種経営資源を入手する可能性がある点が挙げられる。それらを自前で築くには、はるかに長い時間がかかってしまう。自社の戦略ドメインのさらなる補強、新ビジネスドメインへの参入を目論んだドメイン拡張戦略、あるいは未開拓のドメインを視野に入れたドメイン探索戦略といった目的のためにも、買収は有効で手っ取り早い施策である（Haspeslagh and Jemison 1991）。

　また経営資源としては、現地企業の持つ対外的ネットワークも入手できる。現地国市場へのアクセス、バイヤー、サプライヤーとの関係等である。とくに参入障壁の高い国の場合、流通網へのアクセスはおよそ不可能な場合が多い。よくプラットフォーム型買収といわれるのは、被買収企業の対外的ネットワークを利用して現地市場へ足を踏み入れることがあるためである。

　その反面、デメリットも多い。その最大のものは、現地国からの政治的・心理的反発である。また現地国のカントリーリスクにも注意が必要である。

中国などの場合、とくに知的所有権の保持には留意する必要がある。イタリアのあるメガネメーカーに起きた中国の蘇州における知的所有権をめぐるトラブルは、典型例であろう。中国企業とのサングラスの製造に関する合弁において、中国側がイタリア企業からノウハウを吸収後突然、自社ブランドで類似製品を単独で製造・販売に踏み切った。そのイタリア企業は、合弁相手の知的所有権の侵害だと中国側に猛烈に抗議したが、中国側にはまったく通じなかった。その旨中国政府に抗議したが、やはりまったくとりあってもらえなかった（Serapio and Cascio 1996）。このように、当初の甘い見積もりを覆すようなコストが発生しかねないリスクを背負うことになる。

## 4. ロケーション選択

　どのマーケットに参入するかは、グローバル戦略の重要課題である。外部環境は海外進出のロケーション選びの際に重要な判断基準となる。具体的には、以下のポイントが判断基準として重要であろう。
　**①市場の魅力**　　とくに自社製品を海外に輸出販売する際、現地の市場がどの程度の規模か、購買力は十分に高いか、その市場は今後も成長するか、といったいわゆるディマンド・ファクター。
　**②顧客の国際化**　　顧客がどの国に進出したかにより、それに対応すべく自社も国際化を迫られる場合がある。自社の顧客主導の国際化である。たとえば、ガラスメーカーが自社の取引先である自動車メーカーの国際化に対応し、その進出国に合わせて出ていく場合である。
　**③競争環境**　　その市場においてどの程度競争が激化しているか、といった競争環境も重要な判断材料である。
　**④現地国の能力**　　海外進出先を単に自国で開発した製品の投入先としてではなく、重要な経営資源の入手先として見る場合、現地国の持つ能力の程度はきわめて重要である。いわゆる現地をサプライ・サイドとして見る場合である。たとえば、目の肥えた消費者の近くに出ることで売れる製品開発を学びたい場合、おしゃれなデザインや色彩感覚を現地エキスパートから学びたい場合、あるいは最先端の科学技術を現地科学者から学び自社の基礎研究能力を向上させたい場合など、さまざまなパターンがある。
　**⑤安くて良質な労働力**　　同じくサプライ・サイドの要因だが、現地国

で優れた労働力を低コストで確保できる場合、その国へ直接投資し工場を建てる。そこの労働コストが高くなると、さらに安い国へと生産設備を移動する。

　**⑥政治的安定**　　カントリーリスクの高い国の場合、とくに海外直接投資等は危険が伴う。政治的イデオロギーにも要注意である。共産主義国の場合、突然私有財産を没収されるケースも生じている。

　**⑦規制**　　これも政治的要因だが、現地国特有の思わぬ規制には十分注意すべきである。たとえば現地従業員を解雇できないとか、現地従業員には退職後も手厚い年金や生活支援を支給しなければならないような事態は、あとから知っても手おくれである。

　**⑧文化的要素**　　進出国の文化が自国のそれとあまりにもかけ離れている場合、思わぬトラブルに巻き込まれることが予想できる。お互いの常識が通じないような場合をも想定して、対応可能な範囲の国を選ぶことが肝要である。

　これらの要素は、Porter (1990) の「国の競争優位が生まれるダイヤモンド」の考え方とも共通点がある（ダイヤモンドについては第2章参照）。ポーターのダイヤモンドは、ある国に本拠を置く企業がなぜ常に革新的であることが可能かを説明したものではあるが、ポーター自身も他国に望ましい優位を求めるための海外進出の有効性を認めている。また海外進出には、事業ごとにどの国に本拠を置くかといった意思決定が重要であると論じたが、ここでもダイヤモンドの各要素の魅力度を十分に把握しておくことが重要である。

　またロケーションの選定は、ダニングのOLIパラダイムにおける立地的優位 (L) とも密接に関連する。つまり、企業が所有の優位をベースに活動を内部化するメリットが大きいようなロケーションがあってはじめて企業はそこに直接投資を行い生産活動を行うという考えである。

　逆に、そのようなロケーションが見当たらない場合は、自社所有の優位を自国内で活用し（国内生産）、製品を海外に輸出することを選ぶ。もちろん、所有の優位を自ら使用するメリットが存在しない（つまり内部化優位がない）場合には、自社特有の経営資源を他社に供与（ライセンシング等）する道を選ぶ。このようにダニングのOLIパラダイムの考え方によれば、ロケーションに特有の優位は現地への直接投資の重要な条件であったことを、ここで付記しておきたい。

## 5. 撤退戦略

　一方、海外進出が必ずしもうまくいくとは限らない。当初の予想に反し
てうまくいかなかった場合、選択肢のひとつとして撤退戦略も考えるべき
である。多くの企業は海外進出には用心深いが、いったん出たあとは海外
事業を成長させることに成功の判断基準を置き、撤退は失敗の象徴のよう
に考える傾向もある。しかし、それは間違いである。賢い撤退も戦略のひ
とつである。

　欧米企業の間では、現地国の政治経済情勢の変化次第で頻繁に経営方針
を変更し、容赦なく撤退する例も少なくない。象徴的対日進出と位置づけ
られたナスダックの日本からの撤退は、ベンチャー振興の頼みの綱のよう
にみられていただけに、日本国民の多くが驚いた。同じく、シティコープ
の個人部門からの撤退も、アメリカ企業の方針転換の速さを印象づけた。ま
た1959年に設立されたフランスのハイパーマーケット、カルフールも70年
前後から欧州で出店を広げていったが、スペインを除いて当初はうまくい
かず、ベルギー、英国、米国等から撤退した経緯がある。

　企業の経営資源は有限である。限られたリソースをいかに有効に配分し
活用するかが勝敗を左右することは、言うまでもない。ロケーション選択
の項でも見たように、企業は国際化の際に多面的に参入するロケーション
を選ぶ。その前提としては、そこに参入することが自社にとって有利であ
るという判断がある。しかし、いざ現地化してみると、当初予想もしてい
なかったさまざまな要素が生じる。その際、もし時間とともに現地国の状
況が自社にとって不利になったとすれば、いち早くその状況変化を認識し、
ロケーションの変更を行う必要がある。

　撤退の判断の際の主な論点は、以下のとおりである。


（1）　現地国の要因
　**①進出国のカントリーリスク**　　現地国の政情が急に不安定になり、正
常なビジネスを展開できない事態となった場合、企業は進出先からの撤退
を余儀なくさせられる。
　**②進出国における政策**　　現地国において急に多国籍企業にとって不利
な政策が実施される場合、その国からの撤退を余儀なくさせられる。たと

えば現地国における外国人労働者の就業規制が強化されたり、原材料など
の輸入に規制がかけられたりする場合である。

　③**進出国需要要件**　　現地国における需要が何らかの理由で自社製品に
とって不利な場合、その国からの撤退を考えざるを得ない。たとえば自社
製品が現地国の文化・習慣・規制の面で不適合の場合、需要は減少する。宗
教上の理由から肉食の習慣のない場所で通常の肉入りハンバーガーを販売
したり、薬事法で禁止されている化学物品を使用した化粧品を販売したり
することはできず、この場合、製品を現地に適した形に改良するか、さも
なければ撤退を余儀なくされる。

　④**進出国における要素要件**　　現地国における原材料・労働力の調達コ
ストの極度の上昇は、現地国における生産活動に支障をきたすこととなり、
当該国からの撤退にまで至る場合がある。

　⑤**進出国における競争環境の激化**　　現地における競争環境もまた変化
することがある。規制緩和や技術革新などの外部環境の変化に伴い、これ
までにあった参入障壁がなくなり、既存企業の優位性が失われることによ
り、当該市場における競争は激化する。もし現地国が自社にとって重要な
市場であれば、あくまで激戦区にとどまり戦いぬくことも選択肢のひとつ
である。しかし限られた経営資源を有効に配分する必要から、もしその国
の市場が自社のグローバル戦略上必ずしも重要でないと判断されるならば、
撤退という道は有力な選択肢となる。

## (2)　自社の要因

　①**戦略の変更**　　自社の市場戦略の変更により、ある国から事業を撤退
することがある。たとえば主要市場のターゲットを、成熟期を迎えた先進
国から拡大成長期にある新興諸国にシフトするという戦略の変更は、必然
的に先進国にある既存の拠点を縮小ないし閉鎖し新興諸国に移転すること
になる。

　②**マネジメント上の問題**　　戦略上、海外進出国は重要な位置にあるに
もかかわらず、撤退を余儀なくされる状況がある。海外支社における現地
スタッフ管理上のトラブル、現地組合との対立、本社と現地子会社との間
の対立、あるいは買収した企業との間の各種トラブルなどが生じた場合、多
国籍企業はふたつの選択肢を考慮する。

ひとつ目は、こうしたマネジメント上の問題を根気強く解決することであり、そのためには地道な異文化コミュニケーションを通じた相互理解の促進等の努力が必要である。しかしこうした努力には膨大なコストが伴うため、そこからただちに撤退し、より好環境の場所に移るという選択肢も残されている。

**③業績の悪化**　自社にとってその国の市場が戦略上重要な位置づけであっても、そこでの業績が悪化し続けたなら、そこにとどまるメリットは享受できない。こうした状況では、現地における競争力をつける努力を行うことも選択肢のひとつである。しかし、企業本体に業績回復を実現するだけの実力が備わっていない場合は、撤退せざるを得ない状況となる。

## （3）撤退を阻害する要因

ただし、多くの企業でロケーションの変更の際に直面する代表的問題として、組織慣性、サンクコスト、社内ポリティックスの問題が挙げられる。

組織慣性については、もうこの国でやるのが当然であるかのような保守的感覚がある。

サンクコストとは、せっかく大きなコストをかけてこの国でのオペレーションを立ち上げたわけだから、もう撤退するのはもったいない、というもの。

また社内ポリティックスとは、あのとき現地化を推進した勢力が政治的影響力の保持をかけて撤退に反対するという状況を指す。結局のところ、撤退の最終的判断はコーポレート戦略の領域であり、トップマネジメントの強力なリーダーシップと短期的犠牲よりも長期的利益を優先した意思決定、それに局所利害を超えたトータルなコーポレートレベルでの視点が必要になる。[1]

# 2 ファンクショナル（機能別）国際戦略

企業がビジネス活動を国際展開する場合、各機能（ファンクション）をどこに配置するかが大きな意思決定事項となる。ポーターも価値連鎖の配置

と調整といった概念を通じ、そのことがグローバル戦略の大きな論点であるとした。

　もちろん、前章で見たとおり、それぞれの機能をどこに集中ないし分散するかは、その企業の戦略的アプローチによって大きく変わる。しかし一般的には、それぞれの機能の有する特徴から、研究開発や財務がもっとも本国集中の傾向を有し、生産、マーケティングと続き、人事管理といった人の要素の深くかかわる部分はもっとも現地適応型の傾向を持つという（Goehle 1980；Hedlund 1981；Welge 1981）。

　ここでは、いくつかの代表的ファンクションを取り上げ、それぞれの観点からグローバル企業の戦略の特徴と主な論点を簡単に整理したい。

## 1. グローバルR&D戦略

　R&D戦略については第9章で詳しく扱うので、ここではごく簡単な記述にとどめたい。研究開発は企業活動の価値連鎖の最上流に位置する機能で、通常、本国（ないし本社）内に主要拠点を置く企業が多い。しかし近年になって、基礎研究すら海外において行うケースが増加した。

　それは、本国の知的資源（先端科学技術やノウハウ）のみに依存していたのでは、世界中に分布する最先端の知識獲得競争から取り残されてしまうからである。あるいはまた、応用研究・開発の場合には、海外市場へ投入する新製品の開発過程で現地市場に近いところで潜在顧客のニーズを汲み取る必要があるからである。

　いずれにせよ、研究開発のグローバル戦略において重要な経営課題としては、海外でR&Dを行うロケーションの選定、海外での知識創造活動を促進するマネジメントのあり方、メイク・オア・バイ（自前でやるか外部依存でやるか）の選択、ナレッジの確保、移転、活用を促進するネットワーク構造戦略ないし能力構築戦略、などといった論点がある。

### (1)　ロケーションの選定

　R&Dを世界のどこで行うかは、多国籍企業のイノベーションを考える場合きわめて重要な決定事項である。判断基準としては、次のものが挙げられる。

**①供給要因**　高度な基礎研究知識、開発研究技術、有能な研究開発者、そのネットワーク等をどこで獲得できるか。

**②需要要因**　現地市場ニーズに合致した製品開発のため市場に密着した場所で開発をする必要がどの程度あるか。

**③戦略的要因**　1カ所にR&D拠点を置き、世界中に知識・技術を供給するグローバル戦略をとるのか、それとも各国ごとにバリューチェーンを分散し、R&D拠点も各国に持つマルチドメスティック戦略をとるのか。

**④組織的要因**　外国企業買収後R&D機能を持つ拠点を残すか廃止するか。海外子会社にR&Dを担わせることは、現地拠点にとって大きなプライドにつながる。その反面、R&D機能を持たない国の小会社は、持つ国に比べ格が下であると感じている場合が多い。

**⑤政治的要因**　現地国政府よりR&Dを誘致されているかどうか。国内（域内）で最小限のR&Dを行うことを課せられているか（ローカル・コンテント）。国内（域内）でR&Dを行うことにより現地国での雇用増大に貢献する対価として税制その他の優遇措置がとられているか。

## （2）国境を隔てたR&D拠点間の調整

　R&Dを1カ国に集中した場合は、その拠点間をまとめる調整の労力はさほど存在しないが、そのかわり世界中に点在する知識・技術の確保、活用のチャンスも大幅に狭められる。一方、R&Dをグローバルに分散させた場合は、逆にグローバル規模のリソースの活用のチャンスは高まる反面、莫大な拠点間調整コストを要する。

　異文化・異言語および遠距離間といった障壁を乗り越えながら、いかに国境を越えたR&D拠点間の共同研究開発を展開するか。多様性から創造性が生まれる可能性は高いが、その反面、混乱と対立から不信感のみが醸成され何ら効果は生まれないかもしれない。

　したがって、ここでの戦略的課題は、いかに多様性のマネジメントに潜在的にひそむ高い調整コストを最小限におさえ、多様性から生まれる異質の融合を可能にし、創造的R&D成果を最大限発揮させるかである。ここでは、調整のマネジメントがきわめて重要な成功の鍵を握っているといえよう。

（3）外部ネットワーク戦略

　グローバルR&D戦略には膨大なコストがかかることは、以上のとおりである。調整コストを最小限におさえつつ、国境を越えたR&D拠点の知識・技術を融合し、新たな成果を生み出すかが戦略的課題である。その際、海外主要箇所に自社のR&D拠点を設立し管理することは、大変なコストを伴う。そこで自前で、海外でのR&D拠点を持つことの是否を検討することが重要である。ここではすべて自前でR&D活動を行うのではなく、外部諸機関（海外の大学、研究所、企業、ベンチャーその他）との提携によるR&Dの外部依存戦略のメリット、デメリットについて考えてみたい。

　**①外部依存戦略のメリット**　　自社のR&D拠点の海外での設立、運営にかかわるコストの節約のメリットがある。また、自社にはない最先端知識・技術および有能な人材の確保が可能になる。

　**②外部依存戦略のデメリット**　　その反面、外部機関との知識・技術の共有に至るまでの信頼関係の構築には多大な労力を要する。しかも自前のR&D努力をおろそかにすると高度な知識・技術を的確に吸収する能力まで失い、外部の知識を十分に活用できないリスクを伴う[2]。


# 2. グローバル生産戦略[3]

（1）生産拠点

　生産拠点を決定することは、グローバル生産戦略の大きな論点である。ドメスティック経営と比べ、グローバル経営の場合、その活動の場を世界中に求めることができるが、そこには多くの利点とともに隠されたリスクも伴う。したがって、グローバル戦略執行者は、ロケーション決定の際も、メリットとデメリットを冷静に分析する必要がある。

　**①国の特性**　　工場を設置しようとする国がどんなところか理解する必要がある。政情は安定しているか、経済情勢はどうか、要素費用（賃金等の）はどのレベルか、その国の文化はどんなものか、労働者は勤勉か、現地の規制はどうかなど、綿密に調べなければならない。さらに忘れてはならないのが、現地国通貨の強さである。為替レートの変動により、強い通貨になったために、その国の低コスト生産の魅力が失われることはたびたびある。

**②生産技術の特徴**　　工場設立の固定費が高すぎれば、あまり多くの拠点で生産活動はできないが、固定費が低ければ世界各地に工場も設立できるだろう。また規模の経済が発揮できる最小効率規模が大きければ（すなわち1拠点での生産規模が大きい必要がある場合）、1カ所か少数の拠点での生産活動をする他ない。それに対し、比較的小規模でも規模の経済効果が発揮される場合には、より多くの工場を世界中に設置することもできる。さらには、リーン生産といわれる柔軟生産技術によりマス・カスタマイゼーションが可能な場合は、比較的1拠点集中生産も可能である。一方、そうした技術が欠如している場合は、多くの拠点でそれぞれ現地適応型生産を行う必要が生じる。

**③製品の特性**　　重い製品は当然輸送コストがかさむので、現地市場向けの現地生産が最適である。たとえばセメントや建材用ガラス等の場合がそうである。その反対に、軽い製品の場合は輸送コストがかからず、現地生産にこだわる必要はあまりない。とくに製薬のように軽いが高付加価値型で高価な製品の場合、地球上で最適の場所を選んでそこを生産拠点とすべきである。

## (2) ダニングのOLIパラダイムとの関連

　ここで、第1章で紹介した海外直接投資理論とのつながりを見ておこう。ダニングは企業が海外で生産活動を行う条件として、海外における不利な条件を克服するだけの本国における重要な有形・無形資産を持ち、それらをある特定の立地において自ら活用することにより優位性を提供しうることを挙げた。すなわち、まず自国における親会社の優位性を前提とし、それを自ら活用することにより優位性を構築できる条件の整った立地が重要となる。このように所有の優位、立地の優位、内部化の優位が共にそろってはじめて海外における生産拠点への直接投資が成り立つという考えである（詳しくは第1章を参照）。

## (3) 海外工場の戦略的役割とその変遷

　これまで海外生産を主に経済効率や政治的情勢の観点から見てきたが、それに加え、戦略的観点からも海外工場設立を検討する必要がある。最初のうちはたしかに東南アジアを中心に低コスト労働力を求めて先進国の多国

籍企業は工場を設置した。しかし、時間とともに、海外の工場の中にも着実に実力を蓄えていくものが出現する。ヒューレット・パッカードのシンガポール等、その典型例であろう。

　そのような拠点には、積極的により高付加価値型の役割を与えると同時に、絶えず技術移転や教育をはじめとした本社側からの支援が必要である。海外の生産拠点がやがてはイノベーションの拠点にも成長し、企業のイノベーション活動に大いに貢献するようになるかもしれない。したがって、海外における工場に対しては、より積極的な視点で役割を付与し育てていくことが肝要である。

### （4）部品の調達先

　部品の調達先をめぐる決定も、グローバル生産戦略の重要事項である。いわゆるメイク・オア・バイの決定である。ボーイングは航空機の翼を自社で製造しているが、それは自社のコア能力と合致しているとの判断からである。逆にリーボックやナイキは、製造を自ら行わず、完全に低賃金諸国での製造会社への外注で賄っている（Hill 2001）。

　自前で行う理由としては、コスト面で安上がりだと判断した場合、自社特有の製品のみに使用可能な特殊資産への投資を行うことが自社の競争優位構築に必要な場合、自社独自の特殊技術を外注により漏洩することを防ぐため、などが挙げられる。

　反対に外部調達する理由としては、為替変動、政治リスク等の社会変動に迅速に対応し外部調達先をシフトできる柔軟性、自社で生産設備を持つ場合の調整コスト、ないし内部調達にありがちなコスト削減インセンティブの欠如等を回避できる点などが挙げられる。

### （5）グローバル生産活動の戦略的統合

　生産活動をグローバル規模に分散させるか1カ所（本国など）に集中させるかは、以上のような多面的視点から十分に検討する必要がある。しかしそうした判断は、それに加え、トータルなグローバル戦略とのかかわりで捉えられる必要がある。

　第2章で紹介した概念に基づけば、自社の戦略がグローバル戦略かマルチドメスティック戦略かによっても変わる。その中で、生産戦略もまたグロ

ーバル戦略かマルチドメスティック戦略かが判断される。

## 3. グローバル・マーケティング戦略

### (1) 標準化と現地適応

　グローバル・マーケティングにおいては、グローバル標準化と現地適応とのバランスが論点となる。かつてレヴィットは消費者の嗜好は収斂するとし、グローバル市場の到来を予測した（Levitt 1983）。しかし未だに国の間の嗜好の違いは存在するし、今後も決して消えそうもない。

　しかしこうした消費者嗜好の国ごとの違いは、市場のセグメンテーションにおけるひとつの側面にすぎない。他に、世代、性別など、国を越えて成り立つセグメントがある。

　なお、国の違いは、消費者嗜好の他にも、流通システムの違い、広告宣伝の違い、価格政策の違い等、さまざまな側面で認められる。そして、それらのいずれにおいても、こうしたグローバル標準化と現地適応化のバランスが重要である。たとえば、世界標準の宣伝広告は経済的には効率的だが、各国固有の文化や規制に対応しきれない。

　価格政策も、時には国ごとに差別化することにより利益をあげることもあるが、市場が国際的な相互依存、相互浸透の関係にある今日では、国ごとの市場情報の隔離はきわめて難しい。ある国で過激な価格戦略（値下げ政策）に打って出て、他国で競合他社の参入を断念させるなど、あるいは経済の相互依存の現実をたくみに捉えた戦略も必要となる。

　なお、マーケティングという機能の中でも、製品ブランド戦略のようにグローバル戦略がより適するものから、販促活動のように現地適応戦略がもっぱら重要なものまでさまざまである。したがって、どのようなタスク（職務）に関する議論かにより、そのとるべきマーケティング政策も異なることを付記しておきたい。

　現地市場への進出の進展とともに、マーケティング政策が重要となる。輸出の際には輸出業者を通す間接輸出、海外輸入業者を通す直接輸出のいずれの場合も企業は現地国において直にマーケティング戦略を行うことはない。しかし現地への輸出の拡大とともに現地国への直接投資を行い、子会社を設立し現地市場との接点を持つようになる。当初は現地流通業者によ

る販売を行うが、やがて販売子会社を立ち上げ直接販売に進展する。

　この段階に至っては、現地市場におけるマーケティング政策が重要な経営上の論点となる。製品は本国からの輸入、現地生産、あるいはその他の国からの輸入という選択がある。現地の販売会社を自ら設立するか現地業者を買収するかの選択もある。現地企業との合弁をとる場合、現地市場のニーズおよび現地流通システムへのよりきめ細かい配慮が可能となる。

　1959年に設立されたカルフールはこれまで中南米、東欧、南欧、アジアといった地域に進出してきたが、北米や西欧では必ずしも成功しなかった。日本でもやはり大型ディスカウントストアとの競争を強いられた。いかに日本独特の調達・流通システムに順応し、サプライヤーからの協力を得、効率的調達システムを築き上げ、日本の市場に受け入れられるかがチャレンジであった。アジア市場も決して一枚岩でなく、これまでのアジアでのやり方を直接日本にあてはめるだけではうまくいかない。まさにグローバル・マーケティングの工夫の必要がここにもある。

　また1995年に日本に進出した米国のスターバックス・コーヒーも、当初は厳選されたコーヒー豆の使用、落ち着ける空間などシアトル風スタイルが日本でも通用するかどうか不透明であった。1996年に銀座に出店した海外1号店は、アメリカ式そのものであったが、その後日本風メニューも毎年出していった。サザビーとの合弁により日本的顧客嗜好への適応がうまくいった例ともいえる。全世界共通のブランドイメージと現地特有の状況への適応のバランスをとるためにアライアンス戦略をうまく活用した例である（「日本経済新聞」2002年7月4日朝刊）。

## (2) グローバル・ブランドの構築

　企業が自社製品ブランドをグローバル規模で構築しようと試みる場合、グローバル・ブランドチームを活用することがある。このチームは通常、各国でさまざまなブランド開発段階に携わっているブランドレップ（brand representatives）で構成される。さらには広告宣伝、市場消費、販促等の担当者も加わることがある（Aaker and Joachimsthales 1999）。

　このグローバル・ブランドチームの持つ問題点としては、グローバル規模でのブランドに関する意思決定の責任者が曖昧な点だとされる（Aaker et al. 1999）。

アーカーらは、デュポンのLycraブランドを取り上げて次のように説明している。この合成繊維は長年世界中で用いられてきたが、その応用範囲の広さゆえブランド戦略で苦労してきた。水着デザインでリードしているブラジル、ファッション関連での使用に関してはフランス、というようにデュポンは各応用製品でもっとも強い国のマネジャーにその権限と責任を委譲してきた。そしてLycraのグローバル・ブランドマネジャーの役割は、このような種々の応用製品のブランド戦略が全体として整合性を保つように見守ることである（Aaker et al. 1999）。

## 4. グローバル人的資源戦略

人的資源マネジメント（HRM）は経営の中でも人間を扱う領域であり、もっとも国の文化や習慣に影響を受けやすいファンクションである。したがって、多国籍企業にとってHRMは成功を握る鍵といっても過言ではない。HRMには、採用、配置、勤務評価、人材開発、報酬等、いろいろな論点があるが、グローバルHRMはそれらの国際的側面を扱う。

グローバルHRMの重要性は、企業の国際化の進展の度合いとともにますます顕著なものとなる。

輸出の段階では、HRMの国際化はあまり重要な論点ではない。なぜならば、輸出業者に委託する間接輸出の場合は、取引はもっぱら国内で成立し、海外との人材面での接点はない。また海外の輸入業者に委託する直接輸出の場合にも、あるのはその海外業者との接点のみである。海外に直接投資し、子会社を設立し、現地雇用を始めた段階で、現地人材マネジメントがようやく問題となる。そして以後、海外マーケティング、海外現地生産、製品開発、海外研究開発といった活動を行う段階に至るにつれ、海外拠点のHRMがより複雑な問題となる。

ひとつには、海外拠点での活動が高付加価値的になるほど、現地スタッフの能力を活かしたマネジメントが重要になること。またその際に、本国から派遣された駐在員と現地スタッフとの間の関係も微妙に変化し、なかなか難しい点。海外駐在員は本社の掲げる企業理念の変化を普及しようと努めるが、現地スタッフは概して本社の理念よりも自分たちの自由度の確保により強い興味がある場合が多いこと。

　これらは、グローバル化が進むにつれて生ずるHRM課題のごく一部にすぎない。そしてやがて企業のグローバル化がさらに進み、現地化という発想が陳腐化し、グローバル・ネットワークとしての経営の段階に入ると、海外子会社のスタッフはより大きな戦略的役割を果たすことになる。ここではもはや駐在員とか現地スタッフという区分はあまり意味をなさない。子会社でありながら本社的役割を期待される局面も生じ、子会社のスタッフにもトータルなコーポレート的視点が要求される。

　ここにおいては本社、海外子会社を問わず、マネジャーにはコスモポリタンなマインドセットを持たせなければならない。現地マネジャーも、従来のようにその国のオペレーションのことだけ考える有能なカントリー・マネジャーでは不十分となる。同じく駐在員も従来のように本社の意向を現地に伝達し、現地の情報を本社に吸い上げるといったタテの情報ブローカーでは不十分となる。双方とも自らが多国籍企業におけるセンターとして、いわば頭脳としての役割を積極的に果たすようになる。

　HRM政策は、企業がどのようなグローバル化政策を志向するかにより、そのありかたはさまざまである。たとえば、世界標準をベースとしたグローバル戦略をとる企業は、本社から自国スタッフを海外駐在員として派遣し、本社の指令に忠実に従った現地オペレーションをこなすパターンが多い。それに対し、現地適応に重きを置くマルチドメスティック戦略をとる企業の場合は、本社のほうばかり向く駐在員ではなく、現地の事情に精通した現地採用スタッフのほうが適する場合が多い。このように、採用、配属といったスタッフィングのありかたも、当然企業の戦略的志向により、変わってくる。

　本社から駐在員を海外子会社に派遣する場合、本社の考え方を海外に適用できる点、自国文化に根ざした企業風土を駐在員を通じて海外子会社にも普及しうる点が特徴となる。しかし、そうした一方通行のマネジメントでは、海外現地からよい点を学んだり吸収したりといった視点が欠ける。現地スタッフに対しては権限委譲があまりなされず、彼らの能力の活用のチャンスも逃している。これは、かつてパールミュッターが本国志向型（ethnocentric）と呼んだアプローチの特徴である。

　海外子会社において現地スタッフを重要ポジションに積極的に登用し、権限委譲を行うやり方は、現地スタッフの持つ現地特有の知識・ノウハウの

獲得にもつながり、経営の現地化を進めるうえで有効である。

　しかしその一方で、各国でばらばらな採用・配置が行われ、多国籍企業としての統一性が損なわれるデメリットもある。世界の従業員の間で同じ企業のメンバーであるという一体感が欠如し、多国籍企業本来のメリットである、世界の知識・ノウハウの国境を越えた共有のチャンスも活かせない。これは、パールミュッターが現地志向型（polycentric）と呼んだアプローチの特徴である。

　最近では、そのいずれのやり方も両極端であるとして、両者のよい点を取り込んだアプローチを追求する傾向にある。パールミュッターの名づけた世界志向型（geocentric）アプローチといわれる特徴である。

　いずれにせよ、海外駐在員の派遣に際しては、その人物の適性・能力ないし意思を総合的に評価しなければならない。社員の入社前の海外経験、海外に対する関心度等は重要な判断材料である。語学力も重要な要件だが、それだけでは不十分であるので、その国の言葉が話せるというだけで派遣するようなことは避けるべきである。

　同様に、海外で遂行する職務がはっきりしている場合、その仕事に精通しているだけで安易に派遣するのも問題である。なぜなら、職務遂行のためには現地の文化、習慣に馴染み、現地での社会生活を健全に行うことが必要条件だからである。よって、駐在員派遣の場合、少なくとも次の点に留意しなければならない。

- 候補者の過去の経験（入社前を含む）
- 候補者の海外勤務に対する関心
- 候補者の海外勤務に必要な能力・適性
- 候補者の外国語能力
- 候補者の実務能力、とくに現地で担当する職務に対する熟練度
- 候補者の生活環境（健康状態、付帯家族の状態等）

　候補者を絞り、決定したら、派遣までの期間に、十分な準備を行う必要がある。ここでも単に仕事上の準備にとどまらず、本人および同伴家族も含めた現地生活面での準備が必要となる。この部分を省くことは、長い目でみた場合、より大きなコストが生じることになりかねない。海外駐在の

失敗の原因は、仕事面でのトラブル以上に、本人ないし付帯家族の異文化適応障害によることがしばしば指摘されている（Adler 1991）。

　さらに忘れてはならないもうひとつの盲点として、海外駐在員の帰国における問題がある。だれでも、不慣れな海外への赴任前には多かれ少なかれ不安を抱き、渡航前にそれなりの準備を行うだろう。つまり赴任前には身構えるのである。それに対し、数年間の海外赴任を終えて自国に戻る人々は、それほどの不安を抱かない。自分の国に戻るわけだから、すぐにもとの環境にとけこむことができるという自信を持つ人は多い。

　ところが実態は、意外にも自国への帰国時に少なからぬ問題に直面するという（Adler 1991）。ある場合には、海外での経験を自国で活かそうとしても受け入れられず落胆することもある。またある場合には、はじめから海外と自国とは違うと割り切ってしまい、せっかく身につけた知識・ノウハウを自国に移転し活かそうと試みることすらないこともある。この後者の場合のほうが帰国後の職場から受け入れられやすいが、しかしせっかくの海外での経験がまったく本国で活かされないという事態は企業にとっては望ましくない。

　アドラーはこうした点に注目し、企業は単に海外駐在員派遣前にトレーニングを行うのみならず、帰国前から帰国後にかけて彼らにガイダンスを行うことこそ重要な課題であると論じている。

# 3 グローバル多角化戦略

## 1. グローバル化と多角化：類似点と相違点

　企業は成長、発展に伴い、その活動の場を国内のみから海外へと広げ、また単一事業から複数事業へと拡大していく。いつまで経ってもひとつの事業のみに固執し、しかも国内のみでその活動を行う企業を見つけるほうがむしろ大変だ。そうした意味では、ここでいうグローバル化や多角化は、多くの大企業に当てはまる特徴といえよう。プラハラードとドーズは、こうした企業を多角化多国籍企業（DMNC）と呼んだ。グローバル多角化企業と

いう呼び方もよくされる。

　ストップフォードとウエルズも、多国籍企業の進化過程の研究で、海外における市場売上率と海外における製品多角化率を軸にとって分析した（Stopford and Wells 1972）。彼らの研究については第4章で詳しく述べるが、国際事業部を設置し国内事業と海外活動を分離した組織構造を脱し、別の組織構造へと向かったことを分析した。主力事業だけを海外に拡張した企業は地域別事業部構造をとり、多角化された国内製品ラインをそのまま海外にも展開していった場合は世界的製品別事業部といった構造へ移行し、さらに次なる段階へと進化するプロセスを分析した。このように、グローバル化と多角化とは常に密接な関係を持つ。

　では、グローバル化と多角化は何が類似していて何が異なるのだろうか。両方とも活動ドメインが拡大し、より複雑になる点は共通である。グローバル化であれば、海外進出国の数が増えるほどそのマネジメントはより複雑になる。多角化に関しても同様、扱う事業の数が増えればそれだけマネジメントは大変になる。両者とも、それぞれの国同士ないしは事業同士がどの程度関連しあっているかによっても、その複雑さは変わる。

　また、もうひとつの共通点として、両方とも、複数の国、事業における諸活動を調整する機能が必要である。このことはいわば分化と統合のバランス関係に匹敵する。一方で各国・各事業固有の活動を行うことにより、各国・各事業の特殊性に適合したビジネスが可能になる。組織論的に言い換えれば、それぞれの外部環境（ここでは国や事業）に適合した戦略や組織をとることにより経営成果もあがるわけである。その一方で、それらを束ね統合する機能の存在なくしては、組織全体としての整合性を失い、成果にも悪影響を及ぼす。こうした分化と統合への対応の重要性は、グローバル化にも多角化にも共通する。

　一方、グローバル化と多角化には大きな違いがある。それは、グローバル経営と多角化経営の場合のコーポレート（すなわち本社、本部）の意味合いの違いである。

　グローバル経営の場合、本社と海外子会社の関係（第5章で詳しく取り上げる）はしばしば地理的軸で捉えられている。すなわち、本社（もしくは親会社）の定義がより広く曖昧な場合がある。それはグローバルな統括本部（すなわちコーポレート）としてのみならず、本国にある事業部門（事業本部）を指

す場合がある。後者のような広い定義をとった場合、ある特定事業に関して本社と海外子会社がそれぞれ本国および現地国の市場を持ち、時にはライバル関係になることもある。

　それに対し多角化経営の場合、コーポレートはあくまで戦略的統括本部であり、事業本部は含まれない。よって、コーポレートと各事業本部との間で顧客をめぐってライバル関係になるようなことはありえない。

　ここで気をつけたいのは、グローバル経営の場合の本社・本部と多角化経営でいう本社・本部の意味をしっかりと確認して使う必要があるということである。

## 2. 多角化多国籍企業におけるコーポレートの戦略統合

　前節でグローバル化と多角化の比較を行ったが、今日の多国籍企業の多くはそのいずれをも同時に展開しており、どちらか一方のみに限定した議論は実際には有効ではない。そこで本節では、多国籍企業のグローバル多角化戦略特有の戦略課題として、グローバル多角化におけるコーポレートの戦略課題について解説する。

### プラハラードとドーズのグローバル多角化戦略フレームワーク

　彼らはグローバル多角化企業をDMNC（Diversified Multinational Corporation）と呼び、その最大の課題として、いかに企業経営者が多くの事業ごとにそれぞれの特徴に応じたグローバル統合と現地適応の度合いを実現しつつ、全事業トータルな管理を実行するかを考えた（Prahalad and Doz 1987）。

　第2章でも簡単に触れたように、彼らはグローバル統合と現地適応を2軸にとったI-Rフレームワークを提示し、多国籍企業の諸活動をそこにプロットした（詳しくは第6章を参照）。そして、各企業の持つさまざまな事業によりその位置が異なることを示した（第6章図6-3参照）。そして、コーポレートの戦略課題として、それらの異なる事業それぞれについて、①どの程度グローバル統合あるいは現地適応させるか、②時とともにそのポジションをいかに変化させるか、そして③いかにグローバル統合と現地適応といった矛盾する圧力を柔軟に両立させるか、といった点を挙げた。さらに多角化多国籍企業である以上、それらの多くの事業のマネジメントをいかに戦略的に統合するかがコーポレートの経営者にとって肝心なことであると論じた。

そうした認識に基づき、彼らは多角化多国籍企業における大きな戦略課題として、事業間の戦略的統合を進めることにより、いかに価値創造を行うことができるかに言及した。

プラハラードとドーズによれば、本社のトップマネジメントの仕事のうちもっとも革新的なツールは以下の3つだという。

**①データマネジメント**　　情報システム・評価システム・資源配分手続き・戦略策定・予算プランニング

**②マネジャーのマネジメント**　　キーマネジャーの選択、キャリアパス、報酬システム、マネジメント開発、社交パターン

**③コンフリクト解消**　　決定責任の明確化、統合者・ビジネスチーム・調整コミティー、タスクフォース、イシュー解決プロセス

つまり、コーポレートはこうしたツールを適切に選択し企業経営の根本としての戦略を実行していくものと考えられた。

## 3. 本社の戦略的役割

本社の戦略的役割を考える際、多国籍経営および多事業経営といったふたつの視点から検討する必要がある。そもそも、本社とは、曖昧な用語でどういうコンテキストであるかによって、本社の意味するところが変わってくる。

AからDまでざっと4通りのコンテキストが考えられるが、それぞれの状況における本社の役割は異なるはずである。そこでまず、多国籍企業における本社を考え、次に多事業（多角化企業）における本社、そして最後にもっとも複雑な場合としての多角化多国籍企業（DMNC）における本社機能を検討したい。

図3-1 ≫ **本社のコンテキスト**

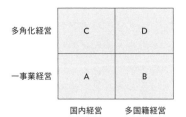

### (1) 多国籍企業における本社の戦略的機能（すなわちB・D）

多国籍企業において、本社の役割も徐々に変遷を遂げてきた。当初は、もっぱら海外子会社に対して、指令塔としてのコントロール機能を一手に引き

受けていた。それに続き、単なるトップダウンではなく海外子会社の主体性を尊重しつつも、全体の整合性を保つという意味におけるコーディネーション機能を重視するようになっていった。

ここにおいては、グローバル統合と、現地適応といった相矛盾するプレッシャーをいかに最適化するかといった意味でのジレンマのマネジメントがその主要関心となった。さらに本社は、単なるオペレーションの調整機能にとどまらず、積極的に価値創造を行ううえでの重要な機能を担いつつある。ドーズらは、そうした役割を知識のオーケストレーションと捉えている。

## (2) 多角化経営における本社の戦略的機能（**C・D**）

今日、多くの企業が多角化を進めている。その際の本社の役割とはいったい何か。Goold, Campbell and Alexander（1994）によれば、ライバルよりもより多くの価値を創造できるかどうかという根本問題にチャレンジし、親会社としてその目的のために惜しみない援助を与えること（ペアレンティング）こそがその主要な役割であるとした。

彼らによれば、それにはいくつかの方法があるという。そもそも大切なのは、本部の特徴と各事業の特徴との間の適合（フィット）である。その前提を踏まえたうえで次の4つのタイプがあるという（図3-2）。[4]

**①独立タイプ**　本部はいろいろな次元において各事業部に対し援助を与え、価値創造に寄与している場合である。グールドらによれば、このタイプにはいくつかの場合が内在するという。たとえば、ドーバー社のように本部から事業部へ優秀な経営者を送り込む場合がある。また、BTR社のように、本部は海外子会社に予算面での面倒を見ている場合もある。さらには、エマソンの場合のように、親会社が直接海外支社の戦略について見直しを加える場合もある。

**②リンケージ・タイプ**　本部は各事業部門に活動内容そのものに直接関与することはないが、各事業部門間のコミュニケーション・相互交流を促進するという役割を担う。

たとえば、さきに扱ったBTR社等では、各事業部門と他の部門の間では利益になると判断したときにのみ行うという方針なのに対し、バンクワン等は、部門間のリンケージの促進にきわめて熱心で、事業部門間における

**図3-2 》 多角化経営における本社の戦略的役割**

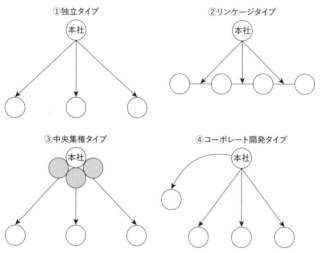

①独立タイプ

②リンケージタイプ

③中央集権タイプ

④コーポレート開発タイプ

（出所）Goold, Campbell and Alexander（1994）を基に作成

ベストプラクティスの移転を強く奨励している。さまざまな機会にバンク
ワン大学、ベストプラクティス・マニュアル、QC活動などを通じ、部門間
の横の交流を促している。ゼネラル・エレクトリック（GE）も同様に、社
内におけるベストプラクティスを徹底的に他の部門に移転、普及する方針
が明確である。

　またユニリーバにおいても、地域間・事業部門間にまたがるリンケージ
をさまざまなメカニズムを通じ、促進している。当社は、ここ10年の間に
人、情報、知識、研究開発の共有・移転にとくに熱心になった。ここでは、
オンライン化による知識の共有ではなく、暗黙知を包含したベストプラク
ティスの共有にとくに注力している。本部は、生産・マーケティング・技
術をはじめとするさまざまなレベルの知識ノウハウを全社的に共有するこ
とを強く奨励し、環境整備を行っている。トップがヘビーな官僚組織を築
かず、横の風通しがよい組織構造をつくり、会長とブランドマネジャーの
間には、わずか4段階しか階層のないフラットな組織づくりを行った。

　ABB社も世界規模でグローバル・マトリックス構造をしく代表的企業で
あるが、世界中に20万人を超える従業員を抱えていながら、本社はわずか
百数十人というきわめてスリムな会社である。その代わり、世界各国のユ

ニットは、企業の経営理念・ビジョンを駆使した強力なトップの求心力によりリンケージを促進している。

　ところで、すべての事業を一律にリンクすればよいわけではない。どの事業をリンクさせ、どれをリンクさせないかという判断はこれもまたコーポレート本社の重要な役割である。

　**③中央ファンクション／サービスタイプ**　　このタイプは、強い本部（コーポレート）を前提とする。本部に重要なリソースをプールし、必要に応じ各事業部門がそのリソースに対してアクセス可能な仕組みをつくる。スペシャリストの専門性が本部に備わり、リソースの本部への集中化は規模の経済、および範囲の経済の達成を促す。

　このような考え方は、現在流行している本社のダウンサイジングとは反対のものである。ABB社やブリティッシュ・ペトロリアム（BP）等では、本社のスタッフ機能を大幅に削減し、アウトソーシングを徹底している。90％ルールといった法則もあるほどで、買収後の企業の本社のサイズを90％まで削減することを可能とした。同様にBPも1990年代前半には、本社のサイズを1000人以上も削減し、アウトソーシングと分権化を徹底した（Taylor 1991）。

　しかし、他方においてこうした本社のスリム化を無条件に信じるべきではない。こうした方策は決して唯一の解決策ではないのである。現に、成功している数多くの企業が、中央の本社機能を強化し、実質的に活用している。その代表例としてグールドらは、3Mやシェル等を挙げている。

　3Mはそのイノベーション経営の仕組に特徴があるが、その強みはなによりも強力な技術面での支援が充実していることにある。各従業員には、いわゆる15％ルールを設定し、その範囲内で自由に研究開発活動を行うことが許されているが、本人のアイデアを実現するためには、社内における充実した支援体制が不可欠となる。その意味で、各個人の必要に応じた充実した技術面での支援を提供する環境が整っている。

　またシェルにおいては、一見、本社のサイズはスリム化の方向をたどっているものの、実質的には本社機能は強化・高度化している。なによりも強力な職能・技術スタッフを抱え、各オフィスへの支援を惜しまない体制である。

　こうした諸企業の事例を通して、本社（コーポレート）の考慮すべきオプ

### 本社スリム化の条件

　本社スリム化の判断材料として、以下の5つの点が重要である（Goold, Campbell & Alexander 1994）。

- スリム化によって、はたして価値破壊が回避されないか。ABB社はスリム化によって価値創造を実現したわけだが、中にはかえって価値破壊につながってしまうケースもある。3Mのように、コーポレート・スタッフによる支援機能が強い会社が、ABB社の真似をして本社のサイズ縮小に闇雲に邁進してしまうと、せっかくの自社の強みを損なってしまうことになる。リンケージタイプについては、本社は必ずしも大きくある必要はないが、それ以外のタイプについては、ある程度の規模は必要である。
- リンケージが可能で、それによって価値創造の効果が望めるかどうか。中にはリンケージを促進することによって事態が悪化するケースもあろう。
- 価値創造のためのコーポレート・タスクに優先順位があるか。
- 価値創造のために必要／不要なスタッフが明らかであるか。
- 本社と事業部の役割が同一方向に向かっているか。

ションが抽出される。要するに、いたずらに本社のスリム化を追求するのではなく、以下の諸点を検討したうえで、どの方式でいくのかを決めるべきである（Goold, Campbell and Alexander 1994）。

①スリム化により価値の破壊が回避されるか否か。

②ネットワークのリンケージが可能で、価値創造の効果が望めるか。

③コーポレートのタスクの濃淡・優先順位がつくかどうか。

④価値創造のために必要／不要なマネジャーが本社で明らかであるか。

⑤本部と事業部の役割が一致した方向に向かっているか。

**④コーポレート開発タイプ**　　既存のカンパニーへの経営関与はともかくとして、新しい事業機会を発見してその事業開発に取り組むことがコーポレートの役割とされる。ハンソンなどがこれにあたる。

## （3）多角化多国籍企業（DMNC）における本社の戦略的機能（D）

　これは、前述した論点を併せ持つコーポレートの役割である。役割としてはもっとも複雑なものである。すでに出たユニリーバやABB社、それにシェルや3Mはこの範疇に入る。

　多事業企業が多国籍展開すると、各事業によってその現地適応が異なるので本社はその事業に合った調整をしなければならない。

　このように多様な事業をかかえる場合、本社は通常そのあまりの複雑さを減少するための方策を検討する。たとえば、IBMが1970年代に通信事業への機会にのらなかったことや、インド進出を見送ったことなどはその例である。あるいは、GEが事業多角化を優先し、地理的拡大を抑えたこと等が挙げられる。こうした決定は、本社が戦略的に行うことである。

---

### 本章のポイント

　本章ではグローバル経営戦略の論点をさまざまな側面から概観した。海外進出のモードとして輸出、海外生産、フランチャイジング等を評価した。また国際化の発展段階（ステージモデル）、国際化と所有政策（完全所有か合弁か、グリーンフィールドか買収か）、海外進出のロケーション選定、撤退戦略、といったイシューについて概説した。次に各機能的に見た国際化戦略の論点を簡単に整理した。ここではR&D、生産、マーケティング、および人的資源管理を取り上げた。最後にグローバル化と多角化を同時に行うグローバル多角化戦略の分析フレームワークを提示したうえで、本社（コーポレート）の戦略的役割を整理した。以上のように、グローバル経営戦略はさまざまな切り口が伴い、多くのイシューが存在する。これらはいずれも前章で扱った理論的側面とともに重要な論点である。

---

本文注

1　山崎・竹田（1993）の第8章（竹田分担執筆）に詳しい。

2　詳しくは第9章で取り上げる。

3　ここの多くの部分はHill（2001）に詳しい。

4　以下、各タイプとその具体例についてはGoold, Campbell and Alexander（1994）による。

第 *4* 章

# グローバル経営の組織論

# *1* 多様な環境のもとでの組織対応

　多国籍企業は、国境をまたがった多様な環境のもとで活動している。多国籍企業を取り巻く各国の現地環境に対して戦略、組織面で適応することにより、地元の正当性を確保し、現地マーケットの顧客や流通業者等にも受け入れられやすい。こうした現地適応の論理は、単に現地顧客の好みや現地政府の要求に応えるといったディマンド・ファクターとしてのみならず、地元の特有のリソース（たとえば情報、ナレッジ、ノウハウ、人材等）を確保するためのサプライ・ファクターとしても有効な策であるとされている。

　しかし、多国籍企業は各国の多様な環境に囲まれており、それぞれの環境からの諸要求は必ずしも一致しているとは限らない。むしろそれぞれが相互に相矛盾する要求をつきつけてくる場合が多い。それが分化（differentiation）へのプレッシャーである。

　一方、企業としての一貫性を保つため、それらの分散したやり方を内的に統合する必要もある。戦略的には規模の経済、範囲の経済による効率の追求、グローバル規模での知識ノウハウの共有によるラーニングの促進等がこの論理的背景にある。これが統合（integration）へのプレッシャーである。

　海外現地への適応と多国籍企業としての内的一貫性を同時に達成するのは大変なことだが、それが企業業績との正の相関関係にあるともいわれている（Nohria and Ghoshal 1993）。

　組織論におけるコンティンジェンシー理論によれば、複合組織はその多様な外部環境条件に適合するために組織を各部門に分割し、部門ごとに当

該外部環境に適合し（fit）、なおかつ全体として統合機能を果たす部門を兼ね備えることが業績（performance）の向上につながるという（Lawrence and Lorsch 1967）。

多国籍企業の場合も、各国、各地域ごとに異なる環境条件への適合と多国籍企業全体の統合を兼ね備えた役割が企業業績と正の相関にあるという（Nohria and Ghoshal 1993）。

しかも、多国籍企業を取り巻く環境は常に変動している。現地環境への適合も、静態的適合（static fit）ではだめで、常に変化する環境に対応できる動態的適合（dynamic fit）が要求される。それに伴い、その都度統合メカニズムも対応していくことが求められる。つまり、絶えまない柔軟なコーディネーションが多国籍企業には必要なのである。

## 1. 環境、戦略と組織構造：多国籍企業組織の発展段階モデル

### (1) チャンドラーの命題

米国の経営史家チャンドラーは、アメリカ企業の歴史的発展過程に関する実態調査を行い、その著『経営戦略と組織』において、次の有名な命題を提示した（Chandler 1962）。

- 組織は戦略に従う（組織構造は企業の成長戦略に従う）
- 米国企業の戦略と組織の間の関係には、段階的な発展の順序が存在する。すなわち、単一職能制から職能部門制さらに事業部制組織へという発展段階である。
- 非効率で変えざるを得なくなるまでは、組織はその構造を変化させない。つまり、次の段階へとシフトするのは、経済的危機を感じた後である。なぜなら、戦略策定者と組織の変革者とは別のタイプの人格であるからである。

これらの命題をベースに、戦略論、組織論の分野で多くの実証研究が行われた。そしてこれらの命題は精緻化され、拡張されていった。多国籍企業論においてもその例外ではなかった。

## （2）フォレーカーとストップフォードによるチャンドラーの応用と実証

Fouraker and Stopford（1968）は、チャンドラーの戦略と組織に関する類型論を応用し、多国籍企業における戦略・組織の実証研究を行った。チャンドラーは企業の成長発展の段階を3段階に分けた。

タイプⅠは、経営者個人の関心、能力の延長線上にあり、通常単一の製品ラインもしくは単一職能にその焦点が置かれた、いわば起業家型組織であった。

タイプⅡは、垂直統合され、職能を軸に調整された組織である。未だに少数の製品ラインに絞られ、経営資源や職能活動が集権的に調整された組織であった。ここにおいては、一握りの経営者へのアドミニストレーション上の負担が過度にかかる点が、問題であった。それを克服すべく、タイプⅢが登場する。

タイプⅢは、製品ラインを多角化し、各製品ラインごとに特有の問題に対応していく組織であった。有能な経営者の出現により、各製品ラインごとに事業を展開し、それらに自律性を与えつつ全体を統合・調整していく事業部制が台頭したのである。

彼らの実証研究の結果、タイプⅡかタイプⅢかは経営的選択によると論じられた。すなわち、ある経営者は、タイプⅡを選び、より焦点を絞った事業展開を行い主な活動を国内に求めた。その反対に、ある経営者たちは、タイプⅢを目指し、有能な経営者を育成し、多角化を図った。

フォレーカーとストップフォードによれば、国際化の文脈でも同じような発展段階がみられた。すなわち、企業がまだ海外展開に関心が薄い段階では、海外活動担当者を1人置く程度ですませていたが、海外市場が成長し、海外でのビジネスチャンスを活かしていくためには、国際事業部の拡充、廃止と世界的製品別事業部の創設、グリッド組織（マトリックス組織）への改変、そしてなによりも国際的視野を備えたジェネラルマネジャーが必要になった。そしてこのような要件を備えた組織は有能なジェネラルマネジャーの能力開発に成功した（チャンドラーの）タイプⅢ組織であると論じた。

欧米企業の国際化における戦略と組織構造とのつながりに関する実証研究としてハーバード大学多国籍企業研究プロジェクトがある。

## (3) ストップフォードらの調査

　ストップフォードは、米国の多国籍企業をフォーチュン500社から選び、戦略が同じなら同一の組織構造をとることを明らかにした。

　まず第1に、国際事業部の創設がある。国際化の進展に伴い、企業は製品別事業部制組織に国際事業部を加えたのであった。つまり、国内事業と海外事業の管理が完全に分離されたのである。

　これにより、国内事業優先でややもすると優先順位が低くなった海外事業にも十分に配慮できるようになった。また、個別事業部内ではわずかな額にすぎない事業を国際事業部に束ねることにより結構な額にまとまったことも利点であった。さらに、国際事業部に海外事業の統制をまかせることにより、経営者は統制範囲を減らすことができた。また国際事業部において、国際的経験を持った経営管理職を経済的に養成できた点も利点であった（Galbraith and Nathanson 1978）。

　なお、ストップフォードの調査の結果、職能部門制組織ないし国際事業部制をとる企業においてはすべて、国外の製品多角化が10%以内、そして国外売上比率が50%以内であった。そして、それらのいずれかあるいは両方がその線を越えると新たな組織形態を選ぶとした。国外売上増加による企業成長戦略をとるか世界的製品多角化による成長戦略をとるかにより組織のありかたも異なる。

　第2に、国際事業部の廃止と新たな組織構造の採択（すなわち、世界的製品別事業部制あるいは地域別事業部制）である。どちらの組織構造をとるかは、国際成長戦略により異なるとされる。すなわち、多角化した国内の製品ラインを海外に広げていった企業は世界的製品別事業部制をとり、一方、主力事業のみを海外展開していった場合は、地域別事業部制をとった。

　そのいずれのケースも国際事業部の廃止へと向かった。まず海外での多角化比率が高まると、国際事業部という単一の組織構造では多様性を管理しきれない、という理由で、国際事業部が廃止され世界的製品別事業部制が採用されるといわれる。これは海外での事業展開が拡大するに従い、国際事業部では、多数の製品の多くの地域での事業活動が対処しきれなくなる。そこで各製品単位で見る組織に分化する必要が生じる。

　いわゆる環境の多様性に対応しうるだけの多様性を組織が持つ必要があるという最小多様性の法則（いわゆるアシュビーの法則）と一貫している。

図4-1 ≫ ストップフォードとウエルズのモデル

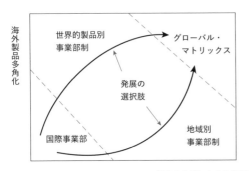

出所：Stopford and Wells（1972）；『多国籍企業の組織と所有政策』山崎清訳、ダイヤモンド社

　また、海外で多角化せず主力事業で海外売上を伸ばす企業の場合、すでに国際事業部が地域割りで編成されている場合が多いことから、国際事業部を廃止し地域別事業部へと進化するのは自然の流れともいえる。なお、国内の各事業部は、国際事業部が国内の最大事業部と同じ規模に達したとき、連合して国際事業部の分割を迫り、地域別事業部制をとるということも明らかにされた。

　これらを表すと図4-1のようになる。

　海外で多角化比率が高い場合、国際事業部という単一の組織構造では多様性を管理しきれない点が国際事業部の廃止と世界的製品別事業部制採択の主な理由である。また、主力事業中心で国際成長する場合、さらなる地理的拡大による経営管理者への負担増が地域別担当へと移行させたと考えられよう（Stopford 1968; Stopford and Wells 1972; Galbraith and Nathanson 1978）。

　ストップフォードらの調査によって、いくつかの興味深い傾向が明らかになった。たとえば、国外での売り上げの占める割合は、各組織構造の中で地域別事業部制組織をとる企業がもっとも高い。また、地域事業部については、国際事業部が米国内最大の事業部と同規模まで成長したときに採択されるという。そして、国外での製品多角化率が10%、国外での売上比率が50%という範囲を超えた場合、企業は世界的製品別事業部制もしくは地域別事業部制をとると論じたのである。

　ストップフォードらは次の段階についても言及している。すなわち、世

界的製品別事業部制をとる企業が国外での売上比率を伸ばしたり、また地域別事業部制をとる企業が多角化をさらに推し進めていった場合、次にくる組織構造は何かという問題である。それはグローバル・マトリックス制ないしグリッドといわれる構造である（グローバル・マトリックス制については本章の後の部分で詳しく扱う）。

## （4）フランコの調査

　同時期にFranko（1974, 1976）は、ヨーロッパの企業についてフォーチュン200社から、戦略と組織構造の関係の実証研究を行っている。

　フランコは、従来からの伝統的ヨーロッパ型組織を母系（マザードーター）組織（mother-daughter）と呼び、以下の特徴に注目した。すなわち、職能責任者や子会社社長は直接親会社トップに報告している点である。すなわち、人的接触・人間関係をベースとするコントロールである。明文化されたルール、手続きをベースに数値化された業績管理を行う米国の多国籍企業とは対照的に、欧州系の多国籍企業では、信頼のおける人物を海外現地国に派遣し、価値観等を社長と共有した彼らに現地マネジメントをまかせるやり方であった。Edström nad Galbraith（1977）は、そうしたやり方を文化的コントロールメカニズムとしての駐在員の役割として挙げた。しかしながら、ヨーロッパにおいて、とくに1970年代以降、そうした母系型組織が急速に減少した。その背後には、欧州内外において企業間競争が激化し、これまでのような関係性を主体とするモデルでは通用しなくなり、事業部制組織に移行した例が多くみられたという。ここでも競争変化に伴い、組織構造も変化することを示している。

　ストップフォードらによる米国の多国籍企業の研究、フランコによる欧州多国籍企業の研究を概観した。これらから米国と欧州企業の間に、国際化戦略に応じた組織構造の変化パターンに大きな違いがあることがわかる。両者の違いは、その国際発展過程において米国系企業が国際事業部の設置を経てから、世界的製品別事業部制、地域事業部制ないしグローバル・マトリックス制に移行するのに対し、欧州系企業は、それを経ずに世界的組織構造に移行する場合が多いとされた（図4-2）。

### 図4-2 >> 国際組織展開の欧米比較

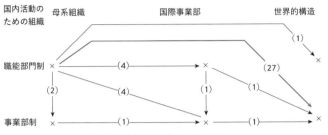

原出所：CEI—ハーバード多国籍企業比較研究プロジェクト

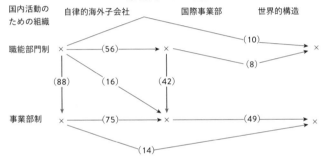

原出所：Stopford and Wells（1972）
出所：ガルブレイス＝ネサンソン『経営戦略と組織デザイン』岸田民樹訳、白桃書房

### (5) グローバル戦略と組織デザイン（ロスらの実証研究）

多国籍企業における戦略と組織構造の関係については、これまでにもいくつもの先行研究があった（たとえばDaniels, Pitts and Tretter 1984, 1985; Egelhoff 1982, 1988a; Fouraker and Stopford 1968; Stopford and Wells 1972; Franko 1976）。

しかし、より最近の研究の流れは、単にこうしたマクロな視点で戦略と組織構造を捉えるのみでなく、より詳細にわたる変数間の因果関係を取り扱う研究が増えてきた。また、戦略と組織構造の適合関係と業績との相関関係を実証的に分析した研究も出現した。たとえば、Roth, Schweiger and Morrison（1991）は、国際化戦略と組織デザインとの間の適合関係（fit）により事業部門（business unit）の業績が規定されることを実証した。

## （6）ブルークとレマースによる多国籍企業類型

Brooke and Remmers（1978）は、多国籍企業をAからDまで4つのタイプに類型化した。

**タイプA**　このタイプの企業は通常小規模で、単一製品を扱う。海外子会社は本社に対し、子会社"全般"にわたる事項について報告する。しかしこのタイプは一般的に不安定で、次の段階に移行しやすい。

**タイプB**　このタイプは、国内では製品事業部別に組織される一方で海外オペレーション管理は地理的単位で構成される。海外との接点は、いわゆる国際事業部といった部門で統括される。この地理的単位を拡大した地域事業部、地域統括本部といった部署もある。このタイプの問題点は、国内の製品事業部スタッフは海外市場に関心を向けておらず、本社内で製品事業部と国際事業部間でのコミュニケーションが不十分になることである。

**タイプC**　このタイプは、製品事業部門が世界規模に組織化され、海外オペレーションをすべて国際事業部を通すことはなくなった。したがって、製品事業部門は海外での事業展開をも自らのコントロール下に置くことになった。しかしその一方で、とくに国内市場に主に目が向けられている場合、国際事業部門廃止により、今や国内と海外事業を結ぶパイプ役の存在が欠如し、タイプBのときより一層国内と海外のコミュニケーションが悪くなる場合もある。

**タイプD**　こうしたコミュニケーション問題を解消するためには、製品軸と地理軸を組み合わせた組織化が有効だとし、これをタイプDと呼んだ。このタイプは、後のグローバル・マトリックス構造に通じる先駆的概念である。

タイプAは主に単一製品企業で、個別の地理的・製品グループ組織を有しない。タイプBでは、地理的組織が海外オペレーションとの主要なリンクになっている。タイプCは世界的に構成された製品群を軸とする組織である。そしてタイプDは、異なるタイプの複合体であるとした。そして、国際事業部を廃止することにより、タイプBからタイプCにすばやく移行が可能になるとしつつも、通常はその移行はよりゆるやかであり、現在どのタイプに属するかの判明が難しい場合が多いという。

一般的には、タイプA企業は小規模だが急速に成長し、そしてタイプB・
Cとなるにつれて、成長はゆるやかとなる。タイプD企業においては、さま
ざまなタイプの複合体ゆえ、その成長速度もまちまちである。

## (7) ガルブレイスの発展段階モデル

　ガルブレイスは、組織発展モデルを提示し、単純組織から世界的多国籍
企業に至る経路を整理した（Galbraith and Nathanson 1978）。

　単純組織が単一職能組織へと成長し、デュポンのように垂直統合による
集権的職能部門制組織に移行する場合と、ゼネラル・モーターズのように
無関連事業への多角化を通じ持株会社に移行する場合がある。米国企業に
とっては前者のパターンがより支配的だとした。そして集権的職能部門制
組織が関連事業への多角化を経て事業部制組織へと移行し、さらには世界

**図4-3 ≫ 組織の発展段階モデル**

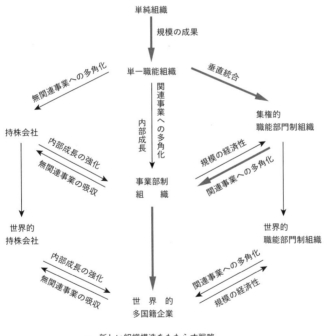

出所：ガルブレイス＝ネサンソン『経営戦略と組織デザイン』岸田民樹訳、白桃書房

的多国籍企業へと進化するパターンが米国企業の支配的な経路であるとした。図4-3のようにさまざまな経路がある。

## 2. 進化した多国籍企業組織モデル

これまで環境・戦略に応じた組織の進化プロセスを、多国籍企業の発展段階モデルを中心に見てきた。ここからは、その進化過程の今日的到達点の様子を垣間見てみたい。今日の多国籍企業のありかたも進化過程にあることは言うまでもない。しかし、かつてストップフォードらが描いた未来型多国籍企業組織の多くの要素が、今日も多国籍企業には存在している。そこで、今日の多国籍企業が多様な環境の中で、いかなる特徴を有しているのかについて、以下のセクションで概観する。

### (1) グローバル・マトリックス組織

上で見た地域別事業部制ないし世界的製品別事業部制は、多国籍企業組織がその組織形態の進化プロセスにおいて国際事業部制から脱却したひとつの発展段階として位置づけられる。しかしながら、いずれの場合も、グローバル経営の複雑さからするときわめて単純な形態であり、やがて不都合が生じていった。

一方は地理軸のみを強調した結果、各地域における製品多角化が進むにつれ、その複雑・多様な製品市場に対応できなくなる。また同一地域内で複数の製品間の利害対立の調整の問題も生じてくる。他方、世界的製品別事業部制のほうは、担当製品にかかわる全世界的オペレーションを掌握するため、世界中の市場への対応が困難になる。各国に対するきめ細かい現地適応が必要な場合も、現地国に関する特殊知識・ノウハウが欠如しており、なおかつ単独の製品事業部で必要な援助をすべて賄う余裕もない。

いわば、一方はともすれば現地適応に過度に傾斜した組織対応であり、他方は過度にグローバル統合、標準化に適した組織対応といえるかもしれない。

こうした偏りを矯正すべく工夫されたのが、グローバル・マトリックス構造であった。地域軸と製品軸を50%ずつ掛け合わせた組織構造である（図4-4参照）。

図4-4 » **グローバル・マトリックス構造**

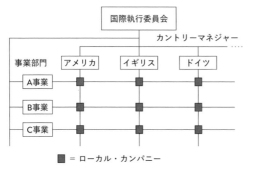

出所：Daft, R.（1998）を基に作成

　各事業部とも単独で意思決定することができず、常に地域部門との折衝のもとに決定される。各レベルには2人のボスが存在し、常に両方にレポートする。頻繁に両者の意見の相違が生じるといった内部矛盾を常に抱えている。その都度、対立を乗り越え、わが社にとって望ましいのはどちらか、といった視点から意思決定を行う。ミドルやフロントラインのマネジャーらは、強い意志と自己を持っていることが必要である。

　**メリット**　　両方の軸のバランスのとれたマネジメントが可能。偏った局所利益ではなく全社的利益の最適化を実現する可能性を秘める。

　**デメリット**　　マネジメントのコストが膨大である。コンフリクトを組織内に内包し、常に不安定である。内部で働く者に多大なストレスを与え、意思決定もまとまらない場合が生じる。

事例：ABB社はグローバル・マトリックス構造をとった代表例である。（詳しくは第7章case参照）。「大きくて小さい」「グローバルでローカル」「集権で分権」といった3つの矛盾をはらんだ組織でバランスを保つ仕組みとして、ABBではグローバル・マトリックス構造をとった。
　地域と事業の利害調整はかなり困難なものの、強大なトップのビジョンと求心力があるので組織としては崩壊せずまとまる。しかし内部矛盾を抱えたこうしたシステムは、ABBですら維持するのは容易でなかった。

## （2）差別化された統合ネットワークとしての多国籍企業

　グローバル・マトリックス組織に代表される今日の多国籍企業組織構造の特徴をひとことで言い表すならば、「差別化された統合ネットワークとしての多国籍企業」と表現できよう。

　多国籍企業は、一方において差別化を促しつつ、他方においてそれを内包した形でグローバル統合を促す。その両方の圧力の相対的強さは企業により異なっている。後章で詳説するが、本国からの内的一貫性を優先するアプローチは一般的に日本企業（ないし米国企業）に多くみられる。それに対し、海外各国事情への現地適応への志向がより強く働くアプローチは、一般に欧州企業に多くみられるとされる（Bartlett and Ghoshal 1989）。

　その両方向の力学が均衡を保ったシステムをノーリアとゴシャールは、差別化された統合ネットワーク（differentiated network）と表した（Nohria and Ghoshal 1997）。

　こうした論点の背景には、多国籍企業が相矛盾する複数の異なるコミュニティーに属しているということがある。

　第1のコミュニティーは、多国籍企業の本拠地であるホームカントリー（本国）である。多国籍企業は世界規模で活動を展開していても、そのホームベースたる本国の経営環境（政治、経済、法律、技術、文化、慣習等）から大きな影響を受けている。

　第2のコミュニティーは、多国籍企業の海外活動が展開されている海外現地国である。多国籍企業は本国コミュニティーの経営環境から強い影響を受けつつも、その一方で海外進出国（ホストカントリー）の経営環境からも影響を受けているのは言うまでもない。

　第3のコミュニティーは企業全体としての内部コミュニティーである。ネスレやABB社に代表されるように、多国籍企業自体が独自の強力な企業文化を創出し、世界規模で分散するオペレーションの求心力となっている。

## （3）外的・内的「同形化」と多国籍企業

　とくに多国籍企業の海外子会社は、これらの異なるプレッシャーに常に直面しているといってよい。海外子会社は、通常、本国、現地国の社会的環境、そして企業内環境といった3つの異なるプレッシャーに遭遇しているともいえる。それは、3つの異なるコミュニティーへの同形化（isomorphism）

## 同形化

同形化（isomorphism）とは、組織社会学における新制度化理論（Neo-Institutional Theory）の中心的概念である。組織は外部環境の不確実性に対処すべく同一パターンをとる傾向にある。因果関係が曖昧でどうしたらよいかわからない場合、他と同一パターンをとることで不確実性を削減しようと努める。これを模倣的同形化（mimetic isomorphism）という。その他にも、政府をはじめとする法的規制のもと、組織に制約を課し規定を遵守させることにより正当化を与える強制的同形化（coercive isomorphism）や、ある特定のプロフェッショナル・セクターにおいて一定の規範に従うことが当然とされる規範的同形化（normative isomorphism）がある（DiMaggio and Powell 1983）。

グローバル経営においては、海外進出先におけるさまざまな不確実性に直面しており、その対処としてしばしば「郷に入れば郷に従え」的な適応が行われる（これは不確実性のもとでの模倣的同形化の例である）。また現地国政府による数々の規制を遵守することにより、現地での事業展開の正当性を得ることができる（これは法的制約下における強制的同形化の例である）。さらに業界によってはその高い専門性ゆえ業界特有のさまざまな規範が存在し、それに適合しなければ、集団内で認知されない（これは専門的職業における規範的同形化の例である）。

また多国籍企業は、社外のみならず社内における種々の環境条件（社風、企業文化等）にもさらされており、社内的な同形化の圧力も受けている。多国籍企業の挑戦課題としては、これら多くの、しかも相矛盾しがちな同形化のプレッシャーにいかに対処できるかということが挙げられる（Westney 1993）。

多国籍企業が本国の要請のみに応えていたなら、それは国内企業の行動となんら変わらない。またそうした自国中心主義的行動は、本国の論理を海外に押しつけるという悪い結果に終わるだろう。

また多国籍企業がもし海外現地の環境にのみ応えていたなら、各進出国における国内企業の行動となんら変わらなくなる。各国子会社が各々の国の外部環境ニーズに応えていたなら、多国籍企業全体として

の統一性は失われるのみならず、本国環境への対応はまったくなされ
ないままとなる。

　こうした状況はマネジメントに多大な労力を課すものであるが、そ
の反面、大きな創意工夫を生み出す環境ともなりうる。

　このような相矛盾した環境対応の圧力に応じる最適解を見出すため、
多国籍企業は自国でも海外現地国対応のみでもない、第3の環境対応
の道を探し出す必要に迫られる。こうして多国籍企業は、組織革新、製
品開発等、各レベルでのイノベーションをグローバル規模で生み出す
可能性を有する。

　Rosenzweig and Singh（1991）は、多国籍企業の組織形態をまさに現地
への同形化と内部一貫性の間の緊張関係の観点から論じた。国境をま
たがり異なる社会・文化・政治経済環境において活動する多国籍企業
は常に高い不確実性に直面しており、外部環境への同型化の圧力も高
まるわけだが、多国籍企業は本国、現地国にまたがっており、相矛盾
する圧力に対処しなければならない。このように多国籍企業とは、本
国・現地国の各々の環境の中で引き裂かれた存在だともいえる。

の問題といえる。同形化（そのコミュニティーにとって、ふさわしいとされるやり
方への同一化プロセス）のプレッシャーは、一般的にその環境における不確実
性が増大する場合に顕著となるとされる。よって、不確実性の高い環境に
存在する多国籍企業は、常に同形化のプレッシャーに直面しているといえ
る。

# 2 多国籍企業におけるコントロール

## 1. 多国籍企業とコントロール

　多国籍企業においてなぜコントロールが重要なのか。その外部環境の多
様性ゆえ、多国籍企業は外部からの異なる要求に引き裂かれることが度々

ある。それだけに、組織としての一貫性を保つために多国籍企業の統合メカニズムとしてのコントロールが必要となる。

公式メカニズムと非公式メカニズムがある。両方ともそれなりに重要だが、流れとしては、公式なものから非公式なものの重要性へと着目していった。

> **公式メカニズム**　ルール化、マニュアル化などにより、ものごとの進め方、決め方をルーティーン化するやり方。標準化（standardization）、形式化（formalization）ともいわれる。
>
> **非公式メカニズム**　人的ネットワークや文化的メカニズムを通じた手法。インフォーマルな人的集い、交流は社会化や理念の共有を促進し、メンバー全員が理念や価値観を共有することにより、人々の行動にも影響を及ぼす。行動をコントロールしなくても、企業として望ましい結果を生む。

グローバル・マトリックスのような複雑な組織の場合、これらの両方のメカニズムが共に必要である。一方において自分の役割が何であるか明確な規定が必要であるが、他方で相矛盾する地域軸と事業軸との間に立って、個々人は自分の判断で行動する局面が多いからである。そこで、企業理念や価値観が社員に浸透していれば、彼らの判断で会社にとって正しい方向での判断が下される可能性が高くなる。文化によるコントロールが重要になる理由がここにある。後でも述べるが、多国籍企業の海外拠点のコントロールでも、駐在員自身が文化的コントロールのメカニズムとして機能した（Edström and Galbraith 1977）。

## 2. 多国籍企業におけるコントロールに関する研究

ここで、多国籍企業のコントロールメカニズムについて論じた過去の代表的研究を若干紹介しよう。

Baliga and Jaeger（1984）は、コントロールシステムと権限委譲の問題は、地理的に分散し複合的組織である多国籍企業にとってとりわけ大きな課題であると論じた。Fayerweather（1978）も、多国籍企業はその複雑性、異質

column

## 本社によるコントロールの変遷

多国籍企業の本社によるコントロールのあり方は国内業務におけるコントロールとはその性格が大きく異なると論じたのが、Smith and Charmoz（1975）である。彼らは、多国籍企業におけるコントロールは、決して生態的なものではなく、多国籍企業の発展に伴い、進化すると論じた（図4-5参照）。

図4-5 » 多国籍企業の国際的組織発展

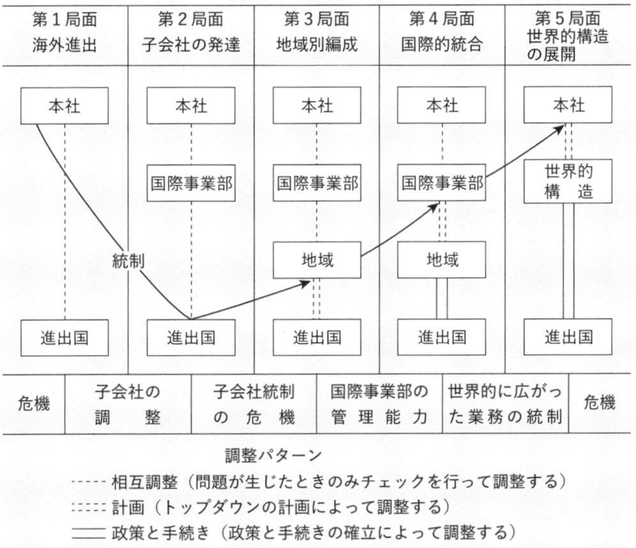
第1局面
海外進出
第2局面
子会社の発達
第3局面
地域別編成
第4局面
国際的統合
第5局面
世界的構造
の展開
本社
国際事業部
地域
世界的
構造
統制
進出国
危機
子会社の
調整
子会社統制
の危機
国際事業部の
管理能力
世界的に広がった業務の統制
調整パターン
相互調整（問題が生じたときのみチェックを行って調整する）
計画（トップダウンの計画によって調整する）
政策と手続き（政策と手続きの確立によって調整する）

原出所：Smith & Charmoz（1975）
出所：ガルブレイス＝ネサンソン『経営戦略と組織デザイン』岸田民樹訳、白桃書房

性、安定性、あるいは時には敵対性ゆえコントロールの問題が重要だと指摘している。多国籍企業において、コントロールおよび意思決定システムはどのようにして決定されるのだろうか。

組織におけるコントロールメカニズムは、さまざまな角度から分類されてきた。コントロールとは、組織がその究極の目的を達成しうるように活動を規定することを意味する（Child 1973; Tannenbaum 1968）。しかしその手法

表4-1 ≫ コントロールの種類

| | コントロールのタイプ | |
| --- | --- | --- |
| コントロールの目的 | 純粋の bureaucratic/formalized control | 純粋の cultural control |
| 成果（output） | 公式のパフォーマンスレポート | パフォーマンスに関する共有された価値観 |
| 行動（behavior） | 企業マニュアル | マネジメントの共有された哲学 |

については、いろいろな分類がなされてきた。

　Ouchi（1977）によれば、行動（behavior）と成果（output）のタイプのモニタリングがある。前者はインプット・コントロールともいわれ、個々人の行動を直接規制するものである。それに対し、後者は、行動については干渉せず、その結果、実績をもって評価するやり方である。

　同じようにMintzberg（1973, 1972）は"personal control system"と"bureaucratic control system"を区別した。Edström and Galbraith（1977）はそれらに加え、第3のコントロールシステムとして、"control by socialization"を提示した。人々が交じり合うことにより価値観・理念に影響を与え、結果として他の行動にも影響を与える非公式メカニズムである。多国籍企業の文脈においては、駐在員を海外に派遣し、文化的コントロールの手段として活用することを挙げている。

　Baliga and Jaeger（1984）も、大勢の区分に従い、"cultural control""bureaucratic control"と区分した。Bureaucratic controlとは、公式化・明文化された規則に従って厳格に行動ないし成果を管理するやり方である（Etzioni 1980）。それに対し、cultural controlとは、より非公式な手段であり、組織の構成員に組織共通の価値観・理念・心情を浸透させることにより、その行動を誘導するやり方である。時にType Z（Theory Z）等ともいわれたものである（Ouchi 1981; Peters and Waterman 1982）。

　Baliga and Jaeger（1984）の分類によれば、これらのコントロールの特徴は表4-1のように整理される。

## ドーズとプラハラードの戦略的コントロール（strategic control）

　ドーズとプラハラードは、1980年代における一連の多国籍企業マネジメントに関する著作において、多国籍企業による戦略的コントロールという概念を打ち出し、その類型を提示した。彼らは常にトップマネジメントの視点から、多角化多国籍企業の経営者の果たすべき役割・能力として3つのものを挙げた。それらはコントロール、変化、柔軟性である（詳細は後章で解説する）。

　コントロールとは、与えられた戦略をしっかりと実施するために本社と海外子会社の役割を的確に認識し、実践していくことを指す。

　変化とは、現在の戦略を修正したり新たな戦略を立案するために、現在の本社と海外子会社の役割を変更していくことを意味する。

　柔軟性とは、自社の全体的戦略の枠内で柔軟な対応をするために、本社や海外子会社の役割を常時巧みに調整することである。

　これらの経営管理上のタスクをバランスよく果たしていくことが、戦略的コントロールである。これは、単なる組織構造や組織過程に関するものではなく、トップマネジメントの果たすべき戦略的役割にかかわる事項である。その意味で、これは組織論というより戦略プロセス論の領域であるといえよう。

*case*

# HOYAのグローバル化プロセス

　1941年に日本初の光学ガラス専門メーカーとして生まれたHOYAは
その後、光・電子分野への多角化を積極的に展開していった。国際化
の流れも事業部ごとの海外展開、地域ごとの3地域統括本社制、さら
には地域軸とカンパニー軸とのバランスをとったグローバル本社体制
へと変化していった。73年に米国に現地法人を設立したのが同社の本
格的国際化のはじまりだが、当時は、海外拠点は各事業部の出先とし
ての機能でしかなかった。

　やがて89年には、日米欧3地域統括本社制が導入され、社内ではこ
の年を国際化元年と位置づけた。これまでのように各事業部ごとの海
外展開ではなく、会社全体としてグローバル化を推進していくやり方
に変えたのだった。欧州地域統括本社はオランダのアルトホン、北米
地域統括本社は米国カリフォルニア州フリーモントに設立した。また
日本本社はアジア、オセアニア8社を統括する地域本社となった。こ
の時期に90年から国際社員制度という国際幹部育成プログラムを発足
させ、入社時から定年まで海外勤務する人物を育成することにより、企
業の真のグローバル化を推進することを図った。

　やがて98年にはカンパニー制を導入し、事業ごとの経営の独立性が
高まった。各カンパニーの経営責任もより明確化し、市場密着・顧客
重視型経営が強化された。現在は地域マネジメントとカンパニーマネ
ジメントの二重構造をとっている。日本を中心としたグローバル本社
体制のもと、3地域統括本社が地域別事業をとりまとめ、その事業が
地域内で確固たる地位を築きあげることを支援する。一方、各カンパ
ニーは海外ビジネスを積極的に支援することと同時に、各地域内のみ
ならず、グローバル的視野から事業戦略を遂行する役割を担っている。
このように事業軸、地域軸の振り子の間をゆれながら同社のグローバ
ル化が進行中である。

参考資料：浅川和宏、樽井行弘（2002）「HOYA（株）グローバリゼーション」（慶
應義塾大学ビジネススクール・ケース）より要約、高橋浩夫（2000）『国際経営の
組織と実際』（同文舘出版）

**本章のポイント**

　本章では、多国籍企業組織を戦略ないしそれを取り巻く外部環境とのかかわりで考察した。まず「組織は戦略に従う」というチャンドラーの命題をベースに、多国籍企業における戦略と組織の関係について概観した。そして多国籍企業においても国際化戦略のありかたに応じた組織構造をとることを確認した。そして企業の国際化の進展に伴い、その関係は発展段階を経ることがわかった。また、米国企業と欧州企業ではそのパターンが異なることも明らかになった。

　グローバル化が進み、世界規模の標準化と各国市場適応を同時に満たしうるような組織、つまり分化と統合を両立しうる組織として注目されたのが、グローバル・マトリックス組織であった。これは地域軸と事業軸の両方のバランスを保つよう設計された組織構造であるが、もともと不安定な要素が内在している組織の運営には高度な経営能力を要する。したがって、多国籍企業のコントロールも従来のように単に公式メカニズムにより本社が海外子会社に指示を出すのではなく、非公式メカニズム（文化・価値観・人的ネットワーク等）を駆使して、世界中の拠点に働く人々に企業理念を共有化してもらうことこそもっとも効果的な方法である。多国籍企業の経営者の重要な役割は、戦略実行のために適した本社と海外子会社の役割を規定し実践すること、戦略変更に伴い各々の役割を変更していくこと、そして自社の全体戦略遂行のため本社・海外子会社の役割を柔軟に調整することとされる。

第 **5** 章

# 本社─海外子会社関係とその変遷

## *1* コントロールから
## コーディネーションへ

　多国籍企業組織のコントロールのありかたは、多国籍企業研究において
きわめて重要なテーマであり、多国籍企業のマネジメントを学ぶうえでも
重要な論点である。

### 1. 公式メカニズム

　Martinez and Jarillo（1989）は、多国籍企業研究のフォーカスが公式（フ
ォーマル）なコントロールメカニズムに関するものから、より非公式（イン
フォーマル）なコーディネーションメカニズムに関するものに移行してきた
傾向を分析した。なぜなら、多国籍企業マネジメントのありかた自体が、時
とともに、本社主導のトップダウン式支配よりもむしろ企業文化・理念な
どによるマネジメントの有効性が注目されるようになってきたからである。

　公式なコントロールメカニズムとしては、オペレーションの標準化
（standardization）、公式化（formalization）等といった、いわゆるはっきりした
ルールの策定とマニュアルによる規則的運用に基づいた、官僚的コントロ
ール（bureaucratic control）が代表的なものである。その他、組織構造をタス
クごとに分断し、部門別構成とし（departmentalization）、意思決定および責任
分担を明確にする工夫がその特徴として挙げられる。さらに、意思決定の
集権・分権の度合いを公式に決めておくこと、また諸々の計画を戦略的に
策定することも公式なコントロールのメカニズムである。

## 2. 非公式メカニズム

一方、非公式なコーディネーションメカニズムとしては、社会化（socialization）や規範的コントロール（normative control）といった、人的交流を通じた価値観の共有等がある。ここでは、企業文化や経営理念といった、一見曖昧な概念がその有効性を発揮する。

Baliga and Jaeger（1984）も、多国籍企業内でマネジャーがコントロールや意思決定のシステムをどう選択するかについて考察している。彼らは、コントロールシステムを文化的（cultural）、官僚的（bureaucratic）というふたつのタイプに区分し、また海外子会社への権限委譲の度合いを「きわめて分権化した」から「集権化した」までに分けた。そのうえで、それらの選択は、①本社—海外子会社間の相互依存のタイプ、②環境の不確実性、③本国と海外との文化的近接性、といった3つの条件によると論じた。

まず、①の本社—海外子会社間の相互依存関係は、集団共有的（pooled）、連続的（sequential）、互酬的（reciprocal）の3タイプに分けられるが（Thompson 1967）、そのうち互酬的相互依存の場合がもっとも相互調整を要求され、文化的コントロールが望ましい。

②に関しては、海外環境の不確実性が高いほど、現地への権限委譲が必要となる。

③については、文化的近接性が高いほど、文化的コントロールがよりうまく機能するとした。

スウェーデンの多国籍企業を研究対象としたヘッドランドによれば、伝統的ヨーロッパ多国籍企業ではいわゆる母系（マザー・ドーター）組織といった、海外子会社の運営がもっぱら親会社社長の個人的信頼関係で結ばれたマネジャーによってなされ、現地の自律度がきわめて高いという形で子会社がマネジメントされてきた。これは古くからの欧州系企業に独特な組織構造であり、コントロールシステムもかなりインフォーマルなやり方であった。しかしながらスウェーデンの多国籍企業も、急速に海外子会社を企業全体のオペレーションに戦略的に統合していく方向に移行していった（Hedlund 1980）。

そうした中、これまでのインフォーマルな人的関係に基づくコントロールシステムから、よりフォーマルな業績管理などによるコントロールシス

**図5-1 ≫ コントロールシステムと権限委譲の度合い**

| 相互依存のタイプ | 環境の<br>不確実性 | 文化的<br>近接性 | コントロール<br>システム | 権限委譲の程度 |
|---|---|---|---|---|
| 集団共有的<br>（POOLED） | 高 | 高<br>低 | 文化的<br>官僚的 | きわめて分権化した<br>きわめて分権化した |
| | 低 | 高<br>低 | 文化的<br>官僚的 | 適度に分権化した<br>きわめて分権化した |
| 連続的<br>（SEQUENTIAL） | 高 | 高<br>低 | 文化的<br>官僚的 | 適度に分権化した<br>適度に分権化した |
| | 低 | 高<br>低 | 文化的<br>官僚的 | 集権化した<br>集権化した |
| 互酬的<br>（RECIPROCAL） | 高 | 高<br>低 | 文化的<br>文化的 | きわめて分権化した<br>適度に分権化した |
| | 低 | 高<br>低 | 文化的<br>文化的 | 集権化した<br>集権化した |

出所：Baliga and Jaeger（1984）

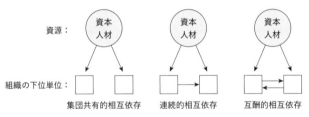

3つの相互依存のパターン

資源：

組織の下位単位：

集団共有的相互依存　　連続的相互依存　　互酬的相互依存

出所：Thompson 1967；ガルブレイス＝ネサンソン『経営戦略と組織デザイン』岸田
　　　民樹訳、白桃書房に加筆

テムが導入されていった（Hedlund 1984）。こうした方向性は、欧州、中でも
北欧の多国籍企業に特徴的であった。この点、もともとフォーマルなコン
トロールシステムで多国籍企業をコントロールしていた米国企業が徐々に
インフォーマルな人的・文化的調整システムに移行していったパターンと
は明らかに異なっている。

## 3. コーディネーションの視点

　逆にアメリカを中心とする多国籍企業研究では、次第にコーディネーシ
ョンの視点をも取り込んでいった。単なるフォーマル・コントロールの手

法に加え、人的・文化的手段によるより微妙な（subtle）コントロール手法が注目されていった。Edström and Galbraith（1977）は、海外駐在員の存在が多国籍企業における非公式なコントロールメカニズムとしてきわめて有効な手段であると論じた。そして1980年代以降多くの米国企業は、企業文化の浸透を重視していった（Deal and Kennedy 1982）。

より最近では、Sohn（1994）がソーシャル・ナレッジがコントロールシステムとして機能することに注目した。ソーシャル・ナレッジは、「他人の行動パターン全般に関し理解、予測する能力」であると定義されている（Tolbert 1988）。ソーンによれば、多国籍企業の海外子会社をマネジメントする際、このソーシャル・ナレッジが浸透していれば、所有によるコントロールの度合いが比較的低くてすむという。日本企業の米国、シンガポール、台湾、韓国への直接投資に関するデータから、海外進出の際のパートナー選びの際にも、ソーシャル・ナレッジを共有する相手とは比較的公式のコントロールメカニズムに頼らなくてもすむことを示した。

これらに共通する前提は、本社が合理的意図に基づいて海外子会社を管理するというものである。フォーマルなメカニズムであれ、インフォーマルなものであれ、ここでの前提は、どのような外的条件のもとではどのようなコントロールのありかたが望ましいという合理的判断を本社が戦略的に行うというものであった。これは、いわゆる多国籍企業におけるコーポレート・プランニングの立場にたった考え方である（Baliga and Jaeger 1984; Doz and Prahalad 1984; Chakravarthy and Perlmutter 1985）。

しかしながら、その後、1990年代に入ると、望ましい本社─海外子会社関係はあらかじめ本社サイドで合理的に規定できるものではなく、むしろ海外子会社のイニシアティブにより創発的に生じるという考えが台頭してきた（Birkinshaw 1997）。さらに、もうひとつの流れとして、本社と海外子会社を1対1の関係で見る議論自体が妥当性を欠いているといった議論が有力になった。

# 2 ダイアディックな関係から
　　ネットワーク的視点へ

## 1. 本社—海外子会社関係

　多国籍企業のコントロールとコーディネーションを論ずる際、かつては本社と海外子会社との関係（headquarters-subsidiary relations）を1対1（ダイアディック）の関係として見る場合が多かった。多国籍企業のマネジメントを考察する際、本社—海外子会社関係を軸として見る考え方が長い間の伝統であったからである。そうした1対1の枠組みにおいて、本社と海外子会社の間の力関係（コントロール、オートノミーの度合い）や、本社と海外子会社との間のコミュニケーションの度合い、方向性等が論じられてきた。こうした関係を図に表すと、図5-2のようになる。

## 2. 実態との乖離

　しかし実際には、本社と海外子会社のセットが独立した関係として存在するのではなく、それは無数のネットワーク関係の中に埋め込まれた（embedded）存在である。海外子会社は本社との関係のみを有するのではなく、社内の他部門との関係はもとより、社外の諸々の組織、集団とも密接にかかわりあっている（Ghoshal and Bartlett 1990; Birkinshaw 1997）。

　そうして見ると、本社と海外子会社を1対1の関係としてしか見ないやり方は現実に即さない。そればかりではなく、コントロールという点からしても問題がある。ネットワークの観点から見れば、直接・間接的リンクのありかたによりコントロールもパワーも情報の流れも変わってしまう。

**図5-2 »** **ダイアディックな本社—海外子会社関係**

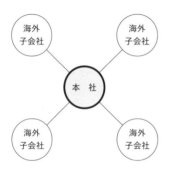

ネットワークの機会と制約は常に表裏一体である。

　O'Donnell（2000）も、米国ベースの多国籍企業に対する実証研究により、企業のグローバル規模の戦略実行の際、多国籍企業内の子会社間関係が本社の海外子会社との間の1対1の関係と少なくとも同程度の重要な役割を演じていることを示した。そしてそのうえで、ダイアディックな本社─海外子会社関係も引き続き重要な役割を果たすことを忘れてはならないという。ただしその場合、従来型の本社による階層的支配という要素は弱まり、それに代わり相互依存と学習を軸とする関係となる。よって本社─海外子会社関係を考える場合、より多面的な関係性を考えることが重要となった（Gupta and Govindarajan 1991, 2000）。

## 3. 海外子会社間関係

　実際、海外子会社同士が相互にインタラクトすることは決してめずらしくない。かつてのように、海外関係の情報は一括して国際事業部がとりしきり、情報の流れはもっぱら本社対海外子会社といった時代はとっくに終わった。海外製品事業本部制ないしグローバル・マトリックス構造などをとる企業が急増し、内外の情報が縦横に流れるようになった。さらに昨今のIT革命の波を受け、世界中に分散した子会社における情報、ノウハウがロータスノーツのようなソフトに書き込まれ、多国籍企業ネットワーク中からアクセスが可能となった例も多い。

　たとえば、アクセンチュア（旧アーサー・アンダーセン）では1990年代から世界中のオフィスでロータスノーツを活用し、各国におけるクライアント情報、コンサルティング事例、トラブル処理などにわたり可能な限り書き込み、読み込みを奨励してきた。同じくスカンディア、マッキンゼーなど多くの欧米企業においても海外各拠点間を結んだナレッジ・情報の交換を行ってきた。

　このように、親会社を通さずに海外子会社間の横のコミュニケーションが増加することは、本社のパワー、影響力を低下させることになる。なぜならば、本社が各海外子会社同士を結ぶ情報ブローカーとしての役割をもはや担うことが少なくなってきたからである（Bartlett and Ghoshal 1992）。図5-3はこのような構造を表している。

図5-3 ≫ **内外ネットワークとしての本社─海外子会社関係**

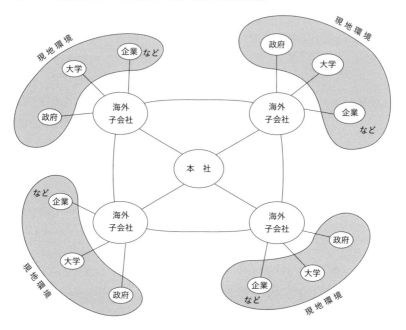

## 4. 対外的関係

### (1) 対内的・対外的ネットワークとしての多国籍企業

　また、海外子会社は本社ないしその他の社内ユニットとの関係のみを持つわけではない。実際には社外との関係、とくに現地コミュニティーとの関係もきわめて重要なものである。

　多国籍企業の持つ大きな利点は、世界各地にネットワークの拠点を持っていることであろう。そしてそこから現地ならではの情報や知識を収集し、企業のコンピタンスへと高めていくことが多国籍企業には工夫次第でできる。とくに地元固有のリソースが地元環境に深く埋め込まれ、暗黙知化されている場合、その場にいなければアクセスできないものがたくさんある（McEvily and Zaheer 1999）。

　多国籍企業の場合、海外子会社は現地のナレッジを取り込もうとすれば、なおさらローカル・コミュニティーとの関係を深化させる。多国籍企業の親会社としても、現地特有のリソースが価値あるものであればあるほど、そ

の現地子会社に高い自律性を与えるであろう。なぜなら、子会社は本社の指図ばかり受けていたら、現地コミュニティーにおいて十分な行動をとれないからである。

　しかし、こうしたやり方は、本社の権限を弱める結果となる。なぜなら、本社は海外現地コミュニティーとの接点は通常薄く、現地のリソースのアクセスには海外子会社に依存せざるを得ないからだ。海外子会社はいわば現地コミュニティーと本社とをつなぐブローカー的立場になる。このように、本社と海外コミュニティーとの直接結合が薄ければ薄いほど、海外子会社はコミュニケーションのパイプを独占し、バーゲニング・パワーは高くなるだろう（Ghoshal and Bartlett 1990）。この状態を表したのが図5-4である。

　その反対に本社のほうは、いくつかのネットワーク戦略を駆使し、海外子会社の相対的パワーを牽制しようとするだろう。たとえば、ひとつには、かなり無理をしつつも、本社から直接海外現地コミュニティーへアプローチすることにより、海外子会社の独占的ブローカーの立場を侵食する方法である（図5-5）。もうひとつのやり方としては、他の海外子会社を経由して類似した代替リソースを確保することである。もしそのリソースが他のも

**図5-4 ≫ 本社と海外現地とのブローカーとしての海外子会社**

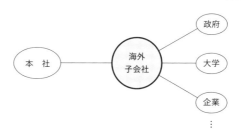

**図5-5 ≫ 本社によるネットワーク構造戦略**

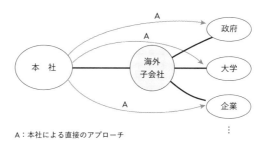

A：本社による直接のアプローチ

のと代替可能ならば、本社の海外子会社への依存度は低下する。

　このように、多国籍企業を単なる本社—海外子会社の1対1の関係として見るのではなく、ネットワークと見なすことにより、本社—海外子会社間の力関係をより現実に即した形で考察することが可能になるのである。

# 3 海外子会社の戦略的役割

## 1. 海外子会社の役割の変遷

　海外直接投資先の多くが開発途上国で占められている場合、海外子会社は、親会社の戦略の忠実な実行者にすぎないと考えられる風潮があった。第1章で紹介した国際プロダクトサイクル（IPC）の流れからも明らかであるが（Vernon 1966）、本国の優位性を基盤に本国の重要な経営資源を活用し、開発途上国などの未開拓市場へ進出していくプロセス（Hymer 1960）においては、海外子会社の戦略的役割などはたいした問題ではなかったといえよう。しかしながら、今日においては、さまざまな理由から海外子会社の持つ戦略的役割が急速に増大しているといえる。それはなぜだろうか。

　第1に、本国の相対的優位性のみに立脚したアプローチでは世界的レベルにおける競争優位の確立はますます困難になりつつあるという点が挙げられる。競争優位の源泉は世界的にますます分散する傾向にあり、世界各国に根ざした重要なリソースを活用してこそ世界クラスの競争優位を勝ち得ることができる。

　第2に、それに伴い多国籍企業の組織戦略のあり方も変化せざるを得ない状況に変化した。すなわち、本国のリソースを活用し、世界市場に応用するといった遠心的アプローチに適した中央集権的階層構造から、世界中のリソースを社内に獲得し、共有し活用することに適した分散かつ統合された組織——いわゆるグローバル・ネットワーク型組織——へと移行しつつある。

　第3に、組織内における構造変容のみならず組織間関係における変化が顕著になった。国際的な企業買収（M&A）ないし戦略提携（アライアンス）の

流れはますます加速する一方であるが、重要な戦略的実行能力のある買収先、提携先企業が海外子会社として位置づけられることとなる。そこにおいては、海外直接投資論で論じられるような国際化過程とはまったく別の背景で海外子会社を見なければならない。

## 2. 海外子会社の役割の類型

そのような状況の中、国際経営学においては、多くの学者らが海外子会社の役割に関するさまざまな類型論を提示した。以下いくつかの代表的類型を紹介する[2]。

### (1) ホワイトとポインターの類型

たとえば、White and Poynter（1984）は、海外子会社戦略を製品政策に関する自由度、市場の拡散度合い、付加価値創造の範囲の3つの基準からなる5類型を提示した。

①**ミニチュアレプリカ**（miniature replica）　いわゆる親会社の複写版的なものであり、本国の製品やマーケティング手法を採用するアダプター（adopter）、製品とマーケティング手法を現地適用型にするアダプター（adapter）、関連新製品の開発と現地販売チャネルを最大限活用するイノベーター（innovator）の3つがあり、その順番で海外子会社の役割が移行することが望ましいとした。

②**マーケティングサテライト**（marketing satellite）　本国の製品をマーケティングの現地化によって販売するための子会社。主にエレクトロニクス関連や飲料関係の企業がとる子会社戦略であるとされる。

③**ラショナライズド・マニュファクチャラー**（rationalized manufacturer）　本国からの製品に現地適用のためのパーツを取り付けることにより現地仕様製品にする子会社であり、主に半導体、家電、情報機器産業等がこの戦略を採用するとされる。

④**プロダクトスペシャリスト**（product specialist）　ある範囲内の製品を複数国、もしくはグローバル市場向けに開発し、生産し、市場投入する子会社。応用研究開発や生産、マーケティングなどにおける自律性は高く、既存の製品分野における戦略的コントロールを有する。こうした子会社は、い

わゆる世界製品マンデート（world product mandates）を持ちその製品に関する価値連鎖の管理に関する自律性を与えられている。

⑤**ストラテジック・インディペンデント**（strategic independent）　もっとも自律性が高く、財務と総務関係を除いては、製品のビジネス戦略に関する自律性を有するタイプ。

## （2）ジャリロとマルティネズの類型

Jarillo and Martinez（1990）は、グローバル統合と現地化といったふたつの観点から海外子会社の役割を分類した。彼らはこうしたふたつの軸をベースに3つの子会社のタイプを見出した。

①**オートノマス**（自律的）**子会社**　ほとんどの開発を子会社独自で行い、本社からの介入がもっとも少ないパターン。

②**リセプティブ**（受容的）**子会社**　子会社の役割は全社的活動の一環として、戦略的に統合されている。

③**アクティブ**（活動的）**子会社**　現地化もそして本社との統合も進んでいるいわば両立型の子会社。

これらは、バートレットとゴシャールによる多国籍企業の類型論およびPorter（1986）による国際戦略の類型にも通ずるところがある。図5-6はこれらの類型を表している。

### 図5-6 》 ジャリロとマルティネズによる海外子会社の類型

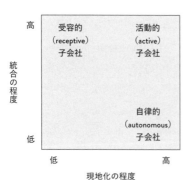

出所：Jarillo and Martinez（1990）

## （3）バートレットとゴシャールの類型

バートレットとゴシャールは、多国籍企業の子会社の戦略的役割を類型化した。彼らは「ある特定の国の子会社の戦略的重要性はその国の環境が企業のグローバル経営戦略においてどの程度重要かによって強く影響される」と論じている（Bartlett and Ghoshal 1986）。海外子会社の役割を、彼らは現地環境の戦略的重要性と現地におけるリソースと能力のレベル

の高さのふたつの観点から類型した。その結果、戦略的リーダー、貢献者、実行者、ブラックホールという4つの類型を出した（図5-7参照）。

**①戦略的リーダー（stra-tegic leader）** その子会社が企業にとって戦略的に重要なロケーションに位置し（たとえばシリコンバレー等のある米国など）、なおかつ現地子会社のリソースや能力が高い場合。

**②貢献者（contributor）** 　企業にとって戦略的にはさほど重要でないとされるマーケットに進出しているが、その子会社自体が高い資源と能力を持っている場合（たとえば世界的に成功したティモテシャンプーを開発し生産したユニリーバのフィンランドの子会社がこれにあたるとされる）。

**③実行者（implementer）** 　戦略的にさほど重要でないマーケットに進出し、現地でのオペレーションを維持するのに足りるだけの能力のみを兼ね備えている子会社。こうした子会社は、決して戦略的リーダーにはなりえないが、効率面ではひけをとらない場合が多い。

**④ブラックホール（black hole）** 　戦略的にきわめて重要な場所に子会社を出したが、その子会社のマーケットシェアや能力がそれに匹敵しない場合。これはボストンコンサルティンググループの事業ポートフォリオマトリックスでいう「負け犬」に匹敵し、戦略的には回避すべきものである。そのような洗練された重要なロケーションにおいてプレゼンスを維持することは、きわめて困難なこととされる。

## 3. 海外子会社の戦略的イニシアティブ（バーキンショーら）

多国籍企業における海外子会社の役割に関する研究が大きく発展したのは、1990年代後半以降であった。それまでの研究との大きな違いをひとことでいうならば、海外子会社の戦略的役割は本社主導であらかじめ戦略的

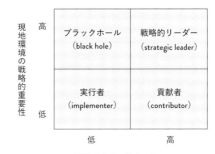

図5-7 》 バートレットとゴシャールによる
　　　海外子会社の類型

|  | 低 | 高 |
|---|---|---|
| 高 | ブラックホール（black hole） | 戦略的リーダー（strategic leader） |
| 低 | 実行者（implementer） | 貢献者（contributor） |

現地環境の戦略的重要性

現地子会社の能力・リソース

出所：Bartlett and Ghoshal（1989）

に割り当てられるのではなく、海外子会社の独自の戦略的イニシアティブにより創発的に生じるという議論が影響力を増してきたことにある。ここでイニシアティブとは、Birkinshaw（1997）が定義した「企業が自社の経営資源を使用し拡充する新たな方法へと導く意図的、積極的企て」を意味する。

　バーキンショーらは、海外子会社の役割が進化している点に注目した。そして海外子会社の役割進化は、本社からの役割指定、海外子会社の選択、現地環境決定論の3要素により大きな影響を受けるという（Birkinshaw and Hood 1998）。図5-8はこれらの関係を示している。

　本社からの役割指定という観点においては、Vernon（1966）の国際プロダクトサイクル論の考え方に代表されるように、海外子会社の役割は多国籍企業の国際化のプロセスにおいて必然的に進化するとされる。また、本社から見て現地マーケットに関する評価を下し、それに呼応した戦略的役割をあらかじめ付与するという考え方は、さきに紹介した多くの役割類型において顕著である。

　海外子会社の選択の背後にある考え方は、子会社は本社から一方的に役

**図5-8 ≫ 海外子会社進化のフレームワーク**

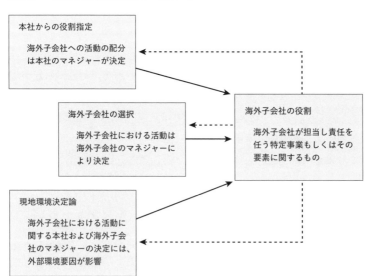

出所：Birkinshaw and Hood（1998）

割規定されるだけではなく、子会社自身で役割を修正していくことができるという見方である。多国籍企業を組織間ネットワークとして捉える立場に依拠し、各海外子会社は独自に差別化されたコンピタンスを蓄積することにより、多国籍企業内の他ユニットからの依存度が高まり、特定分野によっては海外子会社といえども強い主体性を確保しうる状況も出てくる。海外子会社の役割は子会社自身の戦略的イニシアティブにより影響を受けるという考え方である。

　現地環境決定論の立場は、それとはまったく逆で、海外子会社の発展は現地のビジネスコンテキストやインセンティブシステムなどを通して現地環境から強い影響を受けているというものである（Birkinshaw and Hood 1998）[3]。

## 4.「超」海外子会社論のすすめ

　以上、バーキンショーらが中心として1990年代後半に展開してきた多国籍企業における海外子会社の戦略的役割の変遷とイニシアティブに関する研究動向を要約した。この考え方の大きな貢献としては、次の点が指摘できる。

　第1に、海外子会社の役割は、単に本社が一方的に決定し割り当てるものではなく、海外子会社側から創発的に生じるものにこそ潜在的価値と力が潜んでいる点を明らかにしたこと。本社が予期せぬ海外子会社からの提案や情報などは、グローバル規模でのイノベーション、企業革新のためには貴重なものである。そして子会社の戦略的イニシアティブ発生の要因は、本社からの要求に加え、現地外部環境要因、そして現地子会社要因が共に重要であることを示した点も評価に値する。

　第2に、海外子会社の役割は時間とともに進化する点を明確に論じたこと。本社サイドが海外子会社の役割を指定する場合、どうしても設立当初の役割を固定的に見てしまう傾向がある。仮に設立後時間が経過し、当初のミッションと現在のそれとが乖離したとしても、親会社たる本社はなかなかその変化に気づかないものである（Asakawa 2001b）。

　その一方で、こうした海外子会社のイニシアティブ論すら、21世紀を迎えた今日においては、必ずしも新鮮には映らない。なぜであろうか。

　第1に、本社─海外子会社関係を親、子という目で見る発想の古さが挙げ

られる。上でも述べたが、今日においては本社—海外子会社関係は、主従関係としてはますます捉えにくくなっている。海外子会社に卓越した能力が蓄積し、ある特定領域に関しては本社を上回る実力を保有する場合もめずらしくないからである。

　第2に、1対1のダイアディック関係で捉える本社—海外子会社関係の見方自体が陳腐化しているといえる。この点についても上で述べたが、グローバル・ネットワークとして多国籍企業組織を捉えた場合、すべての拠点がそれぞれ差別化された形で他の拠点に貢献することが当然のこととして要求される状況となる（Bartlett and Ghoshal 1989）。そこにおいては、海外子会社の戦略的イニシアティブが重要だという議論自体が新鮮さを欠いている印象を与える。

　そして第3に、海外子会社の戦略的役割に焦点を当てた議論では、組織内サブユニットとしての子会社単位の分析がなされる場合が通常である。しかしながら、子会社単位の戦略的役割とはいったいいかなるものか。実際、海外子会社内には数多くのプロジェクトが走っており、数多くの人々がさまざまな能力を発揮しながら多様な役割を演じている。同じ子会社内でも、戦略的役割が高いかどうかはその仕事によりさまざまである[4]。よって、組織としての子会社ユニットの戦略的役割を論じるよりも、そこに内在するリソース・能力の束として捉えるほうがより適切であるといった議論が、とくに90年代後半から欧米の国際経営学会を中心に盛んに出てきた。

　一例として、センター・オブ・エクセレンス（COE）という考えは、組織内におけるさまざまな専門家集団が創発的に卓越センターを形成し、他の拠点にもさまざまな貢献をする実態をより的確に捉えることのできる概念として、注目を集めた。この点について次節で概観しよう。

# 4 センター・オブ・エクセレンス（COE）としての海外拠点

　かつて国際経営学における海外子会社の役割は、主に「海外マーケットへのアクセス提供」あるいは「親会社からの技術の受け皿」として理解さ

れていた（Vernon 1966）。しかしながらその後、そのより積極的役割が注目
されるようになった。海外子会社の中には、企業固有の優位性の開発に大
きく貢献しうるほどの役割を担う場合も出てきたからである（Ronstadt 1977）。

　そうした流れにおいて、触れずにはいられない概念にセンター・オブ・
エクセレンス（COE）がある。これはすでに経営学のみならずビジネスの現
場でもよく使われる用語となったが、その意味するところはまちまちであ
る。ここでは多国籍企業の海外子会社の持つ卓越した能力に関する概念と
して用いているが、そこにおいても、細部の解釈において論者により違い
が存在する。

## 1. COEに対するふたつの考え方

　多国籍企業におけるCOEにもふたつの異なった見方がある（Frost,
Birkinshaw and Ensign 2002）。

　ひとつは、多国籍企業の本社・海外子会社関係において、現地マーケッ
トのみならず世界的活動に対して付加価値貢献するような戦略的に重要な
役割を演ずる拠点としての海外子会社のことを指す見方である（Fratochii and
Holm 1998; Surlemont 1998）。これは以前国際経営学において提示された世界製
品マンデート（world product mandates）という概念にも共通する見方である。
この概念は、地域・グローバル市場に向けての特定の製品（製品ライン）を
製造する責任を有する海外子会社を意味する（Rugman 1983; Birkinshaw 1995）。
またこれは、Bartlett and Ghoshal（1986）により提示された海外子会社の役
割類型のひとつである戦略的リーダーに相当する。

　しかし、Frostらも指摘しているように、こうした見方の欠点は、センタ
ーを海外子会社単位で捉えている点にある。なぜなら、特定の子会社の中
にもいろいろな機能、プラクティスが存在し、どれがCOEに相当するかが
はっきりしないからである。

　そこで第2の捉え方として、FrostらはCOEを企業内に普及するベストプ
ラクティスの形として捉える立場を紹介している（Moore and Birkinshaw 1998）。
この考え方によれば、COEは社内で優れた少人数の人々により共有された
諸能力の所在として捉えることができる。そのうえで、Frost, Birkinshaw
and Ensign（2002）は、「COEとは、ある特定の社内ユニットにより保有さ

れ、会社から価値創造の重要な源泉であると明確に認識された諸能力のセットを指し、そうした諸能力は社内他部門へ移転されたり活用されたりするものである」と定義している。

　しかしながら、もうひとつの疑問として、はたしてCOEなるものは、戦略的に創造されるものか、あるいは創発的に生じるものなのか、という点である。この点は、時代とともに考え方が変化してきたといえる。Birkinshaw and Hood（1998）によれば、この考えは海外子会社の発展の文脈で捉えられるべき問題であるという。

## 2. COEの類型

　Moore and Birkinshaw（1998）は、グローバル・サービス企業におけるCOEを次のように類型化した。

　**①カリスマ的COE（charismatic COE）**　　ひとりのカリスマ的存在がCOEとして機能するケース。そのカリスマ的人物は、通常特定分野において世界的に認められたエキスパートであり、グルとしてみられている。その人物の周辺には事務サポートスタッフがおり、職務の支援を行っている。通常は1カ所に拠点を持つが、世界各地を頻繁に移動する。その人物の卓越した能力を世界中でいかに活用しうるかが成功の鍵を握っている。その人物の役割は、社内のプロジェクトに対し、専門的立場から適宜助言を与え、知識を伝達することとされる。

　**②フォーカスCOE（focused COE）**　　ある特定の知識、能力またはベストプラクティスに関して、ある拠点において専門家集団が成立する場合を指す。通常小集団のチームで最先端の知識・ノウハウを扱い、卓越センターを形成する。創発的に起こる場合がほとんどで、その小集団は1拠点に集中している。通常は1カ所をベースとするが、頻繁に旅行を行う。ひとつの場所で有効な知識・ノウハウの発見や経験をした後、社内他拠点にもそれを伝達、貢献する目的で当初形成される。ここでの主役はチーム内の個々人である。こうしたフォーカスされた領域におけるCOEは、多くの場合その拠点の持つ主な強みとして他の拠点から見なされる。

　**③バーチャルCOE（virtual COE）**　　このタイプのCOEの大きな特徴は、コア人物が複数のロケーションに居住しており、互いに顔見知りだが主に電

子メディアを介してコミュニケーションをとっている点である。常にフェイス・トゥ・フェイスの関係にはないが、遠隔コミュニケーションにより、遠方者同士が一緒に働くことができる。またこの方法で多くの人々の参加が可能になる。こうして共通のデータベースその他知的資産へのアクセスを通じて、公式化されたシステムのもと、知識・ノウハウないしプラクティスを共同構築ないし活用できる。このタイプのCOEは、創発的でなくトップマネジメントの意図により設計され、そこで扱われるナレッジはメディア媒体に載せる性格上形式知化されまた社内に共有化される。

## 3. COEの限界

　このように海外拠点が実質的役割を高めるに従い、立地条件や有形無形の経営資源を活かして独自の卓越領域を持つようになり、多国籍企業全体に対して貢献するようになる。これがCOEの考え方であった。

　しかしこうした見方はグローバル・イノベーションの実態にそぐわないという批判もある。第1に必ずしもその卓越した専門性が各拠点ごとに収まるとは限らず、通常は複数拠点にまたがっている点である。担当領域を強引に1拠点に押し込めようとすることは困難である。とくに多国籍企業の場合、海外拠点が世界中に点在するため、特定の国の拠点のみをある領域のCOEに指定した場合、多くのスタッフの海外への転居を伴い、なかなか難しい。さらに、各拠点にはそれぞれ独自の組織伝統があり、これを変革するのは容易ではない。ネスレが世界中で企業買収した際に、そのR&Dセンターを相互に重複しないように担当分野の整理統合を試みたが、きわめて困難であった（De Meyer 1987）。

　第2に、COEの役割はあくまでも既存の拠点（海外拠点ないし被買収企業）に付与される。しかし実際には、イノベーションの温床は既存の拠点の立地以外にあることが多い。とくに最先端の創発型イノベーションの場合、思いがけない場所からその芽が出ることが多く、既存の拠点の範囲内で専門領域を分担しあうことはあまり意味のないことだともいえる（Doz, Santos and Williamson 2001）。

## 4. プラクティス共同体 (communities of practice)

センター・オブ・エクセレンスに似た概念として、プラクティス共同体 (communities of practice) がある。これも近年になり、いくつかの多国籍企業により世界規模で活用されるようになったシステムである。

これは社内のさまざまなプラクティスを単位に、それに関連する経験者、技能保有者、専門家からなるバーチャルなコミュニティーを指す。とくに国境をまたがって世界規模で活動を展開する多国籍企業の場合、そのコミュニティーの地理的範囲の広さが大きな特徴といえる。

もともと経営概念としてのプラクティス共同体は、特定プラクティスに関する専門家・経験者が共通の場を共有してコミュニティーを形成し、そこでの公式・非公式の交流を通じてさまざまな重要な情報、ノウハウを伝授、公開しあう場を想定していることが多い。そこにおいては、人々のフェイス・トゥ・フェイスの関係が鍵となり、暗黙知の創造と移転・共有が促進されるという構図がある。しかし経営の国際化に伴い、各種プラクティスにまつわる経験・知見をクロス・ボーダーで共有する必要が生じた。地球上の1カ所で得られた経験・知見を社内他部門の人々に広く共有してもらうには、フェイス・トゥ・フェイスでは間に合わない。そこで種々の工夫が行われてきた。

その代表的方法は、第2節でも述べたロータスノーツなどの社内情報システムをうまく活用した書き込み・読み込みである。世界各国のオフィス（本社および海外子会社）の人々がその都度経験したこと、そこから得られた情報・ノウハウなどの知見を書き込み共有する。

しかし、この方式にはいくつかの困難な点が内在している。第1に、自らが苦労して獲得した重要な価値を伴う情報をあえて無償で不特定多数の人々に公開したくないという感情も強い。よって書き込まれる情報の中にはたいして有効でないものも多く交じっていることが問題だ。とりわけもっとも有効な情報である自らの失敗経験などはあえて公表したくないから、あまり書き込まれない現状がある。

第2に、仮に情報提供者側が善意をもって有効な情報を公開したとしても、肝心の部分は個人の属人的ノウハウにかかわる暗黙知的要素が大きく、文書化することで微妙なニュアンス等が伝わらない問題がある。

そして第3に、仮に情報提供者にとっては有効な内容であっても、受け手側の環境にそぐわないことも多い。その情報発信側のもとのコンテキストを理解したうえで、受け手の置かれた環境に合うように変換してこそ、その情報はうまく機能するだろう。

　こうした問題点に対し、新たに生み出された仕組みがバーチャルなプラクティス共同体の考え方である。世界中の拠点で働く従業員が各自の専門性を自己申告し、キーワードを登録しておく。そしてイントラネット上にその専門の内容とそれに関する知識・技能保有者リストを提示し、ユーザーは必要に応じある特定のプラクティスの専門家を検索することができる。イントラネットのメールアドレスを付記し、直接コンタクトをとることが可能となる。こうして特定のテーマ、問題をめぐりバーチャルなネットワーク共同体が形成される。

　ただし、この仕組みがうまく機能するためにはいくつかの条件がある。それは、社内の個々人が誠実に自らの提供できる経験・知識・技能を登録し、なおかつ問い合わせがあった場合もそれに誠意をもって対応することである。社内における個人間競争が激しく、チームワークの精神が欠如している企業風土においては、見知らぬ人からの問い合わせになど対応しなくなるだろう。したがって、日頃から社内での情報共有の重要性をトップマネジメントが説く必要がある。

　この仕組みはあくまでも社内における情報の需要者と供給者との仲介であり、そこから先は社内個々人の意思次第である。上記のように情報の共有化を経営理念として盛り込んだり、インセンティブづけしたりすることも必要だろう。

　なお、プラクティス共同体（communities of practice）は、上で紹介したバーチャルCOEと類似しているが、以下の点で異なる。

　バーチャルCOEは社内の人々を計画的に集め遠隔地間で知的交流を推進することを意図しているのに対し、プラクティス共同体はあくまでも創発的な学習を目的とした人間集団であり、経営的意図を反映しない（Moore & Birkinshaw 1998）。

　しかしながら、こうしたシステムはますます多くの多国籍企業で採用されることだろう。こうして見ると、本社支社関係の変遷は本章の冒頭で見た本社からのコントロールといった主従関係からはかなり乖離したといえ

るだろう。今後は、一部の先進多国籍企業のみならず、大多数の多国籍企業においてこうしたプラクティスが採用されるかもしれない。

## ネスレ日本発のイノベーション

ネスレは1872年に最初の海外生産を開始し、その後も海外事業買収を積極的に進めグローバル規模の成長をとげた。今では従業員20万人以上、400カ所以上の生産拠点を世界中に持つ世界最大の食品企業となった。

ネスレは「高品質で安全、健康づくりに結びつく食を提供し、世界中の人をおいしくおもてなしする」という世界共通の経営理念を掲げた。世界各国から優秀な人材を採用し、国籍を問わず能力主義をベースに世界各国の拠点に配属している。研究開発体制に関しては、基礎研究はスイスに集中する一方、開発拠点は各国に分散している。

1937年にネスレで発明したインスタントコーヒーは米国市場で大成功を収め、60年代に入ると日本市場においてもインスタントコーヒー事業が展開されることとなった。しかし当時は日本法人主導ではなく米国からの製品コンセプトの一方的導入であった。

日本法人発の製品イノベーションの代表例として、インスタントのアイスコーヒーがある。顆粒のインスタントコーヒーにお湯を注いで飲む従来の商品は、夏場の消費が大きく落ち込むという問題があった。蒸し暑い日本においては、冷水で溶かして飲めるインスタントコーヒーが求められると考え、開発に乗り出した。

1972年にテスト販売を行い、73年から全国販売を始めた。当初は日本においてもコーヒーは熱い湯で飲むものという常識があり、それを打破すべく大々的広告キャンペーンを展開した。日本での成功を果たした本製品は、やがて米国、英国、スイスなどでもキャンペーンが展開されていった。これはインスタントコーヒーをアイスで飲むというアイデアを製品化に取り込み、蒸し暑い日本市場で成功を収めた後、現地法人のイニシアティブにより海外市場にも移転されていった例である。

参考資料：小高正裕（2001）「外資系企業日本法人の戦略的イニシアティブ」（慶應義塾大学大学院経営管理研究科修士論文）、ネスレ社HP、De Meyer（1987）「ネッスル」（INSEADケース）

*case*

## リーバイ・ストラウスジャパン

　ジーンズの主力メーカー、リーバイスが日本進出を果たしたのは、1971年であった。当時日本はアジアの地域統括拠点であって香港の一支社としての地味な位置づけであった。米国でのナンバーワンブランドとしての位置づけとはまったく異なる状況であった。当初は米国のやり方をそのまま日本に持ち込もうとしたが、日本のアパレル業界における商習慣とは馴染まなかった。日本向け製品は香港でデザイン、生産されたが、日本人の体型に合わないという大きな問題があった。さらに米国で生産されたジーンズの輸入も日本法人であるリーバイ・ストラウスジャパンにはできないという制約も課されていた。

　その当時日本では国産ジーンズ（エドウィン、ビッグジョン等）への対抗手段として、日本法人は「ジーンズ＝アメリカ」というイメージを浸透させるためのヒーロー・キャンペーンを展開した。すなわち「ヒーローはリーバイスをはいている」（"Heroes wear Levi's"）ということを強調し、当時のビッグスター、ジェームズ・ディーンやマリリン・モンローらのジーンズ姿を広告で使用した。

　しかし、そう簡単にはジーンズが日本市場で売れ行きを伸ばすには至らなかった。世界一のメーカーであるリーバイスは、日本ではいまいちであっても、なかなか日本の商習慣に適応しようとはしなかった。手形サイトも日本の衣料業界では90日の手形振出しが一般的なのに対し、リーバイスは20日という条件に固執した。また返品などの条件についても、日本の他社に比べはるかに厳しいものだった。

　日本法人は本社と交渉し、日本独自の商習慣を導入できるよう迫った。しかし製品開発、企画が米国で集中的に行われ、そこの部分に参画することなど不可能であった。1980年代になると、ジーンズの売り上げが頭打ちとなった。日本法人は日本人のためのジーンズの開発に

乗り出す。日本で売れている他社製品の分析、消費者に対する調査等を徹底して行った。その結果、ニュージェネレーションといわれる日本発ジーンズが生まれた。日本人にとってはきやすいこの製品はヒット商品となり、リーバイス本社の標準とはかけはなれたものとなった。デザインの他、ケミカルウォッシュ、ストーンウォッシュといったジーンズの染め直し方法もまた日本発イノベーションであった。販売前に製品をわざわざ洗い色を落とし石や薬品を混ぜて洗うことによりはき古し感を与える手法である。しかし石などで洗うことで糸を傷つけることから、日本法人では縫製作業段階から太い糸を使用している。こうした手法は、ジーンズの本場米国にも浸透していった。

　これは、日本発イノベーションが、本国にも移転していく過程を表す典型例といえる。

参考資料：小高（2001）を要約。

---

*case*

## LVMHジャパン

　ルイ・ヴィトンは1978年に東京支店を開設し、81年には日本法人化している。同社はルイ・ヴィトン流を徹底させるため、日本の百貨店側に厳しい条件をつきつけた。内外価格差の是正を目指し、当時正規ルートでも定価の2倍以上で売られていた製品をパリ本店との価格差1.45倍以内とする変動定価制を導入した。日本での売り上げは順調で、81年には36億円、97年には718億円となった。日本は高級ブランド市場では世界最大である。日本での成功が欧州にすぐに伝わる。LVMHグループの世界展開において日本進出の例はモデルケースとして捉えられ、研究されている。日本進出の成功をモデルに米国や香港や韓国への進出を企てていった。

　とりわけ同社の市場における日本のウエートが高く、ジャパニーズ・リスクとまで称されるに至った。日本の市場シェアは2001年時点で約12％あったが、海外における主要顧客も日本人である。1990年代初めにすでにパリ本店の売り上げの7割以上が日本人顧客だという。フランス文化を背負いながら、気がつけば日本人のブランドと化してしまう

危惧は強い。

　そこで、日本での成功を日本人相手のみにとどめておかず、米国を
はじめとする全世界の消費者にいかに適用するかが、同社の最大の課
題といえよう。

参考資料：小高（2001）を要約。「知られざるルイ・ヴィトン最強ブランドの法則」
『週刊東洋経済』（2001年8月25日号）

---

**本章のポイント**

　本章では、多国籍企業における本社と海外子会社との間の関係に焦
点を絞り、その変遷を概観した。まず本社による海外子会社管理にお
いて、公式なコントロールのみならず非公式なコーディネーションメ
カニズムの有効性がますます認知されていったことを指摘した。

　次いで、本社─海外子会社関係を単なる1対1（ダイアディック）なもの
と見るのではなく、海外子会社の持つ対外的・対内的ネットワークの
文脈で捉えるべき点が強調された。

　第3に、海外子会社はかつてのように本社の意思決定事項を単に忠
実に遂行する受け身的存在ではなく、より積極的な戦略的役割を演じ
る場合が増大したことを受け、海外子会社の役割もより多面的に捉え
る必要がある点が指摘された。そうした中、海外子会社がいかなる条
件下で戦略的イニシアティブをとるかに関する考察を紹介した。

　しかしより最近では、このような海外子会社の戦略的役割の重要性
に焦点を当てること自体が、かつての本社・子会社を「親」「子」関係
と見る名残を引きずっている陳腐な発想であるという批判も出ている。
これからの多国籍企業を見るうえでは、本社・海外子会社を問わず、ど
の拠点がどのような役割を果たすのかといったネットワーク的視点が
より重要ともいえる。

　その意味で、センター・オブ・エクセレンス（COE）の概念は、多国
籍企業の各拠点の役割をより水平的に捉えるうえで有効である。COE
に関する新しい捉え方を概観したうえで、そのメリット、デメリット
についても評価を加えた。

1　ネットワーク組織論的には、海外子会社は本社と現地コミュニティーとの間に存在するスト
　　ラクチュラル・ホールズ（structural holes）をつなぐことにより、ネットワーク中心性
　　（centrality）およびそれに伴うパワー（power）を得る位置にある、といえよう。

2　Taggart and McDermott（1993）第11章に詳しい。

3　またBirkinshaw（1997）は海外子会社のイニシアティブ発生の動機を大きく3つの種類に区分
　　した。ひとつ目はローカル・マーケット・イニシアティブであり、当初の動機は現地マーケ
　　ットニーズに応える目的から生まれ、その後その成果がグローバル規模で応用されるケース
　　である。ふたつ目は、グローバル・マーケット・イニシアティブであり、これは地元以外の
　　サプライヤーや顧客からのニーズに応えることから生じるケースである。そして3つ目のイン
　　ターナル・マーケット・イニシアティブは、社内部門から提起される動機に端を発するもの
　　である。
　　　なお、海外子会社のイニシアティブが企業優位性に貢献する要因として、リーダーシップ
　　や起業家的文化などの子会社マネジメント要因、海外子会社の自律性や本社とのコミュニケ
　　ーションといった本社―海外子会社関係の要因、そしてビジネス環境などの重要性が挙げら
　　れている（Birkinshaw, Hood and Jonsson 1998）。

4　つまり、同じ海外子会社の中にも、きわめて戦略上重要な役割を演じるようなプロジェクト
　　もあれば単なる支援型プロジェクトもあるから、子会社をひとくくりにしてその戦略的役割
　　を論ずることはあまり意味がない、という批判である。

# 第 6 章

# グローバル統合・ローカル適応の論理

# 1 多国籍企業における集権・分権の論理

　これまで見てきたとおり、多国籍企業におけるマネジメントには常に集権ないし分権へのプレッシャーが働いている。言うまでもなくここで集権の方向とは、主要意思決定が本社によってなされる方向を指し、その反対に分権の方向とは意思決定が海外子会社に権限委譲される方向を意味する。

　Martinez and Jarillo（1989）によれば、集権へのプレッシャーとして、以下の要因が挙げられる。

- 経営資源に対するグローバルな視点の必要性
- グローバル規模のデータを獲得し管理する必要性
- 生産の合理化・効率化の必要性
- 中央の専門性が高く海外への権限委譲が不適当なとき
- 意思決定の集中により規模や範囲の経済が得られるとき
- 本社と子会社との間に利害の衝突があるとき
- 戦略的にセンシティブな領域の場合
- 海外子会社が経験不足なとき

　一方、分権へのプレッシャーとしては、以下の点が挙げられる。

- 海外子会社の独立への志向が高いとき
- 意思決定が現地でスピーディーになされねばならないとき

- 現地のナレッジが重要な場合
- オペレーションを集権するコストが高い場合
- 現地の意思決定を奨励する場合
- 現地の有能なスタッフを採用する必要がある場合
- 現地国政府からの圧力が強い場合
- 現地子会社の規模が大きく経験が豊富な場合

　同様に、Young, Hood and Hamill（1985）は、多国籍企業の親会社と子会社の間の集権・分権の度合いに関して、次のような傾向を過去の文献・実証研究から導き出した。

- 多国籍企業の国籍別に見ると、米国の企業のほうがそれ以外の企業より集権の度合いが高い
- 全面所有の海外子会社のほうがより集権の度合いが高い
- 時間とともに集権の度合いは低下する
- 買収の場合よりグリーンフィールドの場合のほうが、より集権の度合いが高い
- 大きい子会社のほうが小さい子会社より自由度が高い
- 子会社の規模が大きいほど集権の度合いは高くなる
- ある特定の産業（化学、機械・電子工学等）のほうが、他の産業（食品、製紙等）より集権の度合いが高い
- 子会社の業績が悪いと自律性は低下する
- 地域別組織の多国籍企業のほうが機能別、製品別、ないしマトリックス組織より集権の度合いが低い

　もちろん、こうした傾向はあくまでも大雑把なもので、これまでの文献の実証結果等を要約したものにすぎない。それぞれの研究の背景にある諸々の特殊性を勘案すると、上記の傾向はあくまでも参考程度にとどめておくべきである。

# *2* グローバル統合・ローカル適応の フレームワーク（I-R分析）

## 1. 一次元的発想の限界

　こうした集権・分権へのプレッシャーは、主に多国籍企業の親会社と子会社の間の意思決定の権限の所在に関するものである。それと類似する概念に、グローバル統合・ローカル適応というものがある。これはさきの集権・分権よりもより広い戦略的概念である。

　前者はオペレーションをグローバル規模で標準化することにより、規模の経済を追求するといった、効率の論理に基づく。後者は、ホスト国政府の要請、規制、ローカル・マーケットのニーズなどといった諸々の現地特有の環境に対する適応の論理に基づく。

　通常こうしたプレッシャーは、どちらか一方を優先するといったトレードオフ（二律背反）の関係と見なされてきた。しかしながら、実際の多国籍企業マネジメントを考えると、それらは決してトレードオフの関係ではない。なぜなら企業はグローバル競争にさらされていると同時にローカル・マーケットにおいても熾烈な戦いを強いられており、どちらか一方のみの論理を採用するわけにはいかないからである。グローバル市場でのメガコンペティションに対しては、グローバル統合のメリットを最大限活かした戦略が望まれるが、その一方で各国のドメスティック市場特有のニーズにもきめ細かい対応をしていかなければならない。

　製品開発戦略においても、グローバル標準製品か現地特有のニーズを反映した製品かのチョイスは決してトレードオフではなく、両者を同時に追求しうる最適化戦略を図っていかねばならない。

　顧客自体が多国籍化している場合は、グローバル統合型マーケティング・アプローチが考えられるが、一方、各国特有の流通チャネル、プライシング、プロモーション、広告戦略にも気を配らなければならない。

　製造や原材料の調達などに関しても、複数国のオペレーションを統合し規模の経済性を追求し、また低コストの材料や労働力を世界規模で調達することのメリットは大きいが、その一方で、保護主義の強さ、輸送コスト

の高さなどの点からはローカル・アプローチも重要となる（Humes 1993）。

## 2. プラハラード、ドーズによるI-Rフレームワーク

　Prahalad（1975）やDoz（1976）は多国籍企業マネジメントにおける政治的要求と経済的要求に注目し、これらの力学は二律背反ではなく別次元のものであるとした。Prahalad and Doz（1987）では、グローバル多角化企業のトップマネジメントは常に政治的、経済的、組織的といった相異なる力学の中で実現可能な戦略をとることが最大の仕事であると論じた。そして彼らは、とくに経済的プレッシャーはグローバル統合の方向へ、政治的プレッシャーは現地適応の方向へ作用するとした。グローバル統合（I）と現地適応（R）の頭文字をとって、I-Rグリッド（Integration-Respon-siveness Grid）と呼ばれる二次元のフレームワークを提示した。

　そして、グローバル統合ないしローカル適応へのプレッシャーは、事業の特性や戦略的オリエンテーションにより影響を受けるとした。事業（business）については、大きくグローバル・ビジネス（global businesses）、現地適応型ビジネス（locally-responsive businesses）、そしてその両方のプレッシャーを受けるマルチフォーカル・ビジネス（multifocal businesses）があるとした。

　そして戦略的オリエンテーションの違いとしては、製品フォーカスがよりグローバル統合の方向へ、そして地域フォーカスがより現地適応の方向へ作用する中、その両方の方向性を志向するものとしてマルチフォーカル戦略（multifocal strategy）が提示され、それに対応するようなマルチフォーカル組織（multifocal organization）が必要であるとした。

　いくつかの事例を挙げよう。たとえば、ホテル業界は今日めざましい速度で国際化をとげている。世界中でプレゼンスを築き、どこに行っても提供されるサービスが標準化されていることで、不慣れな旅先で確実な宿泊サービスが得られるというメリットがある。

図6-1 ≫ I-Rグリッド

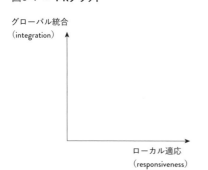

グローバル統合
（integration）

ローカル適応
（responsiveness）

しかし最近では、ホテルチェーンは単にグローバル・プレゼンスを構築するだけではやっていけない。ここで要求されるのは、グローバル標準のサービスの質を維持しつつ現地国の文化、習慣、伝統、価値観を尊重することである。たとえば米国の名門ホテルが日本に進出した例を見てみよう。ザ・リッツ・カールトン大阪では、宿泊客の8割が日本人であるという。また収入の約8割がレストランなどの料理・飲食部門であることや、ウェディングプランのきめ細かいサービスに力を入れている点など、米国とはまったく異なる状況であり、ホテル業界のグローバル化はグローバルにしてローカルな基準を満たしていく必要がある。

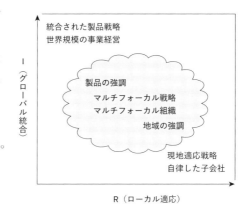

図6-2 » マルチフォーカル・アプローチ

出所：Prahalad and Doz（1987）

またアパレル商品の場合でも、現地での成功を確保するためには、どんなに本国の成功が顕著であっても現地市場の特性にも配慮する必要がある。たとえば1969年にサンフランシスコに1号店を開いて以来、世界中に店舗展開していったGap（ギャップ）の日本進出（94年12月）を見てみよう。アパレル商品はきわめて市場密着型で、各国市場ニーズに適応することが求められるが、Gapの場合、商品のデザインはニューヨークのデザイナーチーム主導で、各国現地スタッフの感性は必ずしも反映しなかった。色やサイズは世界共通の規格を採用しているため、体型の小さい日本人客にもあえて日本人用サイズは用意せず、小さめサイズを多く入荷するやり方をとっていた。またテレビCMも世界の若者に受けるセンスのよいものを流し、日本にもそれを流した。米国でデザインされた製品をサンフランシスコ本社で発注し、世界各国の工場で生産、配送された。在庫管理も世界標準の情報システムで行われた。

こうしてグローバル・ブランドの構築に成功した反面、ローカルに受け入れられるヒット商品をつくるには、現地法人にもっと権限委譲する必要

が生じた。製品・デザイン・色・サイズ・店舗・陳列方法等すべて本社主導で決められるのでなく、海外子会社の自律性を高め日本人の感性をより積極的に取り込んだ製品開発、マーケティングの必要も高まった。[2]

## 3. I-Rフレームワークによる分析

こうしたI-Rフレームワークは、1980年代に入り、グローバル戦略を分析する有効な分析フレームワークとして活用され発展していった。Bartlett（1986）やGhoshal（1987）は、グローバル統合・ローカル適応の二次元的フレームワークを用い、産業、企業、機能、タスクといったさまざまな切り口からプロットを行った（図6-3）。

それによれば、さきに挙げたプラハラードやドーズの場合と同様、まず産業の特性によってI-Rのバランスが異なるとした。たとえば家電はグローバル統合が高くローカル適応が低い産業というような位置づけがなされた。反対に、食品などは現地適応が高いがグローバル統合は低いという位置づけである。自動車業界はそのほぼ中間に位置し、通信業界は両方の度合いが高いとされ、セメント産業は両方が低い業界と位置づけられている。

以上が産業によるI-Rのポジショニングであるが、どの業界でも、企業による違いがある。たとえば自動車産業を例にとれば、トヨタがもっともグローバル統合が高くローカル適応が低いとされ、反対にフィアットがローカル適応がもっとも高くグローバル統合が低いとされた。そしてフォードがその中間に位置するとした。

これは、企業の本拠地の国別の違いとも共通したパターンを示している。すなわち、日本企業がもっとも高いグローバル統合と低いローカル適応を示し、欧州企業がもっとも高いローカル適応と低いグローバル統合を示す、そして米国企業はそのいずれの軸でも日本企業や欧州企業ほど顕著ではないとした。

さらに今度は同一企業においても、ファンクションによってそのI-R上の位置が大きく違うとされた。たとえばフォードでも、R&Dとくに基礎研究がもっともグローバル統合の傾向を持ち、次いで開発、製造、マーケティング、セールスとなるにつれ、よりローカル適応の度合いを増すという。

それに加え、ひとつのファンクションの中でもより細分化されたタスク

## 図6-3 ≫ I-Rフレームワークの多次元性

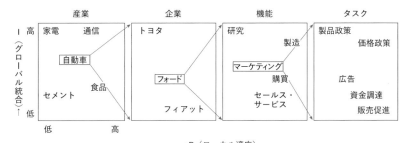

出所：Ghoshal（1987）

## 図6-4 ≫ フィリップスの事業ポートフォリオ

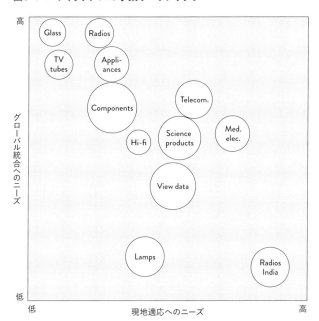

出所：Prahalad and Doz（1987）

（職務）により、グローバル・ローカルのバランスは異なる。たとえば、マーケティングひとつとっても、製品（ブランド）政策等はグローバル統合がもっとも顕著で、宣伝、広告、予算等になるとよりローカル適応度が増し、販売促進（プロモーション）になると、ローカル適応がもっとも重視される

反面、グローバル統合がもっとも低くなる。

このように、多国籍企業のグローバル・ローカル度を見る際、産業、企業、ファンクション、さらにはタスクといったように細分化して考えることにより、より精緻な分析が可能になる。これにより、あの産業だからどうだとか、あの会社だからこうだ、といった短絡的な見方を回避できる有効な分析ツールが提供された。ただし、これはあくまでも分析ツールであり、理論ではないことは言うまでもない（Bartlett & Ghoshal 1989）。

PrahaladandDoz（1987）も同じくゼネラル・エレクトリックやフィリップスといったようなグローバル多角化企業内におけるさまざまな事業のポートフォリオをI-Rグリッドを用いて分析した（図6-4）。


## 4. 静態的分析から動態的分析へ

PrahaladandDoz（1987）もI-Rグリッド上に事業やファンクションをプロットしているが、彼らは単に業界特性などを静態的にマッピングするにとどまらず、時間とともにどう変化したかといったより動態的な分析をも試みた。ある事業は以前ローカル適応の度合いが強かったが今日ではかなりグローバル統合の必要性が高まった、あるいはその逆の方向に向かっている、といったような分析である。同様にファンクションごとに以前と今日とでどう変化しているかをI-Rグリッド内で矢印を描いて分析している。

これにより、業界ないしファンクションがどの程度グローバル統合・ローカル適応の度合いが高いのかという点に関し、固定観念を捨て去り今日的状況を適宜再確認する重要性が再認識された。もちろん彼らのマッピングはまだ精緻なデータに基づいた分析とまではいえないが、I-Rグリッドを用いた時系列分析の可能性を示唆している。

たとえば、東京ディズニーシーの、I-Rポジションの変化を見てみよう。ディズニーランドはミッキーマウスを中核コンセプトとした米国発のテーマパークである。京成電鉄を親会社とするオリエンタルランドが1983年に開園した東京ディズニーランドのコンセプトは、米国のテーマパークそのものであった。I-Rでいえばきわめて高いIときわめて低いRといえよう。

それから約20年後の2001年秋に東京ディズニーシーがオープンした。ここでのアイデアは本場米国からの押しつけではなく、日本発のオリジナル

なものであった。そもそも親会社のウォルトディズニーは、この第二のパークを映画のテーマパークにしようと考えていたが、オリエンタルランドの経営者が、日本は海洋国家であり、しかも舞浜地区はもともと海だったという理由から海のコンセプトにこだわった。I-Rでいえば今度はRの度合いがとても高くなったといえる。

　ディズニーのエンタテインメント文化が日本にようやく定着し、日本によりあった形で自らのコンセプトを創造した結果であった。[3]

## 5. I-Rフレームワークから見た多国籍企業マネジメントの役割

　I-Rフレームワークは、このように多国籍企業マネジメントにおけるさまざまな次元の活動をマッピングすることを可能にした便利な分析ツールといえよう。しかし、このフレームワークはただ単なる分析のための道具ではない。多国籍企業におけるマネジャーの役割を考えるうえでも、有効なフレームワークともいえる。

　PrahaladandDoz（1987）は、マネジメントの役割として戦略的コントロール、戦略的変化、戦略的柔軟性の3つを挙げた。

　**①戦略的コントロール**　　I-Rの枠内におけるある特定の与えられた戦略を執行するために、本社や各海外子会社の役割を的確に設定し効率的に実行することを指す。時にはグローバル統合が最優先される戦略を実行する場合もあれば、ローカル適応が高い戦略を実施する場合もある。いずれにせよ、いかなる戦略であっても、それをきちんと実行に移すコントロール能力がここでは重要となる。

　**②戦略的変化**　　既存の戦略を見直し新たな戦略をつくり出し、それに合うような親会社、子会社の役割の見直しを行うこと。一度決まった戦略およびそれに応じた組織の役割はなかなか変更しにくい。そうした中、いかに環境の変化に迅速に戦略を適応し、それに適した親会社・子会社関係の見直しを迅速に行えるかが成功の鍵となっている。多国籍企業マネジャーには戦略・組織の両レベルにおいて、I-Rグリッド上のバランスを変化させる手腕が問われている。

　**③戦略的柔軟性**　　定めた全体的戦略の中で、絶えず柔軟にI-Rのバランス等を調整し、無理せずにグローバル統合とローカル適応の持つ両方のメ

## グローバル標準化仮説の現在

　かつてLevitt（1983）は、市場の国際化の進展により世界各国におけ
る嗜好の標準化が加速すると論じた。その後もグローバル標準化戦略
の是非について種々な角度からの議論がなされてきた。そして現在、グ
ローバル標準化は経済効率の面では優れているものの、業種によりそ
の有効性はさまざまであるという見方が一般的となった。たとえば家
電や自動車等のように地域特性の比較的少ない製品に関しては、グロ
ーバル標準化をとりやすい。その反対に、食品、日用品や嗜好品とい
った、より消費者嗜好に地域差が出る場合は、現地適応が望ましいと
される（Bartlett & Ghoshal 1989）。

　より最近では、ゲマワットは、現在のグローバル化の状態を擬似グ
ローバル化（quasi-globalization）と呼び、経済理論のいう完全統合とは依
然程遠いと述べた（Ghemawat 2002）。そこで1991年に李嘉誠によって、英
語放送としてスタートしたSTAR TVが例として挙げられた。設立当初
はアジアのトップ5%層を対象としていたが、10年後にはアジア各国の
言語によるローカル・ビジネスへと変化を遂げた。このことはテレビ
のプログラム化においてグローバル標準戦略より現地適応戦略が好ま
れることを意味している。

　この背景には、各国間の相違ないし距離を活用するアービトラージ
戦略（arbitrage）と、逆に各国間の類似性、近似性を活用するレプリケ
ーション戦略（replication）がある。歴史的に見るとアービトラージ戦略
は古くから存在し（たとえば東インドで栽培されたスパイスを北ヨーロッパで
売るような場合）、反対にレプリケーション戦略は19世紀の終わり以降に
登場し、20世紀の終わりにはこのアプローチが普及した。後者のロジ
ックがグローバル標準化の流れとして体現し、この流れこそ現代的戦
略のように見られもした。しかし両者の戦略は決して二律背反的なも
のではなく、21世紀を迎えた今日においても厳然として存在し続けて
いる（Ghemawat, op. cit.）。

リットをなるべくうまく達成する多国籍企業マネジメントの手腕を意味する。

　こうしたマネジメント上の職務を遂行するために、プラハラードとドーズは、マネジメント・ツールの典型的なレパートリーをデータ・マネジメント・ツール、マネジャーのマネジメント・ツール、紛争解消ツールの3つに整理している。

　**①データ・マネジメント・ツール**　　情報システム、評価システム、資源配分システム、戦略的計画、予算計画

　**②マネジャーのマネジメント・ツール**　　鍵となるマネジャーの選択、キャリアパス、報酬システム、マネジャーの人材育成、社会化のパターン

　**③紛争解消ツール**　　意思決定の責任の付与、統合者、ビジネスチーム、調整委員会、タスクフォース、問題解決プロセス


# *3* グローバル統合・ローカル適応の類型学


## 1. I-Rに基づく類型学

　これまで、グローバル統合、ローカル適応という尺度は決して二律背反ではなく、むしろ両立すべき別次元のものであるとの認識から生み出された、I-Rグリッドに基づくI-R分析を紹介した。そして、多国籍企業の企業活動のいろいろな側面に照らし合わせてなされたI-Rのマッピングの例も紹介した。バートレットやゴシャールが指摘するように、産業による特性、その中でも企業による固有の特徴、さらには各ファンクションおよびさらに細分化されたタスクの違いによっても、さまざまなパターンがあることを整理した。

　プラハラードやドーズは、時間軸を導入し、たとえば同一企業の同一事業や同一ファンクションに関しても、時代とともに、そのI-Rグリッド上のバランスが変化しうることを、彼ら自身のデータに照らし合わせて紹介した。

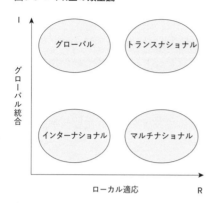

図6-5 » I-R上の類型論

I / グローバル統合

グローバル　トランスナショナル

インターナショナル　マルチナショナル

ローカル適応　R

出所：Bartlett and Ghoshal（1989）

またBartlett（1986）は、多国籍企業をトータルに見てもやはりグローバル統合とローカル適合といった等しく重要な条件を満たすような方向に移行することを示唆している。そして彼はその一環として、グローバル統合が高くローカル適応が低い組織をグローバル組織と呼び、反対にローカル適応が高くグローバル統合が低い組織をマルチナショナル組織と称した。そのうえで、その両方を満たしたような、グローバル統合もローカル適応も共に高い組織をトランスナショナル組織と命名した。

　Bartlett and Ghoshal（1989）は、この考え方を類型論としてより体系的に整理し、グローバル、インターナショナル、マルチナショナルそしてトランスナショナルといった4つのタイプを提示した。それらをI-Rグリッド上で示すと図6-5のようになる。

　そのうえで、各類型を資産や能力の配置状況、海外オペレーションの役割、およびナレッジの開発と普及、の3つの観点から各類型の特徴を定義した（表6-1）。

①**グローバル・アプローチ**

　• 資産や能力は本国の中心に集中、その成果は世界規模で活用

　• 親会社の戦略を海外子会社は忠実に実行

　• ナレッジは中央で開発され保持される

②**インターナショナル・アプローチ**

　• コア・コンピタンスの源泉は集中、その他は分散

　• 海外子会社は親会社のコンピテンシーを適用、活用

　• ナレッジは中央で開発され海外ユニットに移転される

③**マルチナショナル・アプローチ**

　• 資産や能力は分散され、国ごとに自給体制

　• 海外子会社は現地での機会を感知し活用する

表6-1 ≫ マルチナショナル企業、グローバル企業、インターナショナル企業、トランスナショナル企業の組織の特徴

| 組織の特徴 | マルチナショナル企業 | グローバル企業 | インターナショナル企業 | トランスナショナル企業 |
|---|---|---|---|---|
| 能力と組織力の構成 | 分散型　海外子会社は自律している | 中央集中型　グローバル規模 | 能力の中核部は中央に集中させ他は分散させる | 分散、相互依存、専門化 |
| 海外事業が果たす役割 | 現地の好機を感じとって利用する | 親会社の戦略を実行する | 親会社の能力を適応させ活用する | 海外の組織単位ごとに役割を分けて世界的経営を統合する |
| 知識の開発と普及 | 各組織単位内で知識を開発して保有する | 中央で知識を開発して保有する | 中央で知識を開発し海外の組織単位に移転する | 共同で知識を開発し、世界中で分かち合う |

出所：Bartlett and Ghoshal（1989）より抜粋

- ナレッジは海外の各ユニット内で開発され保持される

④ **トランスナショナル・アプローチ**

- 資産、能力は分散し、かつ相互依存的であり、またそれぞれ専門化されている
- 海外各ユニットはそれぞれ差別化した形で世界中のオペレーションに貢献
- ナレッジは他の本・支社ユニットとともに開発され世界中で共有される

　バートレットとゴシャールが調査した9社のうち、ユニリーバ、フィリップス、ITTがマルチナショナル、花王、松下電器、NECがグローバル、プロクター・アンド・ギャンブル（P&G）、ゼネラル・エレクトリック（GE）、エリクソンがインターナショナルに相当する。そして産業によりどのアプローチが適しているかがわかる。

　たとえば日用品産業の場合は、地域特性が国により異なるため現地適応性が高いマルチナショナル・アプローチが適している。また家電産業の場合、グローバル規模の効率性を実現しやすいグローバル・アプローチが適する。さらに通信産業の場合、国家間の技術・知識の移転が可能なインターナショナル・アプローチが適している。彼らの調査対象企業の中では、日用品のユニリーバ、家電の松下電器、そして通信のエリクソンがこれに相

当する。図6-6はこうした議論を要約している。

　これら4つのアプローチには、それぞれ長所・短所が認められる（Bartlett & Ghoshal 1989; Hill 2001）。

　**グローバル・アプローチ**　これはなによりも規模の経済性を追求でき、また付加価値活動を1カ所に集中させる結果、コミュニケーションやコーディネーションのコストが低減されることも大きい。その反面、海外各国のローカル事情への適応が不十分になる点がマイナスである。

　**インターナショナル・アプローチ**　センターの持つ強力な能力やリソースを海外へ移転することにより、それほどコンピタンスを保有しない海外子会社も親会社の持つパワフルな知的資産へアクセスできる点が最大のメリットといえよう。

　その反面、海外子会社からの心理的反発（NIH〈Not Invented Here〉シンドローム等の）によるマネジメントの困難さ（Bartlett and Ghoshal 1989）、親会社がよかれと思い送ったものが海外の社会的文脈に合わず、かえって迷惑トランスファー（Asakawa and Katoh 2003）になってしまう場合が生じること、海外現地特有の強みを取り込むといった視点に欠ける点、および海外への現

**図6-6 ≫ 産業特性と企業能力**

出所：Bartlett and Ghoshal（1989）

地適応の度合いが低い点（Hill 2001）などが挙げられよう。

　**マルチナショナル・アプローチ**　　この最大の長所はなによりも海外各国固有の状況に対し敏感に適応しローカルニーズを満たしうる点であろう。その反面、このやり方は世界各国間で重複が多く、非効率にならざるを得ない。中には、共通の作業をしたほうが企業としては規模の経済性を発揮でき、より効率的な場合でも、このアプローチの場合は必要以上にばらばらなため企業としての有限資源の無駄遣いともいわれる。

　また現地でよいやり方、プラクティスが確立し、仮にそれが他の地域でも応用可能であっても、それがなかなか流れていかない。各地域単位であまりにオペレーションが独立しているため、その弊害として、多国籍企業単位としてなかなかリソースの共有が進まない点が問題である。

**図6-7 ≫ バートレットとゴジャールの組織モデル**

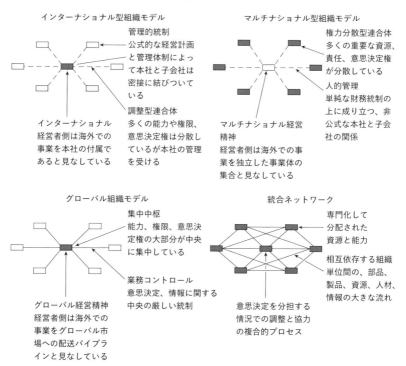

出所：Bartlett and Ghoshal（1989）；『地球市場時代の企業戦略』吉原英樹監訳、日本経済新聞社より図を抜粋

**トランスナショナル・アプローチ**　　バートレットとゴシャールが実際の企業の事例から帰納法的に導き出した概念ではなく、上記3つのモデルの持つ利点のみを活かし欠点を克服したような、いわば理想型のようなものである。

したがって、このモデルの利点は、理論上は上の利点をみな兼ね備えている一方、欠点は一切ないはずである。しかし実際にはそのようなモデルは実存せず、そうした企業を構築することがきわめて困難であることが最大の欠点といえよう。とくに、既存の企業はたいてい上記3つのうちのいずれかのモデルに分類されるとすれば、そこからどうしたらトランスナショナル的になれるかを具体的に示した処方箋は見当たらない。1998年に出されたBartlett and Ghoshal（1989）の改訂版ではその議論が若干出てはいるが、本格的分析はまだこれからであろう。

これらのモデルを組織構造として示すと、図6-7のようになる。

---

*case*

## フィリップスと松下電器

ハーバード・ビジネス・スクールのケース（Bartlett 2002）にフィリップスと松下電器のグローバル経営の特徴を対比したものがある。マルチドメスティック型とグローバル型の違いを象徴的に表しているケースである。ここではケースの情報をもとに両社のアプローチの違いを垣間見てみよう。

●フィリップス

フィリップスは家電メーカーとしての地位をいち早く築きあげた。1892年にオランダの白熱電球工場としてスタートして以来、急速に成長し、1920年ごろにはすでにゼネラル・エレクトリックと世界の勢力を競い合う存在となった。大恐慌によって高まった貿易障壁は、フィリップスに製品の現地生産に踏み切らせた。そして第二次世界大戦の影響もあってフィリップスは各国子会社（NOsと呼ばれる国別組織）が高い独立性を保ったマルチドメスティック経営が定着していく。

その一方でフィリップスは、強大な研究開発力を誇り、中央研究所では基礎研究が行われていた。問題は、基礎研究成果を製品化し各国

市場に導入する一連の流れが迅速でないことであった。本来、中央研究所と各国子会社のリレー役を演じる製品事業部の力が弱く、各国子会社が大きな権限、経営資源を握っていた。優れた人材が各国子会社のマネジャーに就き、コーポレートと子会社マネジャーとのパイプも太く、フィリップスの各国子会社の強大な影響力は同社の世界規模の総合型製品開発の阻害要因ともなった。

　それに気づいた同社では1980年代後半以降さまざまな方策をとって各国子会社の権限を弱め製品事業部の機能を高める努力を払ったが、なかなかすぐには変化しなかった。無理やり各国子会社の権限を弱め全社的統合を推進しようとしても、現地市場へのきめ細かい適応といった同社のよい側面まで失われかねない。

　そうした反省から、21世紀に入ってフィリップスはクライスタリー会長のもと、同社の強みを活かしつつその分権型経営特有の非効率性を補うべく携帯電話の生産を中国に外注したりVCRの生産を船井電機に外注するなどの施策を打ち出していった。こうした動きは、ある意味で競合相手松下のマネジメントの特徴に近づきつつあるともいえる。

### ●松下電器

　1918年に松下幸之助により創設された松下電器産業は、テレビ、トランジスタラジオ、食器洗い機など数多くの製品を世に出し、組織的には事業部制をとった。250年計画の第2期にあたる25年間の目標のひとつとして、海外市場の確立が掲げられた。その後アジアおよび欧米にいくつもの製造拠点を持つこととなる。そうした海外拠点は、松下の国際事業部門ともいうべき松下電器貿易（METC）の管理下におかれた。

　本社からのタイトなコントロールを海外拠点に一律にしくこのやり方は、製品の標準化の流れ、貿易の自由化の流れとうまく一致し、製品事業部の集中管理という効率性も追求できた。そのためR&Dから新製品の生産、マーケティングに至るプロセスも迅速になされるようになった。しかしその反面、海外子会社の主体性、創造性を育て活かすことが難しい状態ともなった。

　その後国内における事業部制の再編成を経て、近年、中村社長が事業部制廃止を決定したことは記憶に新しい。また海外事業に関しては、

過度の本社への集権の弊害を取り除くために中村社長は本社機能の一
部を海外の地域本社に移すなど、海外拠点の強化に乗り出している。こ
うした動きはこれまでの松下の強みに固執しない新たな方向を示して
おり、ある意味で、競合相手フィリップスのこれまでのやり方を思わ
せるともいえる。

参考資料：Bartlett, C.（2002）Philips versus Matsushita : A New Century, a New Round,
HBS Case＃9-302-049（「フィリップスと松下－世界的企業2社の成長」慶應義塾大
学ビジネススクールケース、浅川和宏監修）

## 2. 3つのメンタリティー

これらの類型の背後には、それぞれ異なったメンタリティーが存在する
（Bartlett & Ghoshal 1992）。

### (1) インターナショナル・メンタリティー

国際化のもっとも早い時期には、経営者は企業の海外オペレーションは
単なるサポート機関にすぎないと見ている。こうした軽い見方がインター
ナショナル・メンタリティーと呼ぶ。この考え方は、国際プロダクトサイ
クル理論に由来し、その意味するところは、製品は国内マーケットのため
に開発され、後にやっと海外で売られる。また、技術や他の知識も親会社
から海外支社へと移転される。

### (2) マルチナショナル・メンタリティー

海外事業を長くやっているうちに、やがてマネジャーらは、海外のオペ
レーションは単なる国内の延長以上のものと気づき、ビジネスチャンスを
提供することすらできるのだ、という認識に至る。そして各国ごとに、よ
り柔軟な対応をとり、製品、戦略、マネジメントスタイル等を変えてゆく。
このとき、海外のマネジャーはきわめて自立した起業家として活動し、現
地対応を推進する。

### (3) グローバル・メンタリティー

マルチナショナル・アプローチは、各国対応を必要とするため、企業全

体としては非効率性を伴う。その克服策として、世界をひとつの分析の単位として考えるグローバル・メンタリティーが生まれる。国ごとの嗜好は類似し（Levitt 1983）、仮に違っていたとしても低コスト、ハイクオリティーの商品を提供することで喜んでもらえるはずだ、という発想に基づいている。

　これらのいわゆるメンタリティーをベースにした類型は、これから紹介するPerlmutter（1969）のいわゆるEPG（のちにE-P-R-G）の類型とも相通じるところがある。しかしながら、バートレットとゴシャールの類型論は、よりグローバル戦略のオリエンテーションに比重を置いた概念である、と著者たちは解説している。

## 3. パールミュッターらによるE-P-R-Gプロファイルとの共通点

　第1章でも紹介した、パールミュッターらのE-P-R-Gプロファイルは、バートレットとゴシャールの提示した類型論とも多くの共通性が認められるので、ここで再び要約しておく。このプロファイルはもともと企業の多国籍化の基準のひとつとしての姿勢基準の中身として出され、トップマネジメントの経営志向が本国志向、現地志向、地域志向、世界志向のいずれかにより企業の多国籍化の定性的度合いが判断できるとした。

　①Ethnocentric（本国志向型）　　本社主導により主要な意思決定が行われ、海外子会社は重要な役割は与えられず、本社で指示されたことを行うのみで自由裁量はない。本国のやり方、管理基準を海外にも適用し、海外子会社の主要ポストは本国からの派遣社員で占められるといった、本国中心主義の考え方がベースとなっている。この考え方はバートレットとゴシャールの類型ではグローバル・アプローチに相当する。

　②Polycentric（現地志向型）　　現地のマネジメントは現地スタッフに任せるという考え方があり、オペレーショナルな意思決定は現地子会社に権限委譲される。海外子会社の主要ポジションには現地スタッフを登用し、比較的独立性を維持する。しかし財務、研究開発をはじめとする重要な意思決定は相変わらず本社主導のままである。バートレットとゴシャールの類型では、これはマルチナショナル・アプローチに相当する。

　③Regiocentric（地域志向型）　　グローバル規模での経営と各国規模での

経営の中間に位置するリージョン（地域）規模での経営志向性を意味する。企業を取り巻く外部環境は、各国単位で捉えるよりも近隣諸国を束ねたリージョン単位で考えたほうがより効率的な面が大きく、リージョン単位で生産拠点、人材採用、戦略策定等を行う。地域本社を設立し、リージョン単位の経営に関する権限を委譲する。バートレットとゴシャールの類型では、リージョン単位のタイプは存在しない。

④**Geocentric**（**世界志向型**）　ここでは各拠点が相互に複雑に依存しあい、本社と海外子会社は協調関係にある。普遍的かつ現地的な経営管理基準を用いるよう努め、人材の登用に関しても自国の社員を優遇したりせず、世界中からベストな人材を起用するような真にグローバルな企業である。バートレットとゴシャールの類型では、これはトランスナショナル・アプローチにもっとも近い。


# 4 類型学の限界

　本章ではさまざまな類型論を紹介した。それらの特徴ならびに分析上の有効性についてはこれまで見てきたが、ここではその限界について整理しておく。それらは以下の点に要約できる。

　①**理念型**　これらの類型はいずれも理念型（ideal types）であり、それぞれの特徴を表した典型である。その反面、実態を反映した類型ではない。したがって、完全な意味でのグローバル企業やトランスナショナル企業などは存在しえない。

　②**静態的プロッティング**　I-Rグリッドを用いて、プラハラードとドーズ、バートレットとゴシャールらは企業やビジネスやファンクションのプロットを行った。たしかにプラハラードらはそのポジションの変化を時系列に概念に示してはいるが、2時点での比較であり、動態的変動を示したものではない。バートレットとゴシャールによるトランスナショナルの議論も同様で、いかにトランスナショナル企業へ変化しうるかについての十分な動態的議論が欠落している。[4]

　③**境界線が曖昧**　これらは上述のとおり理念型であるが、現実の企業

## I-R分析による実証研究

　プラハラードとドーズにより提示されたI-Rフレームワークに関し、その後その他の研究者らによって実証研究が行われた（Roth and Morrison 1990; Johnson 1995; Harzing 2000）。

　その結果、概してI-Rフレームワークに基づく類型（グローバル、マルチナショナル、トランスナショナル）どおりの区分が実際にもひとつの産業内で可能であることが明らかになった。現状ではこうした実証研究はまだ十分になされてはおらず、今後さらなる調査が望まれる。しかし限られた範囲とはいえ、I-Rフレームワークで基準として提示されたグローバル統合、現地適応の程度において産業内各社に違いがみられ、彼らの類型（グローバル統合型、現地適応型、マルチフォーカル型）に相当する企業群が見出されたことは注目に値する。

がいずれのカテゴリーに属するかに関する明確な境界線が必ずしも明らかではない。たとえば、バートレットとゴシャールの提示したインターナショナルとグローバル企業の特徴は共によく似ており、実際に各企業がそのどちらに属するかを判断するのは難しい場合も多い。

　④**類型化そのものには意味がない**　　しかし実際に現実の企業がいずれに分類できるかということは、実践上いかなる意味合いがあるか。類型論自体に意味があるのではなく、むしろその類型に適合した戦略をとることに意味がある。自社が本来どのタイプに近いかを認識せずに単に他企業をベンチマークとして模倣するのは問題である。たとえば、自社がグローバルモデルに近いにもかかわらず単純にマルチナショナル（マルチドメスティック）モデルをとる企業の模倣をしてもまったく意味がない。

　⑤**規範的示唆が希薄**　　類型論は現状の企業をプロットし、いずれの類型に属するかを整理するには適するが、現状から理想モデルへいかに移行できるかに関する示唆が乏しい。Bartlett and Ghoshal（1998改訂版）でトランスナショナルモデルへの移行に関する組織変革の若干の示唆を試みている。しかし、起点がグローバル、インターナショナル、マルチナショナルのいずれかによって、いかに異なる移行プロセスが適切であるかに関する

示唆は乏しい。この点については、次章で詳しく触れる。

## P&Gジャパン

　プロクター・アンド・ギャンブル（P&G）は1972年に合弁という形で日本に進出し、米国式製品およびマーケティング手法を日本に移管することにより成功を収めると自信を抱いていた。進出当初は好調な出だしだったが、業績悪化が始まった。国内には花王、ライオンといった手ごわいライバルがいたにもかかわらず、日本市場の特殊性を軽視し米国式を押しつけたことが響いたのだろう。生産施設への大量投資、シェア獲得のための安売りや競合他社に対する攻撃型宣伝広告を展開したが効果はなく、パンパースやチアーのシェアが減少した。

　1980年代に入り、Artzt社長は撤退すべきか否かの判断を迫られていた。当時のP&Gジャパン社長のマースデンらのイニシアティブにより「フレッシュ・スタート」の名のもと、組織再編、価格競争より価値提供、パンパースの製品改良などを積極的に行ったが、肝心の日本市場の特殊性への配慮が不十分なこともあり業績は改善しなかった。

　Artzt社長は悩んだ末、1985年に日本残留を決断した。そこで行ったことは日本の消費者向けの数々の施策であった。企業イメージの日本での改善、日本的流通システムへの適応、さらなる組織変革など、米国流の押しつけからの脱却を図った。その結果、おむつも洗剤も業績が回復していった。

　やがて1990年前後には、日本市場でのサバイバルという目標からさらにリーダーシップの構築という目標に転換し、90年には日本で5年連続売上高を伸ばし、花王、ライオンに続き業界3位となった。

　1991年以降は、日本だけのリーダーではなく日本から世界への発信を志していった。神戸の六甲アイランドにテクノロジーセンターを設立し、日本のみならず世界へのイノベーション発信拠点となった。そして99年にかつて80年代はじめにP&Gジャパンのマーケティング責任者として再建に貢献したジェーガーがペッパーの後継者としてP&GのCEOに就任した。そのころには、世界のビジネスユニットのひとつと

しての、日本の戦略的重要性はますます高まっていった。

参考資料：「プロクター＆ギャンブル・ジャパン（A）（B）（C）（D）」（Michael Yoshino、KBSケースN9-391-003〈1990〉の翻訳版、慶應義塾大学ビジネススクール1995年）、PGNEWS＠PGNEWS.COM，http:// www.pg.com/investor/cp/news.htm

---

*case*

## 日本市場への過剰適応の是非

　米系企業アルファ社で、日本市場への製品適応の是非をめぐり議論となったケースがある。日本に来て2年が過ぎたころ、電球事業部マーケティングマネジャーのケビン・マクベイはあるジレンマに直面した。米国の電球事業本部の製造・エンジニアリンググループに、日本市場特有のニーズに応えるだけのために、蛍光灯の両端の黒みを除去したり、電球に打つ当社マークの位置を統一したりすることを要求すべきかどうか、彼は悩んでいた。

　ケビンは自社製品の性能には自信があった。とくにその耐久性とコスト優位性に関しては、他社の追随を許さないと自負していた。しかし、駐在員マネジャーとして来日した彼は、それ以外の点で当社の製品には日本市場で受け入れられない問題がふたつあることをはじめて知った。それらはいずれも本質的な製品の性能とは無関係の、外見的問題であった。

　そのひとつは、蛍光灯に関する問題であった。蛍光灯の両端は使ってしばらくすると黒ずんでくるが、その性能にはなんら影響がないという。しかし多くの消費者はそれをもって、消耗が早いと思い、不満を抱く傾向にある。日本の競合他社は、そのため蛍光灯の両端にちょっとした目隠しを付けることにより、美観をそこねないように工夫している。もっとも、日本の建築の場合、欧米に比べ、裸の蛍光灯が天井に設置される場合がより多いため、そういう工夫が必要であった。しかし、欧米ではそのような問題はまったく起きていなかった。

　ふたつ目は、電球のどこに自社のマークを印字するかという問題であった。アルファ社の場合、世界中どこでも電球のどこに自社マークをつけるかという問題は一切生じていなかったが、日本では競合他社

はどこも、美観のためその位置がまったく同じ場所に設定されている
という。日本製品に馴れ親しんだ多くの日本の顧客が、アルファ社製
品の電球はマークがあちらこちらばらばらで見かけが悪い、なんとか
ならないか、という苦情をこれまでに多く持ち込んだという。

　これらふたつの点に関しては、いずれも世界中の他のどのマーケッ
トでも問題にすらなっていなかった。実際、日本市場のためだけに対
するこのような製品修正対応は技術的にもなんら問題はないし、コス
ト面でも大した追加負担にはつながらないように思えた。しかし、ケ
ビンが予感したとおり、米国の製造担当グループがそれに対し難色を
示した。日本市場でしか気にしないような些細なことで、しかも製品
の性能にはなんら影響がないことについて、生産工程に一部例外をつ
くることにより、効率性の点で大きなマイナスとなるからであった。

　来月行われる米国本社でのミーティングで、ケビンは日本駐在の電
球事業マーケティングマネジャーとして、本件に関する自らの立場を
表明しなければならなくなった。たしかに、日本における本製品事業
のマーケットシェアや需要がまだ小さいことからしても、製品の日本
市場への過剰適応の効果よりマイナス面のほうが大きいかもしれない。
しかしその反面、当製品事業部は先般その戦略目標として、日本にお
ける売り上げの上昇とプレゼンスの増大を高い優先順位として掲げた
ばかりであった。

　ケビンは日本での2年にわたる勤務を通じ、日本の消費者がいかに製
品の品質に対する厳しい見方をするか学んでいた。その点からすれば、
ターゲットとする市場ニーズに可能な限り製品を適応することは、当
然ともいえる。

　今月末までに、ケビンはともかく、米国サイドに日本市場向けのみ
の製品改良を強く要望するか、あるいは日本の消費者に広く、そのよ
うな問題は性能面からすればたいした問題ではないと説得するか、い
ずれの路線で行くか決定しなければならなかった。

参考資料：浅川和宏（2001）「ミーズ社の駐在員」（慶應義塾大学ビジネススクール
ケース）

**本章のポイント**

　これまで多国籍企業のマネジメントには、常に集権と分権のプレッシャーが働いていると考えられてきた。しかしかつてはこれらのプレッシャーはどちらかが優先されるトレードオフ（二律背反）の関係として捉えられてきたのに対し、後には、多国籍企業はグローバル統合による規模のメリットを活かした効率性の追求と、現地適応によるローカル市場ニーズや現地政府による規制への対応という、二重のプレッシャーに常に対応せねばならないという考え方が大勢を占めるようになった。

　これらを同時に考慮すべく、プラハラードとドーズはI-Rグリッドを提示し、グローバル・ビジネス、ローカル・ビジネス、マルチフォーカル・ビジネスといった業界特性に対応した戦略が必要だと論じた。同じくバートレットとゴシャールはグローバル、インターナショナル、マルチナショナル、そしてトランスナショナル型企業モデルといった類型論を提示した。それらのタイプは産業、企業、機能等によってもさまざまである。

　しかし、こうした類型学にもさまざまな限界があることが指摘された。たしかにこれらのタイプは理念型にすぎないという批判も根強く存在するが、最近では実際にこれらの諸類型に相当する企業群が見出されるとの実証研究も出てきている。

---

本文注

1　山口忠克（2002）慶應義塾大学ビジネススクール

2　原田慶子（2000）慶應義塾大学ビジネススクール

3　八木陽一郎（2002）慶應義塾大学ビジネススクール；「オリエンタルランド大研究」『週刊東洋経済』2001年1月12日号

4　彼らはBartlett and Ghoshal（1989）の改訂版（1998）においてトランスナショナル企業への変革過程についてある程度言及しているが、未だ十分に検証されてはいない。

第 7 章

# 多国籍企業の革新モデル：
# トランスナショナル経営論とその後

# *1* トランスナショナル経営とは

　前章ではグローバル統合・ローカル適応といった、一見トレードオフの関係とみられていた関係が決してそうではなく、むしろ両方が両立してこそ多様なグローバル経営環境の中、多国籍企業のマネジメントを柔軟に行えることを確認した。バートレットとゴシャールは、グローバル統合とローカル適応を両立しうる組織として、トランスナショナル企業モデルを提示した。

## 1. バートレットとゴシャールのトランスナショナル・モデル

　グローバル規模での経営の最大の挑戦課題として、彼らは、世界規模の効率、柔軟な各国対応、世界規模の学習といった3つの異なった要求を同時に満たしていかねばならない点を挙げた。それに先立ち、これらの目標を個別に満たすような組織戦略についても考察した。すなわち、効率の実現には、世界を単一市場と見なし世界規模で規模の経済を追求できるグローバル戦略がもっとも適し、各国対応には、各国市場別に競争優位を追求するマルチナショナル（マルチドメスティック）戦略が最適であるとした。また、世界規模の学習に関しては、本国（本社）の強力な技術、知識を各国へ移転し共有・適用するといった特徴を持つインターナショナル戦略が最適であるとした。

　しかし、効率、柔軟性、学習といったこれら3つの目標は、互いに相矛盾する方向性を持っている。たとえば、各国へのきめ細かい対応は、効率性

152

の追求とは明らかに相反するし、世界規模での学習にも無駄なコストがつきものである。

　今日のグローバル経済におけるビジネスの成功には、上の3つの方向性をすべて満たすような組織能力が必要であると彼らは論じた。そしてそのような能力を備えた多国籍企業組織モデルをトランスナショナル組織と呼んだ。そしてそのような多面的戦略をトランスナショナル戦略といった。

　ではトランスナショナル組織とはいかなる要件を備えた組織だろうか。まずひとつ目の大きな特徴として、経営資源・能力の分布状況がある。トランスナショナル企業においては、資源、能力は世界規模で分散し、各国子会社はそれぞれ特有の経営資源、能力をベースに、それぞれの専門的立場から他の世界的に統合された多国籍企業オペレーションに対し差別化された形で貢献する。そして、ナレッジや能力はそうした過程で世界の複数拠点間で共に構築され共有される（第6章表6-1を参照）。

　多国籍企業のネットワークに属する各組織ユニット（子会社等）は、多国籍企業ネットワークの中で差別化された存在でもあると同時に、世界規模で統合された存在でもある。後にノーリアとゴシャールはこうした特徴を捉え、多国籍企業を差別化された統合ネットワークと呼んだ。

## 2. プラハラードとドーズのマルチフォーカル・モデル

　プラハラードとドーズの提示したマルチフォーカル・モデルも、トランスナショナルと類似した概念である。彼らはそれを前章で紹介したI-Rグリッド（グローバル統合と現地適応への圧力を二次元で表した分析枠組み）上で示し、それら両方を同時に達成するようなジレンマを内包した戦略をマルチフォーカル戦略と呼んだ。

　彼らはとくに企業のトップマネジメントの視点から、グローバル・マネジメントの挑戦課題を考察したが、ひとつの特徴は彼らが多くの業界をI-Rグリッド上にマッピングし、各社の事業ポートフォリオの状況を明らかに示した点である。これにより、自社の中でもグローバル・ビジネスや現地適応ビジネスのものはそれぞれグローバル戦略、マルチナショナル戦略をとればよい一方で、マルチフォーカル・ビジネスとしたものに関しては、グローバル統合と現地適応の両方のバランスをいかに保つかが大きな優先課

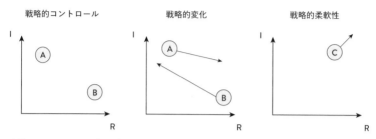

図7-1 ≫ I-Rから見たマネジメントの役割

出所：Prahalad and Doz（1987）

題であるとした。

　彼らのI-R分析のもうひとつの特徴は、そうしたマッピングは単なる静態的なものではなく、時間とともにポジションがシフトすることを示した点である。各社の事業ポートフォリオにおいて、時間とともに特定の事業がよりグローバル統合もしくは現地適応方向へとシフトした場合、トップマネジメントの役割として、各事業戦略もI-Rグリッド上の位置を変える必要があることを強調した点である。

　彼らは前章で取り上げた、コントロール、変化、柔軟性という側面からあるべき戦略の方向性の舵取りをトップマネジメントが担うとしたが、マルチフォーカル戦略をとるうえでも、これらの経営能力が要求される。しっかりと現在定められた戦略を実行するコントロール、よりIとR両面に配慮した戦略への変化、そして相矛盾したIとRへのプレッシャーに応じるだけの柔軟性がそろってはじめてマルチフォーカル的戦略も実行されるといえよう（図7-1）。

## 3. ヘッドランドのヘテラーキー・モデル

　Hedlund（1986）は、新たな多国籍企業の組織モデルとして、ハイアラーキー（階層構造）型に対峙するヘテラーキー（heterarchy）モデルを提示した。バートレットとゴシャールのトランスナショナルと類似した概念ではあるが、ヘテラーキーのほうがより組織構造の視点から生まれた概念であると認識されている。

　そもそもヘッドランドは、ハイアラーキー（階層組織）は社会組織のもっ

とも基本的、伝統的な構造であり、古代からずっと今日まで続いているものであるといった前提から出発した。そのうえで彼は、今日に台頭しつつある新たな多国籍企業の組織形態は、これまでの伝統的ハイアラーキー型とは乖離している部分が少なからずあることを観察した。そしてそのような新型組織を概念化した理念型モデルを、ヘテラーキーと命名した。

ヘテラーキーは、以下のような特徴を有する。

①組織の中心はひとつではなく、多中心である。すなわち、組織には中心がたくさんあるという点が挙げられる。多国籍企業の文脈では、本社のみが企業の中心ではなく、世界中の海外子会社が中心的役割を担うような組織モデルを指す。競争優位の源泉は一国のみにあるのでなく多くの国々にあり、有用な知識やノウハウが多くの国で生まれ多くの国で使われる。そんな状況のもと、海外子会社は時には中心としての役割も演じ、また時には周辺となる。

②海外子会社のマネジャーにも戦略的役割が付与される。しかもヘテラーキーにおいては、彼らは単にその国の市場に関するローカル戦略のみならず、世界中、全社レベルの戦略に関しても主な役割を果たすよう期待されている。

③多中心という特徴がさきに挙げられたが、単に中心が多いだけではない。あわせて重要なことに、ヘテラーキーではそれぞれの中心が異なる役割を演じている。たとえばR＆Dはオランダ、製品はドイツ、マーケティングはシンガポールといった具合に、多中心の多次元性（multidimensionality）という要件が重要である。しかも、どれかひとつの側面が他の側面に優り支配するといった構図はない。その次元ごとに、該当する海外子会社がセンター的役割を果たす。

④組織の境界線が時として曖昧になり、外部組織との対外的協調や提携、合弁等も含めた柔軟な企業統治（コーポレート・ガバナンス）モードの選択がなされる。つまりここでは、対内的なネットワークのみならず、対外的なネットワーク関係も柔軟に構築される。

⑤ヘテラーキーにおけるコントロールのメカニズムは、官僚的コントロール等の公式レベルのものより、むしろ企業文化や経営スタイル、文化コントロールといった、非公式かつ規範的コントロールがよく使われる。組織内の隅々の諸活動を綿密にコントロールすることはヘテラ

ーキーの趣旨に反し、無意味かつ不可能であるので、個々の構成員の行動そのものに対するコントロールはせず、その代わりに彼らの行動の原理を支える理念、価値観、文化といった規範的レベルにおいて組織の有機的コントロールを図る。

⑥通常のハイアラーキー型組織の場合、組織の中心と周辺が明確に区別されており、したがって、企業全体の中で頭脳的部分（brain of the firm）がどこかも比較的容易に判明した。それに対し、ヘテラーキーでは、価値創造活動は本部のみがやるのではなく、企業内のいたるところで頭脳活動が行われるはずである。したがって、企業全体が頭脳としての性格（firm as the brain）を有するとされる。

このような組織を運営することは決して容易ではない。ヘテラーキー型組織をうまく運営するために必要な経営管理能力は、伝統的ハイアラーキー型組織を運営するために必要な能力とは明らかに違う。ヘッドランドはこの点についても多くの示唆を残しているが、中でもアイデアをコミュニケートできるスキルとそれを素早く行動に移せるスキル、組み合わせから新たなものを見出す能力、外国語能力、異文化に対する適応力、誠実さ、リスクをとる意思、企業に対する信念、といったものを挙げている（Hedlund 1986; Hedlund and Rolander 1990）。

# 2 トランスナショナル経営の限界

## 1. 唯一のモデルではない

こうしてみると、トランスナショナルおよびそれに類する組織はあたかももっとも理想的な万能モデルのような印象すら与えるかもしれない。しかし、それは必ずしも正しい見方ではない。たしかにグローバル統合とローカル適応の利点を両方とも最大限に発揮できるという点では理想的なモデルではあるが、すべての企業がトランスナショナル化すべきであるとはいえない。たとえば業界特性によってもグローバル統合、ローカル適応の

優先順位が異なるといえる。

　この点、Nohria and Ghoshal（1993）は、多国籍企業の直面する環境をグローバル統合、ローカル適応の重要性の度合いに応じて4つに類型化した。それらは、グローバル統合は高いがローカル適応は低いグローバル環境、グローバル統合は低いがローカル適応が高いマルチナショナル環境、そのいずれも低いインターナショナル環境、そしてその両方とも高いトランスナショナル環境である。

　彼らの分類に従えば、グローバル環境の産業例として建設・採鉱機械、非鉄金属、化学、科学的計測器、エンジン等が、マルチナショナル環境として飲料、食品、ゴム、日用品、タバコ等が、インターナショナル環境として非鉄以外の金属、機械、製紙、繊維、印刷出版が、そしてトランスナショナル環境として製薬、写真機器、コンピュータ、自動車が挙げられる。

　次に、彼らは企業の組織構造を集権化、公式化、社会化という統合メカニズム、および外部適合のための差別化といった基準により、以下の4つのカテゴリーに分類した。それらは、構造的統合は強いが構造的分化は弱い「構造的均一性」（structural uniformity）タイプ、反対に構造的統合は弱いが構造的分化は強い「差別化された適合性」（differenti-ated fit）タイプ、両方とも弱い「アドホックな変化」（ad hoc variation）タイプ、そして両方とも強い「統合された多様性」（integrated variety）タイプである。

　そのうえで、ノーリアとゴシャールは以上の環境類型と組織類型の間の相関を調べたところ、環境に合った組織構造をとったところが業績が高いことが判明した。すなわち、グローバル環境においては、structural uniformityをとったところが、マルチナショナル環境においてはdifferentiated fitをとったところが、インターナショナル環境においてはad hoc variationをとったところが、そしてトランスナショナル環境においてはintegrated varietyをとったところが、それぞれ他の構造をとったところよりもパフォーマンス（Avg. RONA, RONA Growth, Revenue Growth）がよかった。

　こうした議論自体は、理論的には1960年代のコンティンジェンシー理論（環境適合理論）の応用にすぎず、決して新しいものではない。しかし、ここで導き出された結論はとても重要な点を示唆している。すなわち、トランスナショナル型はすべての万能薬ではなく、あくまでも業界などの環境要因によってふさわしい組織構造モデルが存在する、ということがわかった

といえよう（図7-2）。

　ゴシャールとノーリアは、多国籍企業の内部構造は複雑で、決して同質的でなく、各国の子会社がそれぞれの置かれた特殊事情に適合するべく、体系的に差別化されていると論じた（Ghoshal and Nohria 1989; Nohria and Ghoshal 1997）。

　海外子会社の状況は現地のリソースのレベルと、（他の子会社の場合との比較における）外部環境の複雑さといったコンティンジェンシーのふたつの次元から、4つのカテゴリーに区分された。それらは、現地のリソースと外部環境の複雑性のレベルが共に高い場合、現地のリソースのレベルは高いが外部環境の複雑性が低い場合、現地のリソースのレベルは低いが外部環境の複雑性が高い場合、そして現地のリソースと外部環境の複雑性のレベルが共に低い場合である。

　それぞれのカテゴリーについて親会社と子会社の関係が集権化

**図7-2 ≫ 適合が高業績をもたらす**

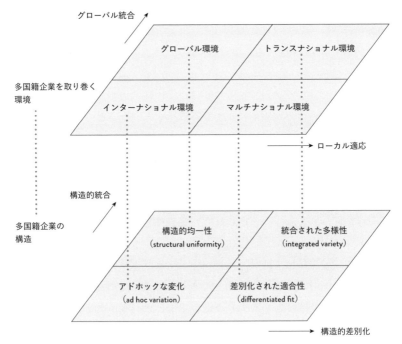

出所：Nohria and Ghoshal（1993）を基に作成

図7-3 ≫ 多国籍企業の環境適合類型

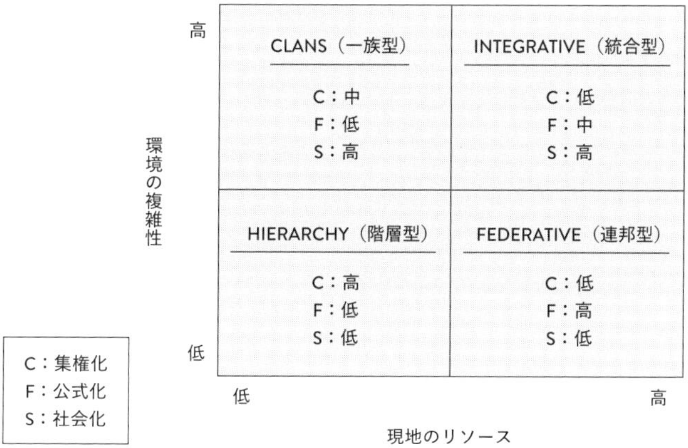

出所：Ghoshal and Nohria（1989）

（centralization）、公式化（formalization）、社会化（socialization）の3つの組み合わせによる適合統治構造（'fit' governance structure）により特徴づけられている。すなわち、現地のリソースと外部環境の複雑性のレベルが共に高い場合、社会化の度合いがもっとも高いinte-grative型（統合型）が適合している。現地のリソースのレベルは高いが外部環境の複雑性が低い場合、公式化の度合いがもっとも高いfed-erative型（連邦型）が適合している。現地のリソースのレベルは低いが外部環境の複雑性が高い場合、社会化の度合いがもっとも高いclans型（一族型）が適合している。そして現地のリソースと外部環境の複雑性のレベルが共に低い場合、集権化の度合いがもっとも高いhierarchy型（階層型）が適合しているとした（図7-3参照）。

つまり、彼らの結論は、多国籍企業はそれぞれの海外子会社の置かれた環境に適合する形で本社支社関係がそれぞれ内部的に差別化されているというものであった。

## 2. 実在しない理念型にすぎない

さきに提示したI-Rフレームワークは、グローバル統合と現地適応を別次元のものと捉え、同時に実現することの必要性を示した、きわめて意義の高いものである。しかし、その反面、いくつかの課題も残している。それ

はそうしたフレームワークにおいては、右上にトランスナショナルという
類型を置き、各ユニットが差別化された形で多国籍企業全体に貢献すると
いうきわめて実現困難なものであるが、いったいそのような企業は、現存
するのであろうか。バートレットとゴシャールが先進例として挙げたABB
社すらも、これからは程遠いというのが現状である。

　しかしながら、トランスナショナルはひとつの理念型ではあるが、必ず
しもすべての企業が目指すべき理想型ではない。それぞれの企業に適した
形の戦略、組織構造を採用すればよい。その点は、ノーリアとゴシャール
の実証研究結果からも明らかとなった。

　彼らは、組織の構造や過程はその置かれた環境に適合（fit）してこそ高い
成果をもたらすとする環境適合理論（コンティンジェンシー理論）を応用し、多
国籍企業の組織のありかたもその外部環境に適合した場合最適と見なすべ
きであると論じ、何がなんでもトランスナショナル的組織でなければなら
ないという考えを否定した。大規模多国籍企業41社のデータをもとに、外
部環境の複雑性に見合った組織構造の複雑性が必要であることを示してい
る。

　さきに紹介したように、彼らはまず多国籍企業を取り巻く環境として業
界特性に注目し、グローバル環境、マルチナショナル環境、インターナシ
ョナル環境そしてトランスナショナル環境の4類型を提示し、各々に適した
組織構造をとった企業が高業績を収めていることを示した。ここからも、何
がなんでもトランスナショナルが理想モデルであるといった考えは誤って
いることがわかる。


## 3. 到達に至るプロセスが明らかでない

　では、トランスナショナルな企業モデルを構築するには、どのような移
行プロセスをたどるのであろうか。バートレットとゴシャールは、I-Rのフ
レームワークに学習（イノベーション）という第3の軸を加え、差別化された
形での統合こそがトランスナショナルに至る移行プロセスであるとした。し
かしながら、トランスナショナルは実証データから導かれたものではなく、
他の3つのモデルの合成としての理念型であることから、先進事例からそこ
への移行パターンを学ぶこともできない。

# 3 トランスナショナル企業への
　道のり

　バートレットとゴシャールはその改訂版（1998）において、初版（Bartlett and Ghoshal 1989）の時点では十分に扱えなかった「トランスナショナル企業への変革」なるテーマをパート4に追加している。その主な論点は、トランスナショナル・マネジャーの役割と、トランスナショナルへと至る変革プロセスのマネジメントの2点である。以下に簡単にそれぞれのポイントを概観する。

## 1. トランスナショナル・マネジャーの役割

　トランスナショナル企業は、グローバル規模の効率、各国へのきめ細かい対応と柔軟性、そして世界レベルでの学習能力が備わってはじめて機能する、きわめてチャレンジングな組織である。そして彼らは、それらをすべて満たすためには、優れたグローバル・マネジャーの存在が鍵であると論じた（Bartlett and Ghoshal 1992）。しかしながら、そのようなグローバル・マネジャーなるものは現実には存在しない。

　彼らは、高度に専門化し、緊密な相互依存関係にあるスペシャリスト集団のネットワークたるトランスナショナル企業を実現するためには、なによりも優れたマネジャー集団を開発育成しなければならないとして、次の3つの専門家集団の役割に注目した。グローバル・ビジネス・マネジャー、カントリー・マネジャー、そしてファンクショナル・マネジャーがそれぞれ重要な役割を演じてこそ、トランスナショナル企業が機能するというのである。

　**グローバル・ビジネス・マネジャー**は、自らが担当する事業に関し、世界規模での効率と競争力を確保すべく、次の3つの役割をまかされている。すなわち、自分の担当する組織の戦略家として、世界規模での資源、資産の適正な配置を行う建築家として、そして国境を越えた取引のコーディネーターとして活躍を期待されている。

　それに対し、**カントリー・マネジャー**は、以下の役割を期待される。地

161

域的な事業機会や脅威をセンサーとして感知し、それを伝えること、地域の資源、能力を構築すること（ビルダー）、そしてグローバル戦略に貢献、参画すること（コントリビューター）である。

　これらのポジションのマネジャーたちは、グローバル規模での効率、競争力および各国地域への適応力に対する責任を担うことができる。それに対し、**ファンクショナル・マネジャー**は全世界規模での学習能力の強化に関する役割を担う。すなわち、彼らは全世界の専門化した情報を調査し（スキャナー）、最先端ナレッジやベストプラクティスを交配させ（交配者）、国境を越えたイノベーションを促すチャンピオンとしての役割を期待される。

　そして最後に、**コーポレート・マネジャー**は、これらのマネジャーたちをリードし、スカウトし、育成する役割（リーダー、スカウト、ディベロッパー）を期待されている。

　こうした各種マネジャーの役割がしっかりと演じられることがトランスナショナル企業として機能するステップであると論じられている。著者らはNEC、プロクター・アンド・ギャンブル、エレクトロラックス等の事例をベースにこうした点を強調している。ただし、実際に例に挙がっている企業を含め、トランスナショナルの進んだモデルがまだ存在していない今日においては、未だに実証が弱い状況である。

## 2. トランスナショナルへの組織変革のプロセス

　ここでバートレットとゴジャールは、その改訂版（1998）で、トランスナショナル化のプロセスについてより詳しく言及している。企業変革の成功例に共通する点として、①注意深い段階ごとのアプローチをとり、各段階に適した組織能力の開発に注力している、②変革とは企業の戦略や構造やシステムと同時に、個人の行動の要素にも大きくかかわるということを認識していることの2点があった。

　彼らもその分析において、戦略（Strategy）、構造（Structure）、システム（System）というハードな側面よりもむしろ人（People）、目的Purpose）、プロセス（Process）といったよりソフトな面にそのウエートを置いている（Ghoshal and Bartlett 1998）。

　**①段階的アプローチ**　　バートレットとゴシャールは、彼らが別の研究

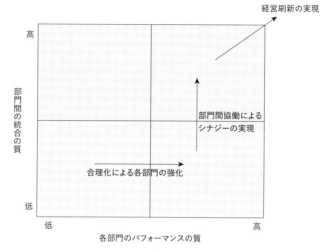

図7-4 ≫ トランスナショナル化へのプロセス：企業変革モデルに学ぶ

出所：Bartlett and Ghoshal（1998改訂版）を基に作成

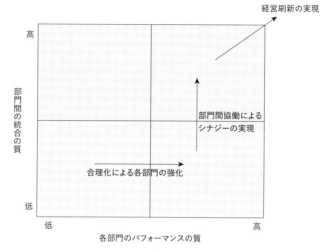

プロジェクトで開発した企業変革モデルを、トランスナショナル化へのプロセスに応用した。そして、変革にはふたつの中核能力が必要であるとした。それらは各ユニットのパフォーマンスと、各ユニット間の効果的な統合である。そして、各ユニットのパフォーマンスも低く各ユニット間の統合がうまくいっていないばらばらな状態から、どのようにすれば各ユニットのパフォーマンスも高くなおかつユニット間の統合も効果的な状態にもっていけるかが大きな問題だとした。

　彼らはゼネラル・エレクトリックのジャック・ウェルチによる企業変革のプロセスに注目し、まず徹底した合理化による各ユニットのパフォーマンスの向上を実現し、次いで各ユニット間の戦略統合による規模の経済やユニット間の学習を促進すべく社内組織間統合を促進する風土を醸成し活性化し、さらにそうした組織革新を恒常化する段階プロセスがもっとも効果的であるとした。図7-4で見ると、左下のセルから右下のセルを経て、右上のセルへと移行する過程である。

　②個人の行動に関する要素　　組織変革の際に必要なものとして、バートレットとゴシャールは変革を支える人の能力の重要性を強調した。そして、単なる戦略、構造、システム（SSS）といったハードな側面のみならず、

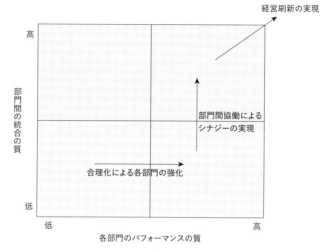

目的、人、プロセス（PPP）といったソフトな面の重要性が不可欠であると
説く。結局のところ、変革にかかわる人びとのメンタリティーが変わるこ
とによって、人々の行動プロセスも変わり、ひいては組織構造や戦略やシ
ステムもやがて変わるというのである。

　このように、バートレットとゴシャールは企業変革に関する研究から得
られた知見をもとに、多国籍企業がトランスナショナル化するプロセスの
フレームワークを提示しようと試みた。しかしながら、こうした知見は、ゼ
ネラル・エレクトリックのウェルチの変革といった、企業変革一般から導
かれたもので、必ずしもグローバル企業のトランスナショナル化に関する
多くの先行事例からのものではない。ABB社の事例が唯一例外的ではある
が、一例のみからの一般化も無理がある。今後、引き続きトランスナショ
ナル化プロセスに関する研究が期待される。

## 3. マルナイトの移行プロセス研究

　Malnight（1995）の場合は、本国志向型（ethnocentric）企業がグローバル化
する過程を調査している。米国の製薬企業イーライ・リリーがどのような
過程を経て自国中心主義的アプローチを脱却し、いわゆるグローバル統合
ネットワーク型アプローチへと変化するかを詳しく調べ、そうした変化の
過程は時間を経てひとつのファンクションから他のファンクションへの連
鎖のもとに行われることを明らかにした。

　すなわち、この場合は臨床開発レベルで起こったグローバル化の流れが
加速し、臨床の国際化が深化するにつれ、やがてマーケティングやそして

図7-5 》　**自国中心企業のグローバル化のプロセス**
**（イーライ・リリーの場合）**

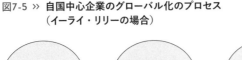

出所：Malnight（1995）を基に作成

生産までがグローバル化の連鎖をたどり、しかも単なる参加から貢献、統合へと進んでいた（図7-5）。

　ただしこの場合、グローバル化の過程にある企業についての分析にとどまっており、トランスナショナル化した企業が経た過程に関する分析ではない。

# 4 メタナショナル企業経営

　これまで紹介してきた多国籍企業モデルは、いずれも主に1980年代を中心に提示されたものであった。この時期は、欧米の大企業を中心に、従来の多国籍企業マネジメントのやり方にゆきづまりを感じ、現状の問題点を除去したさきにあるべき理想系としての多国籍企業モデルが描かれていた時期であった。ヘッドランドの提示したヘテラーキーは、未だに存続しつづけるハイアラーキー（階層組織）の対極的概念として出された。

　またバートレットとゴシャールが出したトランスナショナル・モデルは、自国中心主義をベースとし世界を単一市場と捉えるグローバル、徹底した現地主義を貫くマルチナショナル、そして自国の能力、資源を適宜海外子会社に移転するインターナショナルといった各モデルに内在する欠点のみを除去し、それぞれの利点のみを組み合わせた理念型であった。したがって、自社がグローバル、マルチナショナル、インターナショナルのどのアプローチをとっていようと、その先に見えるモデルとして位置づけられていた。

　しかしそうしたモデルに共通した問題として、モデルとしてはきれいにまとまっているが問題は現状からどのようにすれば変革できるのかといったことであった。あいにくトランスナショナル・モデルの要件をそっくり満たしたような企業は、この世に存在しない。よって、どうすればトランスナショナル企業になれるのかを学ぶ生きた範例が存在せず、具体性に乏しいとの批判が強く出された。

　その後、より具体的な流れとして、海外子会社の役割の変化などの注目した研究（第5章で詳しく紹介したバーキンショーらによる研究）が台頭するが、こ

うした研究は逆に多国籍企業全体の変革といったマクロの視点とは必ずし
もつながらず、多国籍企業の革新モデルとはならなかった。

## 1. メタナショナルとは何か

そうした意味では、Doz, Santos and Williamson（2001）によるメタナショ
ナル経営論は、多国籍企業の新たな革新モデルとして注目に値するもので
ある。なぜなら、多国籍企業の理念型としての究極モデルではなく、ナレッ
ジ・エコノミーにおける新たな挑戦課題に応える戦略アプローチを示唆
しているからである。

メタ（beyond）の意味のとおり、メタナショナル経営の本質は、自国優位
性に立脚した戦略を超え、グローバル規模での優位性を確保する戦略であ
る。つまり、メタナショナル経営とは、本国のみでなく世界中で価値創造
を行い競争優位を構築する企業戦略のことである。

## 2. ニュー・ナレッジ・エコノミーの時代

グローバル規模で知的資産を活用する時代に入ったという考えの背後に
は、次のような認識がある。これまでのように、国の強みないし国内のイ
ノベーション・クラスターの強みが長期間にわたり安定的に存続するとは
限らず、国の競争優位をもたらした分野が急速に衰え、他国に優位性を引
き渡してしまう場合も決してまれでない。リード・マーケットの所在も同
様、時間とともにシフトする可能性を秘めている。要するに、「あそこはあ
れが強い」といった固定観念が長期間にわたり安定的に続く時代は終わっ
たのである。ナレッジベースが急速に世界規模で分散化し、これまでの常
識からは考えられないようなところで新たなイノベーションの芽が生まれ
る可能性がある。

そうした中、これまでの固定観念にとらわれ、イノベーションの拠点を
従来の強みをベースに配置し調整するというアプローチは、潜在的チャン
スを見逃すこととなる。将来の技術革新や最先端の流行は地球上のどこで
生まれるのか、今後ある分野でもっとも強いナレッジや能力を有する場所
はどこだろうかということを世界規模で感知し、社内へ取り込み、活用し

ていくことが重要である。

　そのようなグローバル探索型思考への転換は容易ではない。なぜならば、現実に自国で培った優位性をベースに世界展開して成功した企業がまだ大多数を占めるからである。たとえば、フォードやゼネラル・モーターズ、それにインテルやシスコ・システムズ、ヤフーなど、枚挙にいとまがない。インテルを例にとれば、グローバルな設計者は国内市場のニーズを満たすためにチップを改良し、それをベースに世界中で必要に応じ適宜適合させる方式をとってきた。たとえば時計やチョコレートはスイスが強く、電気製品は日本が強い、というように各地域、ロケーションに基づいた優位性があるが、多国籍企業の国際展開は、そうした自国の優位性をベースに、国際製品サイクルの波を描きながらグローバル標準化と現地適応のバランスをとりながら行われてきた。こうした伝統的発想法を一瞬にして打破するのは、きわめて難しいだろう。

　では自国主義の呪縛ないし国の強さの固定観念から脱却し、常に世界中のあらゆるロケーションに対しても目を離さず、潜在的イノベーションの芽を探索し、ナレッジや能力を迅速かつ的確に社内に獲得し、社内各部門間で移転・共有し活用しうるような企業をどのように構築することができるのか。ドーズらは、次の3つの考え方からの脱却がまず必要であるとした。

　**①自国至上主義からの脱却**　多くの多国籍企業にとって、自国は特別なもので、本社所在地である自国が最大の競争優位の源泉であると考えている。こうした考えを見直す必要がある。

　**②既存の力関係からの脱却**　どうしても大国の市場の声を尊重し、小国の市場の声は無視される傾向にあるが、ニューエコノミーにおいては、そうした辺境の地から予想もしないイノベーションが生まれたりする。したがって、現在の大国の大市場の声ばかり聞いていては、大きなチャンスを逃すことになりかねない。

　**③現地適応はあくまでも現地のためであるといった既成概念からの脱却**
特殊な国の特殊な市場のためだけに苦労して適応した経験が、実はその他の国における大きなイノベーションの源になる可能性もある。

## 3. 既存の多国籍企業組織では不十分なわけ

　これまでにも、メタナショナル企業となるためには、既存のメンタリティーの超克が重要であることが論じられた。しかしそうしたメンタリティーの超克は既存組織を変えずに可能なものか。ここでは、なぜ既存の多国籍企業組織のままではメンタリティーの変革が不可能かを解説する。

　既存の多国籍企業は、収益の最大化とオペレーションの効率化に焦点を当てた仕組みであった。一方、ナレッジエコノミーの時代においては、グローバル規模での新たなナレッジの先取り、流動化、融合、活用といった行為こそが重要課題となる。しかしながら、そうした行為は収益面でも効率面でも無駄が多い。よって既存の多国籍企業組織に単に新しいメタナショナル的課題を与えたとしても、組織は機能しない。

　また、既存の多国籍企業の拠点（海外子会社等）の立地（ロケーション）を決める際には、コスト効率面と収益最大化といった基準が大きい。しかしながら、新たなイノベーションの温床は、時として低コストの生産センターでもリード・マーケットでもない場所に生まれる。したがって、既存の多国籍企業組織ネットワークの範囲ではグローバルイノベーションのチャンスは活かせない。新たなイノベーションを確保するという目的で、世界中に新たな多国籍企業ネットワークを広げる必要がある。

　さらに、既存の多国籍企業組織では、各組織内ユニットが各国の市場、製品を分担し、そこでの成果をもって業績評価が行われている。コントロールやインセンティブシステムも当然そうした既存の役割をベースとしてできている。しかしメタナショナルな組織では、各部門が既存の役割を淡々とこなすだけでは不十分である。常に各ユニットが新たな技術やビジネスチャンスを求めていく必要がある。インセンティブシステムもそうした活動を積極的に評価する基準がなければ機能しない。

　このように、メタナショナルな組織を構築するには、単に新しい考え方を古い組織に移植する（ドーズらのたとえを用いれば、「四角い釘を丸い穴に無理やり押し込む」）やり方だけではまったく不十分であり、そのベースとなる組織のありかたそのものを根本的に変革しなければならない。では、そのような根本的改革には、どのような能力が必要とされるのか。メタナショナル化への第一歩を踏み出すためには、以下の能力構築が大切であるという。

## 4. メタナショナルに必要な能力

　世界規模でナレッジを感知、確保し、移転、融合し、活用するといったメタナショナル企業になるためには、次の諸能力の構築が必要である。

(1)　新たなナレッジを感知（sensing）するためには：

　**①新たな技術や市場を予知する能力**（prospecting capabilities）　この段階では、仮にどのようなナレッジを探しているかがはっきりしていなくても、目的は明確にもっていることが肝要である。ここでの鍵は、何を感知するか、どこにそれを求めるか、そして誰がそれを提供するか、の3点である。

　**②新たな技術や市場に関するナレッジを入手する能力**（accessing capabilities）　求めるナレッジを入手するためには、現地の状況に精通している人物（通常は現地国籍の人）に権限委譲しかつインセンティブをつけて、よい仕事をしてもらうことが肝要である。しかもただ単に現地事情に精通しているのみならず、現地での広い人脈を有することが重要とされる。

(2)　確保したナレッジを流動化（mobilize）するためには：

　**①入手したナレッジを本国、第三国に移転する能力**（moving capabilities）このタスクを遂行するためには、現地のナレッジについて精通しているのみならず、社内他部門（本国ないし第三国）とのコミュニケーションもとれる立場の人物のナレッジ・ブローカーとしての役割が重要となる。

　**②新たなナレッジをイノベーションに向けて融合する能力**（melding capabilities）　新たなナレッジの既存ナレッジとの融合に際しては、新旧両方のナレッジに熟知し、結合することのできる専門家が必要である。また、そうした結合の場をできるだけ多く設けることが重要である。

(3)　ナレッジを活用しイノベーションを行う（operationalizing）ためには：

　**①新たに創造されたナレッジを日常のオペレーションに変換する能力**（relaying capabilities）　新たなナレッジをイノベーションにつなげるためには、ナレッジを活用しうるコンテキストを強く意識することが肝要である。潜在的ユーザーのニーズに留意しなければ、単なるナレッジの創造で終わってしまう。

**②新たに創出されたイノベーションを活用する能力** (leveraging capabilities)
ユーザー側の理解能力の向上と、場合によっては起きる反発（NIH症候群）
の対処を行うことが必要である。

## 5. 自国の劣位を克服する戦略

　ドーズらは、一見「間違ったところに生まれてしまった（born in the wrong place）企業」であっても、やり方次第では成功する可能性は十分あると論じた。たまたま自国が自社の産業において優位的立場にある場合（つまり自国がその産業で強い場合）、ホーム・カントリー・アドバンテージを最大限利用することによりグローバル競争に勝つことができる。しかし、運悪く自社の産業において自国の優位性がまったくない場合は、もう絶望的であろうか。いかに自国の弱さを克服し補うかは、グローバル競争戦略上重要な課題である。

　ドーズらは、今日のニューエコノミーの時代においては、自国の劣位を克服することが可能であると論じた。そして、むしろ場合によっては、自国が強い場合よりも、謙虚に他国から学ぶという姿勢ゆえに、より強力なパワーを蓄えることさえ可能であるとした。

## 6. メタナショナルの事例

### (1) STマイクロエレクトロニクス

　STは1987年に仏伊企業の合弁として損失をかかえて誕生したが、欧州に立地していたためリードカスタマーもなく、必要な技術はカリフォルニア、東京、台北など世界各地に分散していた。当時の競合他社はみなコンポーネントに特化した生産を行っていたのに対し、STは世界中に点在する異なった専門家の知識・能力を結集し、集積回路と同様の機能を発揮するsystem-on-a-chipの半導体の発明を可能にした。これにより、さまざまな地域の多様な顧客ニーズに応えることができた。そして、世界中から入手した専門知識、能力を結合することにより、売り上げや利益のみならず他社が模倣不可能な持続的優位性を構築した。

## （2）ポリグラム

　もともとはフィリップスの小さなレコード部門にすぎなかったが、ソニーやEMIをしのぐ存在となった。競合他社が英米のみを国際的ヒットの源泉と見なしているのに対し、ポリグラムは国境を越えていろいろな国からローカルアーティストを発掘し、国際的スターに変身させる独特のシステムを有する。

　その仕組みとは、ポリグラムが世界中に分散したプロデューサー、プロモーションやマーケティングの専門家のナレッジを結集して世界中からのタレント発掘に当たるというものである。とくに注目すべきは、IRCsという組織をつくり、そこでだれかが地球上のどこかで発掘したアーティストの曲が各メンバーにより吟味され、国際的ヒットの可能性が探られる。

## （3）ピクステク

　ピクステクは南仏で誕生したFED製造企業であり、自国の優位性がまったくないにもかかわらず、世界中に分散するナレッジや能力にアクセスし戦略的に活用することにより日本の大企業や米国のスタートアップ企業に対抗することができた。お膝元のフランスの原子力発電関係の研究所のみならず、日本や世界中の企業と積極的にアライアンスを組み、補完的技術やリソースを入手した。しかも、ハイテクベンチャーの温床である米国に本拠地を構え、かつてのフランスの本社は単なる一海外支社に変わってしまった。まさに国際的なナレッジブローカーのように世界中のナレッジをかき集め、融合し自社の付加価値を高めていった。一時的ではあったが、そうしたやり方が成果を収めていた。残念ながら、その後同社は倒産に追い込まれた。

## （4）ノキア

　ノキアは北欧市場を中心に事業展開してきたが、1990年代には携帯電話事業を軸としたグローバル展開に乗り出した。フィンランド的要素を保ちつつも、世界各国から必要なナレッジ、能力をアクセスしていった。英国の研究所の他にも、米国から先進技術およびマーケティングノウハウを、そして日本からは小型化やデータ利用能力等について学んだ。

　また資本は米国から積極的に調達した。このように世界中にナレッジの

ネットワークを構築し、世界各国の技術・市場に関するナレッジを吸収し、自社の活動に役立てていった。これも、もともと自国がフィンランドということで自国の優位性があまり強くなかったから世界に目が向いたともいえる。その意味では、たまたま自国が強大なモトローラなどとは対照的な戦略である。

## ABBのグローバル・マトリックス経営

### 1.ABB社の実態

ABB 社は、第1に、グローバルでかつローカル、大きくて小さい、分権で集権といった3つの矛盾を抱えた組織である。

第2に、スウェーデンのAseaとスイスのブラウン・ボベリが1988年に合併してできた会社で、すべて集めると約24万人の従業員を抱えている。にもかかわらず、本社は200人足らずと非常に小さい。本社のスリム化という議論が近年盛んだが、ABBはその典型例である。

第3に、8つのBS（事業セグメント＝事業本部）、その下に50のBA（事業エリア＝事業部）、その下に1300のカンパニーを従えている。各カンパニーは従業員数平均200人、5000万ドルの収益をあげている。さらにその下に5000のプロフィットセンター（利益単位）がある。従業員数は平均50人、1000万〜2000万ドルの収益をあげている。最小単位が50人という非常に細分化され、ローカライズした会社である。しかも、各子会社は相互に独立している。

第4に、世界中の伝統的な企業を買収することを通じて拡大している。有名な例としては、ウェスティングハウスを買収した際、同社は非常に高いピラミッド構造を有していたが、これを努力してフラット化し、横のコミュニケーションを図る、本社の役割を認識させる、などの取り組みを行った。さらに90％ルールのもとに、買った企業の本社スタッフの9割を削減している。このように非常にドラスティックな改革を断行している。

大企業においては、こうしたドラスティックな改革に対しては、その影響を心配して慎重論が台頭してくるが、ABBの場合は7対3の公式

（seven to three formula）がある。これは、スピードのほうが正確性よりもより重要であることを含意している。7割当たっていれば3割は間違っていてもよい。思いついたらすぐに実行せよということである。

　こう考えていくと、ABBとは単なる小会社の寄せ集めではないか、ということになるが、実際にはさまざまな統合のメカニズムがある。

### ●マトリックス組織による統合

　地域別と事業別の組織を掛け合わせたマトリックス構造をとり、絶えずビジネスエリアと地域とのテンションのもとに、経営者が独自の判断で経営を行っている。しかも、ただ単にふたつの互いに相反するロジックを管理しているだけではなく、ふたつのバランスで評価している。ABBのインセンティブシステムについては、ほとんど明らかにされていないが、縦と横とを足したセルで評価しているという。

### ●ABACUS情報システムによる統合

　ABBの社員によると、大企業に勤めているという実感がないという。大企業の一員という安心感を持たせないというコーポレートの戦略に基づいている。直接、カンパニーの業績に貢献しているという実感を与えられる反面、業績が思わしくない場合は、即、自らに降りかかってくる。世界中どこにいても、ABBのパフォーマンスが瞬時にわかるような情報ネットワークシステム（ABACUS情報システム）を構築しているので、自らのユニットの業績は、常に他のユニットの人々によってモニターされており、縦だけではなく横のプレッシャーも働くような仕組みになっている。パフォーマンス・リーグと呼ばれる、毎年もっとも業績のよかったユニットを表彰する制度も設けられている。

### ●トップのビジョンの浸透による統合

　CEOのバーネビック（現在は退任）は、マトリックス組織やABACUS情報システムといったハード面での統合にとどまらず、非常に強いビジョンを全社に浸透させることを通じて統合を図った。彼は、対内的な宣伝としては、1年のうちの200日以上は海外各拠点を飛び回り、対外的な宣伝は、マスコミを通じて行った。

　企業買収をするうえでも、まず被買収企業とABBとの文化の融合を最優先して行う。通常は、技術面の目的が最優先されがちだが、そうではない。優秀な人をいかに残し、変革していくかが課題とされる。バ

ーネビックの言葉を借りると、「使い方がわからないうちは高価なおもちゃ（技術）は与えない。共通のルール（文化）を理解してはじめて与える」のである。

バートレットとゴシャールが提起したトランスナショナル・モデルでは、どこのユニットも重要な戦略的地位を有しており、しかも差別化された能力を持っている。本国会社は、必ずしも強大な機能を持つ必要はない。こうしたいわゆるグローバル・ネットワーク型組織が理想的な姿であると主張している。

つまり、世界規模の効率、各国対応を可能にする柔軟性、世界規模の学習の3要件のどれかを満たせばよいのではなく、すべてを満たす必要がある。

実際には、これはなかなか難しい。たいていの企業は、効率性を重視すると各国対応はおろそかになる。日本企業の多くは、こうして本社集中型になって、各国対応は必ずしも十分とはいえない。逆に欧州企業は、各国ごとにきめ細かな対応をする企業が多い反面、世界的な効率性の観点からはやや劣っている。すなわち、両者にはトレード・オフの関係があって、どちらかを重視すればもう片方がおろそかになっていた。ましてや世界規模の学習はきわめて難しい。

ABBの場合はどうだろうか。まず、世界規模の効率という観点では、小さな本社、ABACUSシステム、ビジョンを統一することによって、官僚的なコントロールを最小限にしている。さらに、7割ルールに象徴されるように、スピードを重視している。とりわけ、競争入札に際しての対応の速さで、これが効いている。さらに、プロフィットセンターが平均50人、カンパニーが平均200人で、ほとんど地元企業で、しかも権限委譲されているので柔軟性がある。そして、地球上どこかで行われた企業活動についてはノウハウとして蓄積され、フォーマルあるいはインフォーマルな形で、そのノウハウを共有するようなフォーラムなどといった学習機会がある。

24万人を擁しながら、本社スタッフはわずか200人足らずである。関係性を促進することに焦点を絞っている。分散しているメリットを最大限活かしつつ統合していくことを念頭に置いているため、本社の役割は、部門間リンケージの促進に尽きる。小さい本社、即、弱い本社

ではない。

　本社機能選択の判断材料として、ここで提起すべき問題点は、次下の5つの点である。

　第1はスリム化によって、はたして価値破壊が回避されるか。ABBはスリム化によって価値創造を実現したわけだが、中にはかえって価値破壊につながってしまうケースもある。3Mのように、コーポレート・スタッフによる支援機能が強い会社が、ABBの真似をして本社のサイズ縮小にやみくもに邁進してしまうと、せっかくの自社の強みを損なってしまうことになる。リンケージタイプについては、本社は必ずしも大きくなくてもよいが、それ以外のタイプについては、ある程度の規模は必要である。

　第2にリンケージが可能で、それによって価値創造の効果が望めるかどうか。中にはリンケージを促進することによって事態が悪化するケースもあろう。

　第3に価値創造のためのコーポレート・タスクに優先順位があるか。

　第4に価値創造のために必要・不要なスタッフが明らかであるか。

　第5に本社と事業部の役割が同一方向に向かっているか。

　ABBには、それなりの戦略的な本社機能があった。それは、24万人の従業員、5000というプロフィットセンター、1300というカンパニー、しかも買収によって組織の伝統も文化も成り立ちもすべて違うような会社を取り込んでまとめていくことが使命であった。したがって、ABBにとっての戦略的な本社機能というのは、いかに戦略的に統合していくかということにプライオリティーがあった。だからこそ、スリム化し、小さな本社を実現したのである。

　しかし、各企業には各社に応じた戦略的な本社機能があるはずである。たとえば、3MはABBとはまったく違うアプローチをとっている。日本企業も、おそらくまったく違ったアプローチをとっているだろう。何が自社にとっての戦略的な本社機能かを十分に考えたうえで、スリム化を推進するなどといった取り組みを行うようにしないと、大変なことになる。

## 2.組織プロセスの変化

　従来型企業においては、伝統的な階層構造の範囲でしか、情報提供、問題解決、実務実行等は期待されていなかった。ABBでは、若手の有能な人材に活躍の場を与えることによって、進んで積極的に挑戦するアントルプルナー的な問題提起を積極的に行うように変貌した。中間管理職は、これまでは上から下へ、下から上へ情報伝達をしているだけだったのが、世界中のカンパニーとの情報交換を行うようになった（垂直的情報ブローカーから水平的情報・知識ブローカーへ）。ゼネラルマネジャー以上の経営者も、これまでは環境に適応した戦略や組織の規定を司っていればよかったのが、そうではなくて積極的なビジョナリー・リーダーシップをとって組織統合を図ることが求められるようになった。

　ABBにおいては、経営者の主要な役割は、目標・ビジョンをフロントラインに浸透させることを通じて、統合を図ることであり、まさに教育者であることが求められている（Human Engineering）。ミドルマネジャーについては、マトリックス組織を採用していることから、どのコミティーにもBAと地域の代表が入ってくる。どのマネジャーもBA・地域いずれかの代表として出席しているが、同時に、もう片方への報告義務も負っている。

　このように、最初から矛盾を内在しており、異質融合を目指した作業が行われている。そうした作業の積み重ねがネットワーク上に広がっていき、相互理解の促進に貢献する。フロントラインがもっとも大変である。というのは、常に二人のボスを持っているうえ、マトリックス構造の場合、内部で必然的に発生するテンション・しわ寄せは下に来る。しかもこの下はプロフィットセンターであるカンパニーで、マトリックス構造ではない。

　では、なぜフロントラインのマネジャーはこのような激務に耐えていられるのか。ABBセルフセレクションと彼らは呼んでいるが、ABBののれんや哲学に賛同して集まった人が多いことがある。したがって、こういった苦難は承知で入ってくるのである。

　すなわち、ABBのトップマネジメントは、戦略的統合が本社の役割であることを明確に認識している。したがって、あらゆる手段を使っ

て統合していこうとしているので、考え方や哲学が伝わりやすく、末端に至るまで共有できる。また、若手も能力に応じ積極的に起用し、破格人事を続々断行する。なぜこれが可能かというと、ABBはフラット組織で3段階しかないので、さして摩擦・矛盾が起きない側面もある。そして、現状を変えていこうという意欲のある人を激励する。

　変革はまずはメンタリティーから始まる典型例であろう。通常、組織の変革をする際には、マトリックスにするとか持株会社制を導入するとか、構造論・制度論から入ることが多い。たとえば、米国でマトリックス制が普及したころに、欧州においてもコンサルティング会社を中心に導入の動きがあった。しかし、米国と欧州とでは人々の行動様式やその背後にある物事の考え方がまったく違ったため、結局、うまくいかなかった。

　その反省に立って、1980年代に欧州ではマトリックス組織を再導入しようという動きが起こった。その際に、メンタリティーを変えることによって、人々の行動様式を変えていこうとした。それによって、やがては組織構造も変わっていくのではないだろうか。こうすることによって、組織変革を先行させるときに発生する認知的、次いで政治的、さらには制度的障壁を回避することができよう。

　ただしABBの事業範囲は欧州中心であり、アジアではより困難な状況にある。この背景には、買収やマトリックスに対する認識の違いがかなり影響していると思われる。また、アジア諸国においては、ABBのブランドイメージがないことも災いしている。

　とくに中国においては、「二君を持たず」という思想があるためかもしれないが、なかなかマトリックスという概念が理解されない。

　日本におけるABBの子会社としては、ガデリウス商会がある。同社は1907年にスウェーデン系会社として創立され、日本的なアットホームな社風の会社であった。

　しかし、1990年にABBに買収された当初は、一転殺伐とした雰囲気に変わったといわれている。ABACUSにより短期的プレッシャーにさらされるようになり、公用語が日本語・スウェーデン語から英語になった。従来、同社と良好な取引関係にあった会社との関係をも阻害したとの指摘もある（矢作1997）。

　このようにグローバル優良企業の代表格として経営学の授業に頻繁に登場したABBであるが、2000年を境に成長が止まり、2001年には巨額の赤字を出した。1988年以降次々と企業買収を進め、部門間重複が目立ち、景気後退と重なり業績悪化に至ったとみられる。しかしバーネビックが推し進めたグローバル・マトリックス構造の維持には相当の費用がかかることは言うまでもない。選択と集中と組織の簡素化、合理化を進め、最近グローバル・マトリックス構造を断念するに至った。またバーネビック前会長の退職金の不透明さも問題となり（後に相当額を返還した）、欧州企業のコーポレート・ガバナンスのありかたについても論議を呼んだ。

　かつてはABBといえば、バートレットとゴシャールのいうトランスナショナル企業にもっとも近い企業と称されていた。しかしこのABBといえども決して簡単にトランスナショナル企業にはなりえないことがよくわかる。トランスナショナル企業なるものはあくまでも理念型であり、現実に存在するわけではないのである。

参考資料：浅川和宏（1999）「ABB社：新たなグローバル多角化企業モデル」『マネジメントトレンド』（Vol.4, No.1, pp.88-97）、Bartlett, C（1993）「ABB継電器事業：グローバル・マトリックスの構築」（HBSケース、翻訳版慶應義塾大学ビジネススクール、浅川和宏監修）、ウィリアム・テイラー（1991）「マルチ・ドメスティック企業論」『ダイヤモンド・ハーバード・ビジネス』（6-7月号 pp.28-45）、矢作恒雄（1997）「ABBジャパン」慶應義塾大学ビジネススクールケース

**本章のポイント**

　本章では、グローバル統合と現地適応という一見相矛盾する圧力を両立しうる多国籍企業モデルとして、1980年代後半に提示されたトランスナショナル・モデルの特徴を整理し、その他の類似した概念とあわせて紹介した。そのうえでトランスナショナル経営についてその後出された多くの批判点としてトランスナショナル経営の限界を整理した。つまり、トランスナショナルモデルとは、唯一の理想モデルではなく、各企業の置かれた各々の環境にふさわしいモデルを採用すべき点。このモデルはそもそも実在しない理想型にすぎない点。そしてこのような理想型を仮に目指した場合、そこに至るプロセスが明らかに

されていない点である。そのうえで、トランスナショナルへの道のり
を示そうと試みたいくつかの研究を紹介した。最後にトランスナショ
ナル論の後、もっとも新しい概念であるメタナショナル企業について
要約し、いくつかの具体例を示した。

---

本文注

1　集権化（centralization）とは、重要な意思決定が本部（中央）に集中して行われる統治メカ
　　ニズムを意味する。公式化（formalization）とは、意思決定が公式ルール、規則に基づいた
　　官僚的メカニズムによりルーティーン化され行われるものである。社会化（socialization）は、
　　組織構成員の非公式レベルの交流により組織の価値観、理念を共有させる規範的統合メカニ
　　ズム（normative integration）を指す（Nohria and Ghoshal 1997）。
2　一例を挙げれば、1993年には世界の薄板ディスプレイ（flat panel display）生産の9割以上が日
　　本で行われていたのに対し、10年後の2003年時点では日本のシェアは2割程度まで落ち込み、
　　韓国、台湾に抜かれてしまった（Murtha, Lenway and Hart 2001）。

第 II 部

# グローバル経営の
# 革新

第 *8* 章

# グローバル・イノベーションと
# ナレッジ・マネジメント

# *1* グローバル規模での
# イノベーション

　なぜある企業はイノベーションをグローバル規模で展開するのか。ひとつには、世界中から多様なアイデアや経営資源を獲得し、イノベーションのベースを強化したいといった、いわばサプライ要因がある。また他方では、世界各地に広がる現地市場のニーズに応えるために各ファンクション（R&Dや生産等）の活動をも現地化するというディマンド要因がある。

　サプライ要因に関しても、事前にどこに何（どんなリソースや機会といったイノベーションの源泉）があるかがわかっている場合と、そうでない場合とがある。前者の場合には、配置と調整を計画的に行えばよいのに対し、後者の場合には、配置以前にイノベーションの源泉を広範囲に探索（サーチ）しなければならない。

　探索（サーチ）も、どこに何があるか、どの国はどんなものが強いか、といった一般的知識をもとに、ある程度計画的に行うことができる場合も多い。しかし、そのようなパターンのみをよりどころにしていると、ステレオタイプビュー特有の落とし穴にはまることがある。なぜなら、重要なイノベーションの源泉ほど、通常予期せぬ場所にあるが、それを迅速かつ的確に認知することを阻害するものこそ、そのステレオタイプビューに他ならないからである。また、その場に行ってみなければ価値あるイノベーションの源泉は発掘できないかもしれない。世界中のイノベーションの掘り出し物をいかに発掘するかが、グローバル・イノベーションの大きな挑戦である。

# 1. イノベーションの定義・類型

イノベーションとは、新たなナレッジを駆使して新製品やサービスを顧客に提供する行為であり、発明と商業化を含めた概念であるという（Freeman 1982; Afuah 1998）。単に新たなナレッジを創造するのみでは不十分で、それをうまく活用して成果をあげてこそイノベーションなのである。

# 2. グローバル・イノベーションの定義・類型

グローバル・イノベーションとは、文字通りグローバル規模で行うイノベーションを意味する。ひとつの国の中だけで新たな科学技術の発明から製品化や商業化まで行うのではなく、それらのいずれか（あるいはすべて）の活動を国際化することである。

実際には、グローバル規模のイノベーションにはさまざまなパターンがある。上流の科学技術の発明や研究開発の部分は自国で行い、製品化、商業化の部分を国際展開することもある。また、上流の部分からすでに国際展開し、世界市場に製品を投入する場合もある。

バートレットとゴシャール、そして後にノーリアとゴシャールは、多国籍企業におけるイノベーションのプロセスを次の4つに類型化した。①センター・フォー・グローバル、②ローカル・フォー・ローカル、③ローカル・フォー・グローバル、④グローバル・フォー・グローバル（Bartlett and Ghoshal 1989 ; Nohria and Ghoshal 1997）。

まず、最初のセンター・フォー・グローバル型においては、イノベーションを察知するのは常に本社であり、そのチャンスに対応するのも本社である。ここにおいては、主要なリソースや能力はすべて本社に集中しており、海外子会社はもっぱら本社に資源を依存している。本社と海外子会社の間では、コミュニケーションはきわめて密である。

ローカル・フォー・ローカル型においては、イノベーションの潜在的チャンスは海外子会社によって感知され、そのチャンスへの対応も現地子会社によって行われる。さらには、具体的実施まで現地まかせである。ここにおいては、重要なリソースや能力は海外子会社に分散されており、海外子会社は資源を本社に対してあまり依存することもない。したがって、海

外子会社内におけるコミュニケーションは緊密であるが、対本社とのコミュニケーションはさほど頻繁ではない。

　ローカル・フォー・グローバル型においては、イノベーションの潜在的価値は海外の子会社によって感知され、それに対する対応はまず海外の子会社（場合によっては、中央からの支援もある）によって行われる。それに対し、イノベーションの実行段階においては、当初は国のユニットによってなされるが、その後社内の世界中の部署によってなされる。主要なリソースや知識は海外子会社に分散される。海外子会社は本社に対しては高い自律性を有するが、他の海外子会社間における相互依存性は高い。ここにおいては、海外子会社内および海外子会社間のコミュニケーションはきわめて密度が高い。

　最後に、グローバル・フォー・グローバル型においては、イノベーションの潜在的価値は本社、支社のいかんにかかわらずあらゆるところで感知され、それに対する素早い対応がなされ、実行に移される。このモデルにおいては、主要なリソースないし知識は、世界中に分散され、しかも専門化され、ネットワーク上の各ユニットは、本社であれ海外子会社であれ、お互いに依存している。そしてコミュニケーションは、海外子会社内においても海外子会社間においても、さらに海外子会社と本社との間においてもきわめて密度が高い。


## 3. 多国籍企業戦略との関係

　こうしたグローバル・イノベーションのパターンは、その企業の戦略と密接に結びついている。第6章でも紹介したように、多国籍企業の戦略には、グローバル、インターナショナル、マルチナショナル、そしてトランスナショナル戦略があった（Bartlett and Ghoshal 1989）。本章で紹介しているグローバル・イノベーション戦略は、それらと通常一貫性を持っている。なぜなら、各企業とも、全社的戦略に基づいてイノベーション戦略を策定しているからである。

　**①センター・フォー・グローバル型イノベーション**　　グローバル戦略をとる企業においてもっとも一般的である。なぜなら、グローバ

ル戦略を採用する企業は通常自国の優位性を最大限に活かした国際展開をし、イノベーションに関しても、自国（つまりここではセンター）で創造したナレッジや能力を海外に移転して応用するからである。その際、センターで開発したナレッジ・能力は全世界的に通用する（つまり全世界を単一の市場とする考え方）と見なし、現地適応は極力避ける。

**②ローカル・フォー・ローカル型イノベーション**　マルチナショナル（またはマルチドメスティックとも呼ばれる）戦略をとる企業に一般的である。ここでは、現地市場適応型製品開発を現地リソースの活用により行う。他国の市場との相互依存関係がないため、現地市場向けのための現地調達イノベーションが行われる。

**③ローカル・フォー・グローバル型イノベーション**　現地でのイノベーションをグローバル規模で活用するといったモデルである。このモデルは、バートレットとゴシャールのインターナショナル・モデルに一見似ているように見えるが、実は以下の点において大きく異なる。それは、インターナショナル・モデルの場合、センターたる本社からローカルユニットである海外子会社へナレッジや能力が遠心的に流れることを前提としており、海外現地から本社へのナレッジの求心的フローは想定していない点である。

その意味で、このローカル・フォー・グローバル型イノベーションは、むしろトランスナショナル・モデルへの第一歩として位置づけられる。なぜなら、トランスナショナル企業は、各ユニット（子会社等の）がそれぞれ差別化された能力、資源をもって多国籍企業全体へ貢献する企業モデルだからである。

**④グローバル・フォー・グローバル型イノベーション**　トランスナショナル企業の想定するグローバル・イノベーションのありかたを表している。これは上のローカル・フォー・グローバル型イノベーションがあらゆる海外子会社発で起こっているタイプである。すべての多国籍企業内ユニットが、それぞれ差別化された形で、他の全ユニットに対し貢献するような組織は実際にはほとんど見出せないが、理念型として理解できる。

## 4. コー・ロケーションとその限界

　企業は通常、製品開発を本国もしくはその他の一定地域に集中し、コー・ロケーション（co-location）戦略（そこで開発された製品を製造し、国内外の市場に販売するパターン）をとることが多い。本国の相対的優位性もしくは、その他地域のイノベーションの集積効果をベースに、開発・生産拠点を集中することによる規模の経済性を追求する。

　しかしながら、こうした開発・生産のコー・ロケーション戦略は必ずしもその有効性が認められるとは限らない。仮に自国において強大なリソースが存在するからといって、世界規模で戦うためには自国のリソースのみでは十分であるとはいえない。

　米国の日用品メーカー、プロクター・アンド・ギャンブル（P&G）は国内における強大なマーケットリサーチ能力およびブランドマネジメントシステムをもってしても、1980年代当初日本に進出した際、日本の消費者にすんなりと受け入れられたわけではなかった。その後10年以上を費やし、日本の消費者から多くを学び、それを世界ブランド構築に活用していったのである。

## 5. 国際製品開発

　製品開発をスピーディーかつ革新的に行うことは、容易なことではない。他社より優れた製品をいち早く市場に投入することが企業の競争優位の源泉であることは、言うまでもない。しかしながら、多くの業界においてそのような新製品開発競争はすでに過熱化し、各社とも精一杯な状況である。たとえ一社が新しいアイデアを商品化に結びつけ大成功をおさめたとしても、そうしたアイデアはたちどころに競合他社に模倣されてしまう場合が多い。価格面でもすでにローコスト対策は各社とも相当進み、なかなかこれ以上のコスト削減による低価格商品の実現は困難な状況にある。

　いったいこのような状況を打破する糸口はあるのだろうか。イノベーションの範囲を国内から世界へと広げることにより、その打開策が見出せるかもしれない。アイデアの源泉を国内のみに求めるのではなく、世界中に点在する諸々の資源の有効活用を最優先に考えることにより、そうした閉

塞感の打破につながるかもしれない。

　またグローバル規模のイノベーションはその他にもいくつかの効果をもたらすと考えられる。第1に、自国に強い産業競争力の伴わない企業にとっても世界規模でのイノベーションを通じて自国の産業力の弱さを補うことができる。また第2に、たとえ自国がその強い産業基盤をもっていても国内における自社の相対的競争力が低い場合、グローバル規模なイノベーションを通じて世界市場での優位性を築くことに成功する場合もある。

## 6. 国際共同開発のチャレンジ例

　ハーバードビジネススクールに、国際的な製品開発プロセスにおける興味深い論点を提供してくれるケースがある（Leonard-Barton 1993）。それを題材に国際共同開発の難しさを見てみよう。ヒューレット・パッカードは、そのプリンター事業部門において、世界の約半分のマーケットシェアを維持していたが、1990年代初頭に至るまで同事業において日本市場には進出していなかった。日本をはじめとするアジア太平洋地域の将来性を高く評価し、同社はその生産拠点であったシンガポールの戦略的役割を強化した。

　当初は、単なる部品の組み立て作業に徹していたシンガポールは、1980年代の終わりにバンクーバー（プリンター事業本部）との間で、インクジェットプリンターの共同開発プロジェクトの提案が浮上したが、新たなインクジェットプリンターを米国とシンガポールの2カ所で共同作業を通じ、低価格でしかも1年半以内というきわめて短期間で開発するというとてつもない野心的な目標の前に挫折せざるを得なかった。その後シンガポールが日本向けに手がけた製品はサイズが大きく、はがき印刷機能すらなく、日本国内のキヤノン、エプソンにはとうていかなわないものであった。しかしその直後にバンクーバーが北米向けに開発したインクジェットプリンターにははがき印刷機能が備わっており、何よりもカラー機能が加わっていた。

　シンガポールはその実力の差を痛感したが、そうした社内における当惑を乗り越え、即座にバンクーバーで開発された北米向け新プリンターの技術を導入し、日本語プリンターとして日本向けに改良・製造し、販売した。その結果、日本市場ではインクジェットプリンターが大成功であった。

　市場戦略的に見れば、ターゲット市場である日本の消費者に対する付加

価値商品としてのはがき印刷機能つきカラープリンターをいち早く市場に投入するために、バンクーバーから手持ちのテクノロジーをすべて導入し、現地で改良していったことは、正しい判断であった。つまり、地球上どこかの市場で通用する商品を迅速に導入するためには、企業内のあらゆるところに点在するリソースを最大限動員し、製品開発に充てることが望ましいとされるからである。またそうすることがグローバル企業のメリットでもあり存在意義ともいえる。

　しかしながら、国際共同開発という面においては後退であった。なぜならば、いったんはバンクーバーとシンガポールの間で対等な関係で共同開発を行う予定であったにもかかわらず、結局はバンクーバーの開発したテクノロジーをすべて導入し、日本語化を経て、日本市場に導入するだけになってしまったからである。

# 2 グローバル企業における ナレッジ・マネジメント

## 1. ナレッジ・マネジメントの時代

　ここでナレッジ（知識）の定義をしておこう。

　ナレッジの概念は、「正当化された真なる信念」（Nonaka 1994）という定義に準じる。知識創造の観点から、ナレッジは「真実への願望の一部としての個人の信条を正当化するダイナミックな人間のプロセス」である。野中によれば、「情報はメッセージの流れであるのに対し、知識とはその情報の流れによって創造されるものである」。Kogut and Zander（1992）もまたナレッジを情報とノウハウに分類した。情報とは移転してもその主たる内容が損なわれずに伝わるもので、真実や命題といったものが含まれる。それに対し、ノウハウとは物事をよりスムーズに効率的になしうる実践的スキルや専門性のことを指す（von Hippel 1988）。コグートとザンダーによれば、情報は何を意味するか（what）というものであるのに対し、ノウハウとは物事をいかに進めるか（how）に関するものである。

## 2. 多国籍企業の存在意義としてのナレッジ移転
## （コグートとザンダー）

　このように多面的なナレッジのうちで、競争優位の源泉としてとくに注目を集めているのが暗黙知である。なぜなら、だれからも簡単に理解され移転しやすい形式知と異なり、暗黙知はある特定のローカル・コンテキスト（文脈）に強く埋め込まれており、その価値はそのコンテキストとは密接不可分の場合が多いからである。しばしば文脈知（contextual knowledge）とも呼ばれるゆえんである。特定の文脈に粘着性（sticki-ness）が高く、なかなか別の文脈に移転は難しい。

　そのような特定の場に強く埋め込まれている文脈知、暗黙知は、遠方からのアクセスは困難とされる。地元のインサイダーでなければなかなかそのナレッジの所在も入手方法もわからないからである。ましてや、そのようなナレッジの遠距離移転は困難とされる。現地特有のノウハウ等は、肝心な部分のニュアンスが遠距離移転の際に蒸発してしまう恐れが大きいからである。しかし、そうしたナレッジを遠距離で移転できたら、競争優位性を発揮するだろう。

　多国籍企業の最大の強みは、そうした世界各地に分散する暗黙知、文脈知を現地ネットワークを駆使してアクセスし、国境を越えて移転、共有することとされる（Kogut and Zander 1993）。しかし、そうした多国籍企業の強みを発揮するには、数々の経営管理上のジレンマに対処しなければならない。

　グローバル・ナレッジ・マネジメントにおける経営管理上のジレンマとは何か。第1に、現地に根ざしたイノベーションを社内に取り入れるには、現地に対する高いオートノミー（自律性）を付与しなければならないが、あまりに過度のオートノミーは、現地間の差別化を促し、調整コストを上げる。

　第2に、社内における暗黙知を維持しつつ、いかに海外現地特有の暗黙知を取り込むか。現地特有の暗黙知を取り込むには、現地の状況を深く理解した現地国籍のスタッフがより効果的ではあるが、そのような人材がウエートを増すほど、社内の一貫性が不統一となる。そしてナレッジの社内他ユニットへの移転の際に大きな障害となる。

## 3. 国際的ナレッジ移転・変換のメカニズム

　国際的ナレッジ移転のメカニズムとしてどのようなものが適当であろうか。それを論じる際には、以下の点について議論をしておく必要がある。すなわち、何を移転するか。いかに移転するか。どこへ移転するか。だれによって移転されるか、ということである。

　第1に、何を移転するかという問題であるが、そこではナレッジのタイプと構造が重要となる。ナレッジのタイプに関しては、暗黙知としてのノウハウと形式知としての情報という区分がある（Kogut and Zander 1992）。ナレッジの構造に関しては、あるものはメンバーにしか公開されていない閉鎖的・排他的なものであるのに対し、その他のものはきわめてオープンで何人によってもアクセス可能なものである。

　第2の要素は、ナレッジをいかに移転するかという点である。プロセス移転とは送り手と受け手の間の相互交流によって、移転される場合であるのに対し、コンテント移転とは、送り手と受け手の間に相互交流がないままに移転しうる形式知化されたものである。前者は、よりインフォーマルな交流によって起こるのに対し、後者は、よりフォーマルな文書化された形で起こる。

　次の要素は、どこでナレッジが結合されるかである。ナレッジの結合の場所をしっかり定めることは、ナレッジ移転を成功させるきわめて重要なファクターである。

　最初のやり方は、ナレッジを送り手側で変換する場合である。すなわち、送り手サイドで、暗黙知を形式知化し、高度化された情報という形で他国へ送る場合に相当する。これに対し、第2の方法は、ナレッジを受け手側で変換するやり方である。このやり方は、ナレッジ保有者がナレッジを活用する場所へ出向き、そこで形式知化する場合である。

　また、第3の方法として、ナレッジを送り手と受け手の中間地点で変換する場合である。このやり方によれば、送り手側と受け手側の双方が完全に中立な立場で第3の拠点に集い、そこで相互交流をしながらナレッジを伝授するパターンである。

　次の論点は、だれがナレッジを移転するのか、すなわち大部分の人によってナレッジが共有されるのか、あるいは一部のナレッジ・ブローカーな

いしゲートキーパーと呼ばれるキーパーソンによって、送り手から受け手にナレッジが伝授されるのか。後者のナレッジ・ブローカー・アプローチという場合は、双方の大多数の人々は互いに交流することがないのに対し、一部の限られた人々によってそのナレッジが送り手から受け手へと引き渡される。受け手側は、その文脈にあった形に翻訳したうえで活用する場合である。それに対し、前者の社会化アプローチにおいては、送り手側、受け手側の各構成員の大多数が相互に交わることにより、ナレッジが伝授される場合である。

このようなさまざまな移転の方法を、どのような基準で選ぶのか。

第1の基準は、ナレッジのタイプによるということである。もし、送り手が受け手に対し、形式知化された情報を送ろうとするのであれば、移転メカニズムについてさほど問題にすることはない。しかしながら、送り手が受け手へ暗黙知を送ろうとする場合、この問題はきわめて重要な課題となる。

第2の基準は、ナレッジの確保と変換のトレードオフに関してである。ナレッジのタイプが非常に現地特有で、粘着型（sticky）である場合、そのナレッジを吸収し、確保するに当たっては、現地スタッフに一任することは自然の方法である。しかしながら、そうした現地のスタッフは、社内他部門に在籍し、同じ文化を共有しない人々への移転がきわめて困難に感じるであろう。その反対に、本社派遣の駐在員は、国境を越えたナレッジの移転には比較的困難さを感じないであろうが、一方、彼らにとって現地特有のナレッジをいかに吸収するかが大きな課題となろう。

一例を挙げれば、日本企業がフランスにおける高度に洗練された香水に関するノウハウを吸収しようとした場合、地元のフランス人にまかせたほうが現地特有のノウハウの吸収という面に関しては、より効果的かつ効率的であろう。しかし、現地のフランス人スタッフは、そこで獲得したノウハウを日本の親会社に伝達する際に、大きな困難に直面するであろう。それは、香水に対する考え方や感じ方に、日本人とフランス人では大きな隔たりがあるからである。

このようなナレッジの移転には、知の変換が必要となるが、それに要する時間は膨大なものである。

第3の基準は、そのナレッジの潜在的ユーザーがどこにいるかによっても

規定される。ナレッジは、それが潜在的にどこで使用されるかによって、そこにふさわしい形で変換される必要があるからである。

　もし、そのナレッジの潜在的ユーザーが送り手と同じ社会文化的環境にいるならば、それはあえて変換される必要はないだろう。もし、欧州のデザインセンターが欧州市場向けに自動車を開発しているのであれば、欧州人による感覚を最大限活かし、欧州向けの自動車の開発へとそのノウハウを最大限活かしていけばいい。このタイプはよくローカル・フォー・ローカル型イノベーションと呼ばれるタイプである。

　その一方で、もし、ナレッジの潜在的ユーザーがその保有者と地理的・文化的にきわめて遠い関係にあるならば、暗黙知の部分がある程度標準化される必要が生じる。

# 3 ナレッジ・マネジメント・サイクル論

## 1. ナレッジ・マネジメントにおけるサイクル

　多国籍企業が知識（ナレッジ）をグローバル規模で移転・共有するのにもっとも効果的なメカニズムは何であろうか。我々の研究によれば、知識マネジメントのプロセスにおいて、3つの主要な要素が明らかになった。それらは、アクセス・融合・活用といった段階である。これらをさらに、分割し、7つの異なった段階として表したものが7Aモデルである。[1]

　知識のアクセスには、重要な知識を予知し、理解し、獲得するという作業が含まれる。ここにおいては、企業自体がまだどのような知識をどこでアクセスするかということについて知らないことが多い。そこで、広範囲にわたる非公式なインタラクションが重要になってくる。

　獲得した知識の融合は、まさに新たな知識と既存の知識とを結合することにより、企業の優位性を導き出すことである。ここにおいては、社内におけるインタラクションが重要となる。

　そしてその知識の活用こそ、ナレッジ・マネジメントの最終目的である

が、そのためには新たな知識を社内の知識ベースにして蓄積し、関係セクションが自由に活用できる体制を整えておく必要がある。

## 2. 7Aモデル

7Aとは、Anticipation（予知）、Awareness（認知）、Access（獲得）、Appropriation（専有）、Assimilation（吸収）、Accumulation（蓄積）、Allocation（分配）のことである。以下に簡単にそのダイナミックスを説明する。

知識を能力（capabilities）に関するものと市場（market）に関するものに大別すると、7Aの流れは、その両方の場合に適用される。

まずはじめに、能力に関する7Aを見てみよう。

①Anticipation（予知）: 将来我が社にとって重要な知識・能力の温床を予知する。

②Awareness（認知）: 重要な知識・ノウハウのクラスターは今日世界のどこに所在するかを認知する。

③Access（獲得）: そのクラスターに宿る重要な知識・ノウハウを入手する。

④Appropriation（専有）: 入手した知識・ノウハウを自社専有のものとして社内で移転しつつ他社への流出を阻止する。

⑤Assimilation（吸収）: 入手した知識・ノウハウを社内における既存の能

図8-1 ≫ **ナレッジ・マネジメント・サイクル：7Aフレームワーク**

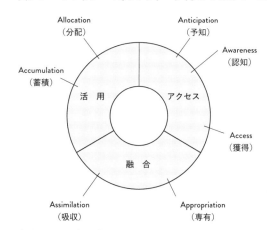

出所：Doz et al.（1997）

力・技能ベースへと統合する。

⑥Accumulation（蓄積）: そのように統合された知識・ノウハウを社内に蓄積し、自社の能力向上に寄与する。

⑦Allocation（分配）: 社内に蓄積された知識・ノウハウを実際に活用するために社内各セクションに分配する。

同様に、市場に関する7Aを見てみよう。

①Anticipation（予知）: 将来の有力な市場の所在およびそのニーズを予知する。

②Awareness（認知）: 世界各国の市場におけるニーズの違いを把握する。

③Access（獲得）: 世界各国の市場への参入の難易度、競合他社による参入障壁、現地市場の規制などに対応する。

④Appropriation（専有）: 他社が気づかないことを世界の市場から迅速に学び取り、それを自社独自のものとする。

⑤Assimilation（吸収）: 市場に関する知識・ノウハウを自社における既存の知識・技能ベースへと統合する。

⑥Accumulation（蓄積）: 社内既存の知識・ノウハウと新規獲得のそれを組み合わせて社内に蓄積することにより、自社能力を最大化する。

⑦Allocation（分配）: ひとつの市場についての知識・ノウハウを他の市場に応用したり、複数の市場に関する学習を同時に行うことにより、各セクションに、市場に関する知識・ノウハウを適切に配分し、身近なものとして活用してもらう。

以上の7Aを表したのが図8-1である。

## 資生堂の香水ビジネス

　資生堂は、スキンケアおよび化粧品ビジネスにおいては国内の圧倒的シェアを誇り、海外展開も順調に行われた。今やその成功により、化粧品部門においてロレアル、ユニリーバ、プロクター・アンド・ギャンブルに続き、世界4番目の化粧品サプライヤーとなった。その成長の背景には、国内市場における圧倒的強さがあった。

　それに対して、香水部門におけるプレゼンスは、メイクアップやスキンケアに比べ、大きく立ち後れることとなった。その大きな理由は、日本国内における香水ビジネスが未成熟であり、そのことが国内に主な市場を持つ同社にとって大きなマイナス要因となった。福原義春名誉会長のイニシアティブのもと、ビジネスの急速な国際化を目指した。

　香水ビジネスもまた例外ではない。香水ビジネスを国際化することは世界の主要化粧品メーカーの仲間入りをするためには必須のことと理解された。とくに欧州においては香水ビジネスの全化粧品市場に占める割合は、4割程度にも達している。香水ビジネスを世界で展開し、認知を得ることが世界の一流化粧品会社としての証しとなる。とりわけフランスにおいては、化粧品市場に占める香水の割合が6割近くに達しているというから、フランスは香水ビジネスの中心であることは間違いない。

　しかしながら、資生堂の母国である日本は、香水ビジネスにおいてはまったくの後進国といわざるを得ない。事実、日本の全化粧品市場に占める香水の割合は3％にも満たない。歴史的にも香をたくという伝統は、古くから日本文化の中に存在してはいるものの、香りを金で買い身につけるという習慣は欧米に比べまだまだ未成熟であることは、言うまでもない。このようないわゆる香水後進国といわれる日本に文化的基盤をおく資生堂がはたして世界の主要香水メーカーに対抗できるような製品を開発し、市場に投入しうるのだろうか。

　かつて1960年代に資生堂が「禅」や「むらさき」を米国に投入した際、その主な強調点は、日本的なエキゾティックな特徴であった。売り上げは思わしくなく、自国における経験ないし能力を伴わない段階

での世界進出がいかに難しいかを露呈した。

　実際、香水はきわめて暗黙知を伴うビジネスであり、調香は科学的知識・技術を大きく超える感性的・芸術的要素が多く伴う営みである。あるフランス人の調香師がフランスで自ら配合した香りを日本に持ってきて吟味したところ、自らの香りにフランスでは大満足であったにもかかわらず、日本では満足のいくものではなかったという。フランスと日本における湿度の差、気温の差、さらには文化・習慣の差が強くその嗜好に影響を及ぼしているにちがいない。

　フランス人の調香師は、「もし資生堂が真に香水ビジネスについて我々から学びたいならば、フランスに来てフランス人の専門家と交わり、現地でしかわからない数多くの暗黙知的ノウハウを吸収していかなければならない」と進言した。

　1990年に資生堂はパリに香水製品の開発とセールスを専門に扱うBPI社を設立した。そして92年にはデザイナーブランドであるローディッセイが上梓され、さらには翌93年にジャンポール・ゴルチエが投入された。これらの製品は資生堂の名前をいっさい表示せず、セールスもいっさいBPI社が担当している。これらの製品分は、いわゆるアウトオブ資生堂ライン（OSL）と呼ばれ、フランスのジアン工場で製造されている。BPI社は、資生堂の100％子会社ではあるが、そのマネジメントに関してはかなり多くの自由度を与えられている。

　もうひとつのラインとして資生堂ライン（SL）があるが、ここには資生堂ブランドが属する。資生堂ブランドとして最初に開発されたハイエンド香水には、92年にジアン工場で製造されたフェミニテデュボアがある。

　BPI社が設立されたのは1990年だが、その際にもっとも重要になったことは、香水ビジネスの専門家であるフランス人を所長に採用することであった。87年、運よく、イブ・サンローランの香水部門のマーケティング担当VPとして活躍し、「オピウム」で成功をおさめたシャンタル・ロスをディレクターとして採用することができた。

　彼女のクリエイティブマーケティングにおけるその卓越した才能は、資生堂の香水マーケティングの脆弱さを克服するに十分なものとなった。資生堂は、彼女の有する広範な人脈および彼女自身の能力・経験

を十分に発揮できるように、BPIの運営に関しては彼女に全権を委ねることとなった。

　たとえばローディッセイの開発の場合、その基盤となるテクノロジーは日本の横浜工場から持ってきたとしても、その他の多くの要素は、フランスを中心とした海外現地での開発活動から生まれている。調香技術は一流フランス人調香師から、コンセプトはパリで活躍する日本人デザイナー三宅一生から、ボトルデザインはフランス人有望デザイナー、クリエイティブマーケティングは一流フランス人マーケティングマネジャーのシャンタル・ロスにより、そして広告等のビジュアル化はニューヨーク在住のアメリカ人写真家により付加価値を得たものである。

　こうした多くのアーティストやマネジャーの才能をオーケストレートし、それを束ねることでさらなる相乗効果を生み出すことのできる強力なリーダーシップを持ったマネジャー、シャンタル・ロスの存在と、彼女と日本企業である資生堂本体との間をつなぎ、ひたすら異文化間の調整をたくみにこなしつづけた日本人マネジャーの役割はきわめて重要といえるだろう。やはり本来困難といわれている国際共同開発の成功の背後には、こうした有能なマネジャーの経営管理努力が潜んでいるのである。これらのマネジメント能力なしには、せっかくの彼らの能力もむだになってしまうばかりである。

　こうして資生堂は、日本における香水文化の未成熟さをその文化的背景としつつも香水のメッカとされるフランスおよび欧州内におけるプレゼンスを高め、さらには北米やアジア地域へと進出し、その成功をおさめていったのである。

参考資料：浅川和宏、イブ・ドーズ（2001）「資生堂フランス1998年」（慶應義塾大学ビジネススクールケース）、英語版はShiseido France 1998（INSEAD Case）

**本 章 の ポ イ ン ト**

　イノベーションは一般的には地域密着性が強く、また各国のイノベーションシステムの影響を強く受けるとされる。グローバル経営的にいえば、企業のイノベーション活動は自国の優位性に依存する場合が多いと考えられてきた。しかし多国籍企業は各国の地域性を活かしつつ、ますます国境を越えたイノベーション活動に従事する傾向にある。本章ではそうしたグローバル・イノベーション活動のパターンを整理したうえで、グローバル規模のナレッジマネジメントのメカニズムとその課題について概説した。

---

本文注

1　筆者らはこの一連のプロセスを「7A」モデルと名づけた（Doz et al. 1997）。

第 9 章

# グローバルR&Dマネジメント

# *1* R&D国際化の論理

本章では、グローバルなR&D（研究開発）を見るときの観点や、フレームワークについて説明する。

## 1. R&D国際化度

企業活動の国際化は通常一定の発展段階を経るという説がある（国際化の発展段階説については第3章参照）。

この見方によれば、R&D（とくにR）は企業の国際化における最終段階に位置づけられる。その理由は、R&Dがその他のファンクションに比べて、よりグローバル規模の経済性のメリットがあり、世界標準化しやすく各国適応の必要性が低いと考えられるからである。もちろん、R&D活動においても、現地適応のニーズは当然あるが、たとえば人事労務、販売、流通やマーケティングといった諸活動と比べるとより標準化度が高いといえる。第6章で紹介したバートレットとゴシャールのI-Rフレームワークでもこのことが明らかにされている（図9-1）。

にもかかわらず、企業はR&Dを国際化している。それはいったいなぜか。まずはじめに、企業のR&D国際化の度合いを見てみよう。

世界の企業のR&D国際化度についてギャスマンらが調査したデータがある。ギャスマンらは、単純に、R&D活動のうち、活動がすべて国外で行われているものの比率をR&D国際化度として計測した。

それによると、R&D国際化度は企業によって相当な開きがある。企業が

図9-1 >> ファンクションごとに異なるI-R上の位置

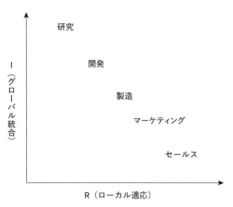

出所：Bartlett and Ghoshal（1989）を基に作成

研究開発を国際化するか、あるいは本国に集中するかは、企業によって非常にばらつきがあることがわかる。企業は、なぜ、研究開発を国際化したり、あるいは国内に集中させるのか。背後にあるロジックを考える必要がある。

## 2. R&D国際化の背景

まずR&D国際化の背景について整理しよう。

第1に、テクノロジーが国際標準化する傍ら、地域特性も存続していること。もちろんR&Dを国際展開するためには、世界各国の技術インフラが整備されていることが必要条件である。また特許による知的所有権の保護といった法的整備なくしてはその国での知的生産活動はできない。もし仮にテクノロジーが完全に国際標準化したなら、研究開発活動が地球上でもっとも強い場所にすべての研究開発拠点を配置し、そこからすべてのグローバル製品を開発していけばよい。いわゆる世界最強のイノベーション・クラスターへの一極集中戦略である。しかし、現状はまだそこまで行っていない。世界標準化しつつあるにもかかわらず、やはり地域特性が強く残っている。そして、それぞれの強みを軸としたイノベーション・クラスターが世界に分散し存在しているのが実態だ。

第2に、知識・コンピタンスが国際的に流動化してきたこと。かつて企業

は本国の優位性をもとにしたイノベーションを行っていたといえる。しかし昨今、本国にある経営資源・リソース・技術・ナレッジだけを活用してグローバルな競争優位を構築するという手法に限界が出てきている。いろいろなテクノロジーの進展などにより、本国の優位性が必ずしも安定的に持続するとは限らない状況になっている。

第3に、マーケットの国際化。嗜好の標準化の傾向が指摘されて久しいが、一方で、嗜好の地域的な分散も進行している。したがって、拠点を1カ所に集中して、研究開発を効率的にやっていくという手法だけでは足りないような状況が出てきている。

第4に、競争のグローバルな展開。ボーダレスな自由競争の一方で、各国による規制もある。たとえば製薬には、臨床開発における現地化が要求される側面もある。

しかし、このような背景のもと、R&Dを国際展開するかしないかを判断するのは各企業である。以下で、R&D国際化の論理および本国集中の論理を概観したい。

## 3. R&D国際化の論理

企業が研究開発を国際化する論理を、一般的にいくつかに整理することができる（Terpstra 1977; Berman and Fisher 1980; Hakanson and Nobel 1993）。

第1に、マーケット志向の論理。これはデマンド・ファクターともいわれる。マーケット・ニーズを反映するような形で現地に研究開発を出すことが必要だということである。現地マーケットへの適応力を高めるためには、研究開発、とくに開発を現地化していく必要がある。

第2に、サプライ志向の論理。これは、研究開発拠点を海外に出して、現地特有の知識・ノウハウを吸収しようという意図である。非常に高度な能力を持った研究者・技術者等、そこへ行かないと得られないような人材にアクセスするということである。また技術者に伴う知識・ノウハウも現地に行かないとなかなか入手できない。

とくに、形式知化が難しく、曖昧さや暗黙知がキーとなるノウハウこそが非常に重要であり、これらを吸収するためには現地に出向いたり、拠点を構築して研究開発を行う必要がある。バイオや製薬のようにハイテク産

業になればなるほど、重要な知識やイノベーションの源泉が社外のネットワークの中に宿っているものなので、現地のサプライヤー・ネットワークへのアクセスがイノベーションを起こすうえでますます重要になる。

本国の中央研究所で研究開発をして現地には臨時的に開発部隊を送るだけでは、現地のネットワークへの参入が難しい。さらに、リード・ユーザーとのインタラクションもイノベーションの主要な源泉といわれている。

したがって、現地におけるサプライヤー・ネットワーク、バイヤー・ネットワーク、ユーザー・ネットワークへのアクセスもR&D国際化のひとつの大きな論理といえる。

第3に、戦略志向の論理。これは、グローバルなコア・コンピタンスを確立しようということである。今まで、企業の競争優位のかなりの部分が国の競争優位とリンクする傾向にあったが、これからは、情報・知識・ノウハウなど地球上に分散している経営資源を、それらがどこにあろうと総動員しながら、企業としてのコンピタンスを確立することが重要になってくる。

第4に、組織志向の論理。これは意外に見落とされがちなことであるが、研究開発を海外に出すことに関しては、海外子会社からのプレッシャーが強く、また、海外子会社のモラール・アップの効果もあることがよく指摘される。たとえば、日本企業が英国やドイツには研究所を出しフランスには出さない場合、フランスのスタッフのモラール・ダウンにつながる。これは日本企業に限られたことではなく、欧州に進出している米国企業が英国・ドイツでは研究開発を継続し、フランス・イタリア・スペインでは削減して、経営上の問題にまで発展したケースもある。また、海外企業を買収したときに、買収された企業の研究所をなかなか切り捨てられないというケースもある。研究所は、被買収企業にとっての誇りであり、それを容易に切り捨てることには組織的に見て問題があるというものである。

第5に、対ホスト国政府の論理。研究開発の国際化には、補助金、節税対策、ローカル・コンテントを考慮したり、また、現地国を単なる市場として扱っているのではなく、コミュニティーとして現地国のマーケットにコミットしていることを現地国政府に示すという面もある。

# 2 R&D本国集中の論理

## 1. R&D国際化のマイナス点

　国際企業であっても、研究開発、とくに基礎研究を本国に集中させる場合が非常に多い。それにも大きな理由がある（Terpstra 1977）。

　第1に、集中させることにより、クリティカル・マスや規模の経済効果が生じる。たとえば、ある企業が100人の研究者を持っていれば、各国に10人ずつ分散するよりも、100人を1カ所に集めたほうが、相乗効果などのメリットが出てくる。

　第2に、コミュニケーションやコーディネーションのコストが大幅に削減されるということである。

　第3に、機密知識が保護されるということである。研究所を海外に出したり、あるいはアライアンスという形で海外で研究開発を行うと、どうしても機密知識が漏洩することがある。とくに、海外の研究者の中には、ラボで数年間働いてノウハウを盗み、競合他社に移籍してしまうケースもある。そこで、コアになる知識・テクノロジーに関しては、研究所を本国に置いて保護したいという考え方になる。

　第4に、ホスト国政府に対するバーゲニング・パワーを保持できるということである。たとえば、とくに欧州の、中核的なテクノロジーがないような国に対しては、R&Dを進出させるということがひとつのバーゲニング効果をもたらすということが見受けられる。切り札は最後まで取っておくという意味で、なかなか国際化しないことにもそれなりのメリットがあると指摘されている。

　第5に、ホーム・カントリー・アドバンテージの享受の制約ということである。各国にはそれぞれ、それなりに強い分野があるが、むやみに研究開発を国際化すると、技術力が標準化されてしまう。やはり、各国がそれぞれのタスクにおいてもっとも強いものは一部に集中して、差別化された専門的な貢献を行うという分業体制のほうがよいのではないかということである。

## 2. パテルとパビットのR&Dノン・グローバリゼーション論

本章の冒頭でも紹介したように、一般にR&D、とりわけR（基礎研究）活動はあらゆるファンクションの中でももっとも本国集中とされる。その一方で、近年とくに注目されてきたのが、本章で取り上げているR&Dの国際化である。生産やマーケティングの国際化が進んだ現状では、R&Dの国際化の程度が企業の国際化の進捗状況の一種のバロメーターとしてみられたりしている。

その一方で、今日においてもR&Dは結局のところ主に本国で行われていることを主張する研究者も存在する。

パテルとパビットなどはその代表例である。彼らの主張によると、技術先進国においてすら未だに、技術の創造は主に国内で展開されるという。その理由として彼らは第1に、多くの国での最先端技術分野においては大企業における海外での技術活動はまだ主要なものではないこと、そして第2に、大企業の技術成果は本国の技術成果に強く影響され独立ではない点を挙げている。こうした考え方は、ポーターの提示した国の競争優位の源泉に関する議論と共通性がある。彼らにとっては、企業特殊要因よりも本国の要因のほうが大きな影響力を有すると考えている。このように論じて、彼らは昨今のテクノ・グローバリズム論を一時の流行として否定する（Patel and Pavitt 1992）。

# 3 海外ラボの役割類型と発展段階

## 1. グローバル・イノベーションの類型

以上、研究開発の国際化のメリットとデメリットを説明したが、重要なことは、海外に出すか出さないかということよりも、出す場合にはどういう形で出すかということである。

グローバルなスケールのイノベーションにはいろいろなパターンが考えられるが、第8章で見たとおり次の4つの類型が重要なものである（Ghoshal and Bartlett 1988）。

　第1の類型は、センターからグローバルへというCenter-for-Globalである。本国の経営資源をフルに活用してイノベーションを行い、その成果をグローバル・マーケットへ普及させる、すなわち遠心的にイノベーションを起こしていくというパターンである。

　第2は、ローカルからローカルへというLocal-for-Localである。郷に入っては郷に従えという形であり、現地特有の市場に対応するために、現地で個別に対応するという分散型・分権型の体制である。

　第3は、ローカルからグローバルへというLocal-for-Globalである。海外に出した研究所が、もともとは現地市場に対応するためのイノベーションの拠点としてつくられたものであっても、非常に有効なイノベーションを起こしているため、成果が全世界に普及されるというように、その役割が非常に重要になっているというパターンである。

　第4は、グローバルからグローバルへというGlobal-for-Globalである。これは、ある意味ではユートピア的なものであるが、全世界のすべての研究開発ユニットが、それぞれ差別化された形での専門的な貢献をグローバル規模で行っていくというパターンである。

## 2. 海外ラボの役割類型（1）　ロンスタットの分類

　海外に置く研究所の役割類型を、以上の考え方のそれぞれに対応させて、あてはめてみる（Ronstadt 1977, 1978）。

　第1の役割類型は、TTU（Transfer Technology Units）。技術を本国から移転して、現地のマーケットに対応するラボである。米国をはじめ本国に巨大な経営資源・技術力がある場合に、その技術を海外の研究所に移転して海外への対応を起こすパターンである。

　第2は、ITU（Indigenous Technology Units）。最初から現地市場を対象とした現地固有の技術を開発するラボである。現地には、現地でしか通用しない技術や、それを使わないと現地のマーケットには対応できないような技術があるため、現地のリソースを活用し現地に向けて研究開発を行うものである。

　第3は、GTU（Global Technology Units）。世界市場向けの製品開発を目的と

したラボである。単に海外のローカルなマーケットを対象として研究開発
を行うのではなく、そこから出てきたイノベーションをもとに全世界の市
場に向けて製品を開発していく。

第4は、CTU（Corporate Technology Units）。長期的な基礎研究を本社向けに
行うラボである。

これらは発展段階として捉えられることが多い。すなわち、R&Dの国際
化の段階を経るに従い、第1段階から第4段階へと移行するという考え方で、
ロンスタットの調査でもそうした傾向が明らかになった。

## 3. 海外ラボの役割類型（2）クメールの分類

Kuemmerle（1997）が発表した類型で、ホームベース活用型（HBE：Home-
Base-Exploiting）ラボとホームベース補強型（HBA：Home-Base-Augmenting）ラボ
というものがある。

HBEラボは、本国におけるコンピタンスを最大限活用し、海外現地向け
に導入して、研究開発活動を行う海外ラボである。すなわち、本国の強い
ものをフルに活用して海外に技術を導入するという遠心的な方向のイノベ
ーションを目的とする。

それに対して、HBAラボは、本国におけるコンピタンスを拡充する目的
で研究開発活動を行う海外ラボである。とくに本国において必ずしも強い
研究開発力のない企業が、それを補うために海外に強力なラボを設立し、そ
こから経営資源・研究開発力を吸収して、自社のコンピタンスに充てよう
というものである。すなわち、本国の研究開発拠点には必ずしも世界的な
競争優位がないため、それを海外ラボから補填して、全社的な技術力を確
保することを目的とする。

Kuemmerle（1999）の行った米欧日のエレクトロニクス、製薬企業に対す
る調査では、海外研究所の役割は、HBE、HBAがほぼ半数近くに分散して
いるという。これはさきに紹介したパテルとパビットによるR&Dのノン・
グローバリゼーション論との対比においても興味深い。調査企業数や業界
などから見て限られたコンテキストではあるが、海外でのR&D活動が近年
においてより実質化しているとも見てとれる。

ただし、クメールによるHBE、HBAという分類は、研究所単位でなされ

ていることは若干問題である。なぜならば、多くの研究所がある場合には HBE、他の場合にはHBA的な役割を果たしているからである。プロジェクトによりその特徴をかえるのである。さらにいえば、ひとつのプロジェクトであっても、完全な意味でHBEないしHBA的役割を果たしているとは言い切れない。常に両方の要素が入り混じっているのである。クメールの分類に関するひとつの問題点といえよう。

## 4. 海外ラボの役割類型（3）ノーベルとバーキンショーの分類

その他にも海外ラボの役割に焦点を当てた分類がある。たとえばNobel and Birkinshaw（1998）はいくつかの既存類型に基づき、独自の分類を提示した。それはローカル・アダプター、インターナショナル・アダプター、グローバル・クリエーターである。

**①ローカル・アダプター**（local adaptor）　現地市場に製品投入する際に現地適応を促進するために本国の本社から提供された技術を現地にフィットするように改良するラボの役割を指す。これは、さきのロンシュタットのいうTTUに相当する。しかし、これはあくまでも本国に強大な資源があり海外子会社が本社から技術や製品を下請けするという前提の話であり、本国の絶対的優位性が失われ海外発イノベーションが多くなった今日ではその有効性が失われている。

**②インターナショナル・アダプター**（international adaptor）　現地生産施設への単なる支援を提供するのみならず、その現地市場向けにより適した製品を改良・開発する役割をも担ったラボを指す。さきに挙げたロンシュタットの類型ではITUに相当する。

**③グローバル・クリエーター**（global creator）　現地国の生産施設とのかかわりは持たず本社R&Dとの密接な連携により世界規模での研究開発活動を行うラボを意味する。さきのロンスタットの分類では、GTUないしCTUに相当する。前者はより製品開発に関するユニットであるのに対し、後者はより長期的研究関連ユニットであるが、このグローバル・クリエーターには両方の要素があるといえる。

## 5. 海外ラボの発展段階

　このように、海外ラボの役割分類は多岐にわたるが、これらに共通した流れが存在する。それは多くの場合、すでに紹介したように、海外ラボの役割は発展段階をたどるという傾向である。すなわち、自国の技術や製品をベースに企業は海外に市場を求め、製品を投入するが、現地ニーズに合わないと製品を現地適応するよう改良する。現地拠点は元の製品も改良技術も本国（本社）に依存するTTU（Ronstadt）であり、HBE（Kuemmerle）であり、そしてローカル・アダプター（Nobel and Birkinshaw）である。しかし時間とともに、現地市場向けの製品開発は現地で行う傾向が生じる。本社まかせでは微妙な現地市場ニーズには対応しきれないという事情がある。そこで、現地のことに関してはより高い自立性を持ったITU（Ronstadt）、インターナショナル・アダプター（Nobel and Birkinshaw）となる。

　さらに、現地向けの製品改良ノウハウが現地の枠を超えて他国市場にも通用するものとなると、現地拠点はもはや現地国のためだけの拠点ではなく、グローバル規模でのイノベーションに一役買う存在となっていく。GTUもしくはCTU（Ronstadt）、HBA（Kuemmerle）そしてグローバル・クリエーター（Nobel and Birkinshaw 1998）としての役割である。

## 6. 日本企業の技術戦略の国際化

　こうした流れは、日本企業においてもある程度あてはまる。榊原（1995）は技術戦略の国際化の程度は、企業全般の国際化への従属度が減り、技術ないし研究開発の論理それ自体で国際化を進めるようになったとき、高くなると論じた。そして、そうした基準に基づき5つの類型を出した。

　①**技術偵察**（technology scouts）　技術にかかわる情報の収集が海外での主な活動目的である類型

　②**技術修正**（technology modification）　市場直結型の応用開発や製品の修正が海外での主な目的である類型

　③**技術移転**（technology transfer）　研究開発部門に独自の拠点が海外に設置され、技術移転にかかわる多様な役割遂行がその拠点の目的となる類型

　④**新製品開発**（new product development）　独自の製品開発の遂行が海外拠

**図9-2 ≫ 国際技術戦略の動機と地理的拡大**

出所：榊原（1995）

点の目的である類型

　⑤**研究開発**（research and development）　　基礎を含む研究開発全体が独自の論理で国際化される類型

　こうした順序は、必ずしも企業の進化、発展段階をそのまま表すものではないが、後に行くほどより踏み込んだ国際化の動機を表している。そのような国際化の動機を軸とした類型とは別に、榊原は地域の広がりといった軸も提示した。それは特定国に集中しているか、あるいは世界に分散しているか、というものである。これを表したのが図9-2である。

## 7. グローバルR&D組織構造の類型

### （1）自国完結型R&D

　これは、強い優位性が本国にあるため、海外で研究開発を行う必要がなく、本国ですべて賄えるようなパターンである（図9-3）。

　長所は、効率がよいこと、コミュニケーション・コストが安いこと、規模の経済性や範囲の経済性があること、研究開発のライフサイクルを短くできること、コアの技術が保護されることである。

　短所は、ローカルへの適応力が低いこと、外部のテクノロジーへのアクセスや外部からの知識の吸収に限界があること、優れた知識やノウハウが海外にあってもそれらを学ぼうとする態度がなくなること（NIHシンドロー

**図9-3 ≫ 自国完結型 R&D**

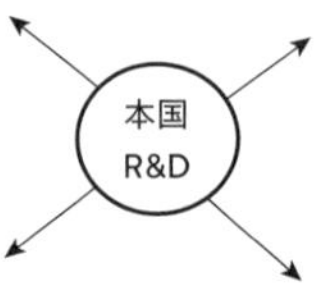

長所：
効率、低コスト、規模経済、範囲経済、短ライフサイクル、コア技術保護

短所：
ローカル適応低い、外部テクノロジーへのアクセス限界、NIHシンドローム

出所：Gassmann and von Zedtwitz（1999）を基に作成
　　　（図9-7まで同じ）

ム）である。

　きわめて標準化されている製品を扱う企業が、このような遠心的なイノベーションを行っている。たとえば、マイクロソフトは、強力な研究開発体制が米国内にあるので、あえて海外に出て研究開発をするインセンティブがあまりないという意味で面白い例である。

## （2）本国中心海外周辺R&D

　これは、基本的には本国で研究開発をするが、海外でも補足的に行い、ある意味で効率と効果を兼ね備えたパターンである（図9-4）。

　長所は、効率がよいこと、本国の調整によって重複を回避できること、本国のリソースをフルに活用して海外にも応用し、それで及ばないものは海外で補えること、機密保持ができることなどである。

　短所は、研究開発を海外に出しても、本国によるコントロールが知らず知らずに利いて、海外の研究所の創造性を抑制しかねないことや、強い研究開発力が本国にあればあるほど、海外からのリソースの活用に消極的にならざるを得ないことなどである。

　日本企業の多くがこの類型にあてはまると思う。ただ、たとえばエーザイ、山之内製薬、花王、NEC、シャープ、キヤノン等は、一応この類型に該当するものの、その他の多くの企業と比較すると、海外における研究開発のウエートが非常に高くなっている。これは静態的な類型であり、この中にもいろいろなバリエーションがある。

## （3）海外分散型R&D

　これは、本国にも研究開発拠点があるものの、海外分権

**図9-4 ≫ 本国中心海外周辺 R&D**

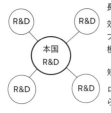

長所：
効率、重複の回避、本国リソースをフルに活用、クリティカル・マス、規模・範囲の経済、機密保持

短所：
ローカルの創造性を抑制、海外からのリソース活用の欠如、海外オートノミーの欠如

型・分散型の研究開発を行っているものである（図9-5）。

図9-5 ≫ **海外分散型 R&D**

長所：
現地へのセンシティビティー、現地マーケットへの適応、現地テクノロジー、リソースの活用

短所：
非効率性、重複性、戦略的フォーカスの欠如、クリティカル・マスの欠如

長所は、現地へのセンシティビティーが高いこと、現地マーケットに対して有効に適応できること、現地特有の知識・技術を積極的に取り入れられることである。

短所は、非効率性、重複性、戦略的フォーカスの欠如、クリティカル・マスの欠如である。たとえば、フィリップスは、1980年代に、あるテレビ部品の開発が英国と大陸でまったく別々に進められ、しかも結果的にほとんど同じものが開発されて、重複したコストがかかってしまったという経験をしている。フィリップスは、それらの失敗の経験から、より統合的なR&Dに切り替えている。

## （4）外部ネットワーク型R&D

これは、強いR&Dが本国にある中で、グローバルR&Dを内部化して行うのではなく、外部のリサーチ・インスティテューションと戦略的アライアンスを組むなどコラボレーションで行う類型である（図9-6）。

長所は、ある意味で効率的であること、対外的センシティビティが優れていること、技術トレンドの取り込みに有効であることなどである。

短所は、アライアンスのみに安易に頼ると企業全体の健全なグローバル化の観点から問題があることや、また、ある程度、グローバル・スケールで研究開発をやっていないと、それに等しいレベルの技術を吸収できないという企業の吸収能力の問題等である。自社の中にある程度の知識等の蓄えがないと、せっかくいい技術がひっかかってきても、それを評価する

図9-6 ≫ **外部ネットワーク型 R&D**

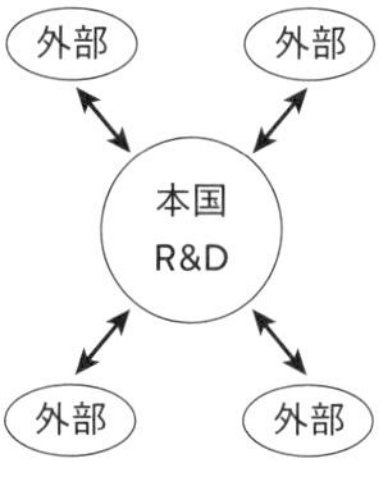

長所：
効率、対外的センシティビティー、技術トレンドの取り込み、コスト管理

短所：
企業の国際化への進展を阻害、ローカル・コンテント、ローカル・コミュニティーへのコミットメントが不十分

**図9-7 ≫ トランスナショナル R&D**

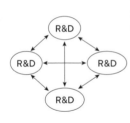

長所:

専門性とシナジーの両方を追求、ローカルでなくグローバルな最適化、ロケーション間の組織学習、ローカルなコンピタンスをフル動員

短所:

調整コスト、意思決定等の複雑化

ことができない。

**（5）トランスナショナルR&D**

　これは、社内・社外を問わずグローバルに研究開発を分散し、それぞれのラボが差別化された形で専門性を持ち、相互に連携し、社外のファシリティーとリンケージをとることにより、グローバルな意味での最適化を行い、ロケーション間の組織学習による相乗効果を目指すというパターンである（図9-7）。ただし、短所として、調整コストが高くかかることや、意思決定等が複雑化することがある。

　現実にこのような形で理想的なR&Dをやっている企業はないが、参考になる例としてネスレがある。

　ネスレの基礎研究（R）は、本国集中であり、Center-for-Globalに該当する。それに対し開発（D）のほうは、各事業部からネステックという調整母体を通して全世界に広がる開発センターに委託する。ネステックが開発を管理して、各開発センターで重複がないようにしている。各開発センターが、差別化された形で専門性を持ち、グローバルな製品開発に貢献している。現地特有のノウハウを取り込み、グローバル製品という形で生産している。開発はLocal-for-Globalに該当する（ネスレのR&Dに関するより詳しい紹介はcaseで行う）。


## 8. 企業内国際分業の形態

　榊原（1995）は国際技術戦略の展開による企業内国際分業のありかたを、R&D活動のフローの形態別に整理し、5つの類型に提示した（図9-8）。

　**①一国集中戦略（country-centered strategy）**　すべてのR&D活動を一国（母国）に集中して行う形態である。

　**②完全並行戦略（pooled strategy）**　複数の研究開発プロジェクトをいくつかの国の拠点で同時並行的に進める形態である。

### ③川上集中・川下分散戦略

（decentra-lized application strategy）

研究開発の川上部分を母国で集中して行い、川下の製品開発や応用の一部を国際的に分散して進める形態である。

### ④リレー戦略（sequential relay）

複数拠点間で連続的に研究開発をひきついでいく形態である。

### ⑤相互作用戦略（reciprocal strategy）

複数拠点間で研究開発を双方向的・相互依存的に進めていく形態である。

これらを表したのが図9-8である。

①の一国集中戦略は、もっとも国内志向の高い戦略で、複数拠点間の調整コストがかからず高い経済効率が期待できる。しかしその反面、海外の経営資源の応用や海外市場への適応性は低い。

**図9-8 》 企業内国際分業の形態**

[1] 一国集中戦略

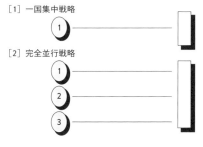

[2] 完全並行戦略

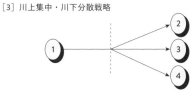

[3] 川上集中・川下分散戦略

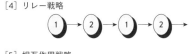

[4] リレー戦略

[5] 相互作用戦略

注：円は国を表し、円の中の数字が異なればその円は異なる国を意味する。長方形は複数の国を表す。
出所：榊原（1995）

②の完全並行戦略は、それぞれの拠点で独自に研究開発活動を行いその成果が全社的にプールされるため、国、地域の特色を活かした多様性に富む研究開発が可能となる。また拠点間の調整も単純である。しかしその反面、拠点内におけるマネジメントの負担は重い。

③の川上集中・川下分散戦略は、研究開発の集中と分散のメリットの享受がねらいである。川上では規模の経済を追求し、川下では市場直結型の適応を目指す。

④のリレー戦略は、国家間のリレー方式で間断なく開発を進めることにより、複数拠点の開発担当者の知恵を結集して開発時間の短縮化をはかる。

⑤の相互作用戦略は、異質なアイデア・情報を結集するうえでは大きな利点だが、拠点間の調整はもっとも困難である。

これらのうち、①から⑤へ進むほど複数拠点間の組織的調整は難しくなる。日本企業の現状としては、①から③が多く、それ以外のものはあまり見あたらない。それに対し、欧米企業においてはより多くの④、⑤の戦略がとられている。

# 4 進出国選定の論理

ここでは、企業がR&D活動をどこで行うかという決定に関する基準を整理する。これまでの議論からもわかるとおり、企業のグローバルR&D管理のありかたにはさまざまなタイプが存在する。そこで、研究開発進出国選定に関する代表的文献を参考に、その主要因を整理する。

## 1. Terpstra（1977）の見解

かつてTerpstra（1977）は、R&D進出先の決定要因として、大きな市場、十分な研究者・技術者の数、海外企業の買収、産業・製品特性、ホスト国政府の圧力・誘因等を挙げた。以下、その論点を要約する。

**大きな市場**　米国企業にとって大きな市場であるカナダや西欧において、海外R&D活動ももっとも盛んであることを示した。

**十分な研究者・技術者の数**　企業の海外R&Dの進出先となるためには、十分な研究開発人材がいなければならない。いくら小国であってもこの条件を備えていれば、海外からのR&D拠点を誘致できる。たとえばオランダなどが好例である。

**海外企業の買収**　海外企業を買収することが結果として海外R&D拠点をそこに持つことにつながることが多い。その場合、企業の当初の買収目的が、R&Dとは何ら関係なく市場参入等が目的であっても、なお当てはまる。かつてのRonstadt（1978）の調査では、彼の調査した米国企業の海外R&Dラボの約4分の1は海外企業を買収後そのままR&D活動を継続したものだということが明らかにされた。

**産業・製品特性**　取り扱う産業や製品特性によってもロケーションの

選定は影響される。産業財より消費財のほうがよりR&Dの分散ニーズが高まるのは、各国ごとに異なる市場ニーズや市場テストが必要となるからである。たとえば、食品産業の場合、消費者の嗜好は地域により異なるため、当該製品市場に近いところでの製品開発の必要性が高まる。また製薬産業においても、臨床試験の必要性から治験活動が現地化された。

　　**ホスト国政府の圧力・誘因**　　研究開発拠点の誘致は、ホスト国にとっても大きなメリットとなる場合が多い。たとえばR&D従事者の雇用創出であるとか、国全体の研究水準の向上に資するとかいった利点である。そういった場合は、ホスト国はあらゆる誘因をもって海外企業のR&D拠点を誘致するだろう。

## 2. Taggart（1991）の見解

　またTaggart（1991）は海外R&D進出先の決定要因を、製薬産業に関して調査した。Taggartは大きく市場要因、一般規制要因、製薬規制要因、資源要因に分けた。

　　**市場要因**　　その市場が進出企業にとってどれほど魅力的かという基準である。進出企業がその市場でどのぐらいやりやすいか、そして競合他社がどの程度活発か（活発なところはビジネス・研究環境がよいという判断）などを意味する。

　　**一般規制要因**　　現地進出に際してホスト国政府の規制がどれだけ低いか、特許法など知的所有権の保護がしっかりしているか、労働法が海外企業に柔軟か、といった制度的要因に加え、言語・文化障壁が低いか、といったかなり一般的障害要因まで含む。

　　**製薬規制要因**　　研究開発、製造から薬価に至るまでその国がどの程度規制を加えるかに関する要因である。

　　**資源要因**　　その国の国家の支援、高度な教育システム、科学者、技術者の量と質、およびコスト等を含む。

## 3. Chiesa（1995）の見解

　より最近では、Chiesa（1995）のR&D海外進出先決定要因に関するより

体系的な分析がある。彼はそれを大きくR&D関連ないし非R&D関連要因に区分している。

　まずR&D関連要因とは、以下のものを指す。

　**投入要素費用**（input factor costs）　これには研究・技術スタッフ、施設設備等の費用が含まれる。

　**移転費用**（transfer costs）　これには情報・知識を社内において研究所間、研究所と製造ないしマーケティングなどの間で移転する対内的費用と、市場ないし技術関連情報をサプライヤー、顧客、研究機関等から入手するための対外的費用が含まれる。

　**組織的費用**（organizational costs）　これは、新たなR&D施設を立ち上げるのに必要なコストを意味し、具体的には人材の採用、移転、技術移転、海外研究者のための報酬システム設計、コントロール・コミュニケーションシステムの設計等が相当する。

　**投入資源の質**（input resource quality）　これには、獲得した技能の深さと幅、研究・技術スタッフの質、研究活動に必要なクリティカル・マスや規模の経済を発揮しうるだけの海外研究所の存在といったものが含まれる。

　こうした諸要因は、次の非R&D関連要因と密接に整合性を保つ必要がある。ここでいう非R&D関連要因は以下のものを指す。

　**現存するビジネスの立地**　企業はすでにマーケティング、生産施設等を海外に持っている場合、既存施設から情報や支援を受けやすく、その場所は新たなR&D施設の候補地としては有利な面もある。

　**立地インフラストラクチャー**　場所によって、地元サービスやインフラ、そしてコミュニケーションを促進するネットワークへのアクセスが容易である。

　**企業経営文化**　その企業風土は、R&Dの集権・分権度合いに大きな影響を及ぼす。たとえば、新たなR&D施設を海外に設立する場合、集権カルチャーの企業ほど既存の海外拠点のあるロケーションを選ぶかもしれない。

　これらを総合してロケーションを決定する必要があると論じた。


## 4. ポーターの配置と調整

　以上、グローバルR&D拠点の立地選定基準に関するいくつかの見解を要

## 海外R&D拠点の立地選定

### ●シャープ英国研究所

　シャープは、技術開発には国境はないという認識に立ち、R&Dの国際化に乗り出し、1990年に同社としてははじめての海外研究所をオックスフォードサイエンスパークに設立した。その準備の過程では、10指にも及ぶ候補地を調査し、20のクライテリアのもとで評価した（片岡照栄〈1993〉、巻頭言「研究開発は国際的な視野で」FEDジャーナルVol.4 No.2）。その主なクライテリア（選定基準）は、大学・研究所等の研究環境の存在、優れた人材の集結、日本からのアクセスの容易さ、日本からの情報が入りやすいこと、派遣日本人の住みやすいところなどさまざまであったが、これらの諸条件を勘案して最終的にオックスフォードに決定した。

### ●ゼロックスのグルノーブル研究所（フランス）

　ゼロックスは1986年から英国ケンブリッジに基礎研究所を有していたが、大陸欧州の最先端知識・技術を獲得するためには、現地の科学コミュニティーの一員になる必要があるとの認識から、研究所の設置を決めた。

　そこで立地の選定の際、現地の科学水準はもとより優秀な大学の隣接、優秀な科学者の存在が不可欠な条件となった。パリ、グルノーブル、バルセロナ、ミュンヘンの4つの候補地に絞り込んだ。その時点で、フランスの著名な科学者で地元大学のコネクションが強い人物を所長として選定し、グルノーブルを拠点に選んだ（Kuemmerle 1997）。

### ●イーライ・リリーの神戸研究所

　イーライ・リリーは1989年に自社製品をアジア市場に拡販するために現地にR&D拠点を設立することを検討した。その際の立地選定基準としては、対象市場に近いことと、既存の自社施設に隣接していることが挙げられた。はじめは生産拠点としてマレーシアを考えていたこともあり、R&D拠点としてはシンガポールが候補に挙がった。しかし結局、自社製品売り上げに最大のインパクトを期待できるとして日本を選んだ。すでに日本本社が神戸にあり、関西圏は日本第二の経済圏

でもありさらに高度な研究教育機関も存在するということで当地を選
定した（Kuemmerle 1997）。

約した。こうした考え方は、第2章で紹介したポーターの配置と調整の考え
方とも一貫している。R&Dを価値連鎖（バリューチェーン）のひとつと捉え、
いったい各企業にとって地球上のどこでR&D活動を行えばより付加価値を
生むことができるか、と考えてみる。そして、もし自国に優れた技術基盤
が存在し、自国内に優秀な研究者が多く存在するような場合、R&Dを自国
に集中し、規模の経済を享受すればよい。拠点を1カ所に集中配置すること
により、余計な調整コストも必要ない。その反対に海外に出ていかなけれ
ば高度な技術力を獲得できないような場合、その克服策のひとつとして
R&Dの現地化を行う。[2]

　そうしてR&D配置を分散すると、やがて国境を越えたR&D拠点間ない
しR&Dと他のファンクションとの調整の必要性が高まる。各企業とも、分
散配置のメリットと調整コストとのバランスを意識しつつ、海外立地を検
討しているといえよう。

# 5 海外R&Dの所有政策

　前節では海外R&D拠点の立地選定の論理を概観した。そこでの議論はも
っぱら企業が海外に研究開発拠点を設置する際にどこの場所を選ぶかとい
った点に集約した。しかし、立地選定は、研究所等の拠点を自ら設置する
以外の場合においても重要である。なぜなら、新たな研究所を設立せずに
現地研究機関や企業との間でアライアンスを締結する場合もあるからであ
る。では、研究開発活動を海外で展開する際に、自前で研究所を持つ場合
と現地の既存組織と提携を結ぶ場合では、メリット・デメリットとしてど
のようなものがあるのだろうか。

## (1) 自前型

### 自社研究所を自ら海外に設立（グリーンフィールド型）

**メリット**　海外に自社研究所を持つ最大のメリットはなによりも現地における不確実性の高い技術的・人的要素を内部化し、長期的視点に立ってじっくりと能力構築に専念できる点であろう。現地の有力科学者との契約をその都度交わすのではなく、所長・科学顧問といった形で雇い入れることで、少なくとも数年間の契約期間は自社の科学者としていてもらえる。また単にそのような人物を社内に取り込むだけでなく、その人物の持つ属人的ノウハウや人的ネットワークまで取り込むことができる。そして、その人物の主催する研究プロジェクトおよびその参加メンバーもが、人的ネットワークとして付随してくる。そこで保たれた知識・ノウハウは自社内に蓄積することができる。日頃からそうした能力構築に励んでいてこそ、新たな知識・技術を吸収できると考えられる（Cohen and Levinthal 1990）。反対に自ら地道な研究開発への努力を怠っていると、最先端の知識を吸収する能力が欠如して十分に活用できなくなる。

**デメリット**　研究所を自前で運営することには、多くのデメリットも存在する。まず膨大な運営コストが挙げられる。新規に研究所を設立する場合、立地調査とロケーションの決定、用地購入、建物の建設、研究スタッフの採用、研究所の管理コスト等々、自前での運営にまつわる諸コストは枚挙にいとまがない。またアライアンスなどと異なり、研究所を立ち上げて実際に研究所としてのフル機能が整うまでには長い時間を要する。さらに自社研究所に超一流の研究者を雇用することは、とくに研究水準の高さにまだ定評のない企業にとっては至難の業である。場合によっては、もっとも優秀な人材ほど長く居つかず、見劣りする現地人材が居つくという最悪のシナリオもありうる。

また研究所の立地が現在の時点では研究活動の拠点として最適であるとしても、将来的にそうあり続ける保証はない。別の分野のプロジェクトにおいては、まったく別の場所のほうがずっと研究環境がよい場合でも、莫大な先行投資をして設立した研究所を容易に閉鎖し別の場所に移転するわけにはいかない。

## （2）外部依存型

### ①外部研究機関・企業などとのアライアンス

**メリット**　この最大のメリットは、現在（および近い将来）必要だが、社内では存在しない知識・ノウハウを外部機関ないし個人との提携により迅速かつ効率的に入手する可能性がある点である。とくに必要とする外部知識が高度かつ特殊であればあるほど、自前での能力構築には長い時間を要する。その点、外部依存を通じた知識・ノウハウの獲得なら、その分野における外部のエキスパートに依存することができ、何年もかけて自社社員を教育する必要はない。しかも求める外部知識の内容が時間とともに変化するたびに外部依存先を変更することは理論的には可能であり、柔軟性が高い。

**デメリット**　過度の外部依存にはマイナス面も潜んでいる。まずはじめに吸収能力のジレンマともいえる問題である。自ら持たない知識・技術を外部依存により賄おうとするが、皮肉にも研究・技術力の弱い企業は、その外部の知識・技術そのものを吸収・評価できないことが多い。逆に強い知識・技術を自前で持っているところほど吸収能力は高いのだが、あえて外部依存する必要性は低いというジレンマがある。

また第2に、外部依存先のパートナー選びの問題がある。研究・技術力の弱いところは、高水準の研究・技術力を有する強い相手と組もうとするが、皮肉にも相手側はあえて弱いところと組むインセンティブはあまりなく、望む提携相手となかなか組めない事情もある。自社に、研究開発力に代わる相手にとっての魅力（いわゆる市場へのアクセスのような補完的資産）がある場合にはまだ可能性があるが、そうでない限り、現実はそう甘くはない。

第3に、自社能力構築のおくれという問題もある。度を越した外部依存は、たとえそれが短期的には効率的で高い効果をあげたとしても、長い目で見ると自前での研究開発能力をおくらせていることになる。いつまで経っても借りものの人材と技術力をベースにしていては、自社独自の能力構築にはつながらない。

### ②海外マーケットからの技術導入

**メリット**　次に市場取引のメリットは何か。この最大のメリットは、必要とする知識・技術をその都度、市場から調達すればよいので、アライアンスの場合と違い、相手との戦略上、組織上の調整コストは不要である。む

しろ特定の相手との癒着がない分、市場メカニズムに基づいた競争原理が働き、経済効率性は理論上高い。

**デメリット**　しかしながら、この種の市場取引には大きな限界が伴う。とくに高度な知識・技術の潜在価値には高い不確実性がつきものであり、市場を介した一現取引には大きなリスクが伴う。また、R＆Dに関する最先端知識・技術はいわゆる暗黙知的要素が強く、それを生み出した環境ないし人間とは不可分なことが多い。形式知的なデータベースの売買とは大きく異なる点である。

# 6 グローバルR&Dにおける
　　海外研究所のマネジメント

　海外の研究所をマネージすることはとても大変なことである。どうしたら、海外の研究開発活動の利点を最大限活かしつつ、会社としての内的一貫性を維持できるのだろうか。創造的研究は、現地の自律性を要求するが、ある程度のコントロールも組織としての統一性を維持するために必要である。

　現地の自律度は、とくに開発部門を中心とする現地適応のために重要だと認識されているが、行き過ぎた自律性は逆に会社としての内的一貫性を崩壊させることにもなる。その反面、本社からの、過度のコントロールは、現地の創造性を殺してしまうかもしれない。自律と統制の最適なバランスが必要となる。

　そのような古典的緊張関係は、より広い組織的文脈においてはよく研究されてはいるが、R＆Dにおいてはとても顕著である。なぜならば、R＆Dにおいては、科学的成果と商業的結果という異なるプレッシャーに引き裂かれているからである。

　R＆Dは、科学的ロジック（真理の追究）とビジネスロジック（利潤の極大）の両面を内包している。企業としては、基礎研究所からさえも、最終的には潜在的に役に立つ研究成果を期待している。その理由は、もしそうでなければ、大学における純粋研究と何も違わないからである。最先端の現地

のナレッジを吸収することが奨励されている反面、潜在的な商業的応用性の可能性のない純粋な基礎研究をやりすぎると問題とされる。基礎研究は長期にわたる手探り状態の投資といってもよく、しかしビジネスサイドに対しては短期的な利益とコスト優先のプレッシャーにも対応していかなければならない。しかし、真の意味における難しさというのは、その研究が行われている最中には、どの程度役に立つものかなどわからないことであろう。

研究開発は企業の一部であるが、そこで働く研究者は、外部の研究コミュニティとの間に非公式な研究所のネットワークを維持し、それによって企業の境界線を越えた価値観の共有をはかっている。これにより、企業の組織としての境界線はナレッジの側面においてはぼやけてくる。現地のナレッジをうまく入手するためには、現地の研究者の公式、非公式な外部研究コミュニティーとの交流が必要であるが、あまりにも過度のナレッジの結合は中核ナレッジやコーポレート・ガバナンスの保護にとっても危険をもたらしかねない。

現地特有の暗黙知を確保することに対する過度のコミットメントは、社内におけるコミュニケーション不足から内的な暗黙知の共有を犠牲にするだろう。企業が社内の一貫性をある程度は必要と感じ、コントロールや調整を行っていくわけだが、これまでの伝統的なコントロールメカニズムはこのような科学的ロジックに導かれた組織においては適応されない。官僚的コントロールや社会的（文化的、規範的）コントロールもあまり機能しそうもない。なぜならば科学的ロジックにおいては、科学者は彼らの会社よりも職業に対して、より強い愛着を感じているからである。

さらに、そのような緊張関係は国際的な文脈においてより顕著となる。なぜならば、科学者やプロジェクトマネジャーの期待する自由度は文化によって異なるからである。自律と統制をめぐる緊張関係は、本国と進出国の環境が異なった役割を要求するとき、きわめて顕著となる。

研究開発は、機能レベル（研究とコーポレート）や地理的レベル（進出国と自国）における異なる社会制度的環境の間の緊張関係により生じる自律と統制の緊張関係による影響を受けやすい。

こうした緊張関係は、親会社と現地研究所が次のような海外研究所をめぐる経営管理上のジレンマを扱っているときにもっとも顕著となる（Asakawa

1996)。

(1) どのように不必要な差別化に陥らないでローカル・フォー・ローカル型イノベーションが促進されるのか、あるいはどうしたら社内の調整コストに悩まされずにローカル・フォー・グローバル型イノベーションを促進しうるのか。

(2) どうやったら社内の内的暗黙知を維持しつつ、海外に研究所を出すことにより、現地の対外的暗黙知を入手することができるのか。

(3) 企業全体の内的一貫性を保ちつつ、現地特有の研究やマネジメントのプラクティスに適応するにはどうしたらよいのか。

(4) どうしたら知的所有権を保護しつつ、対外的研究コラボレーションを行い活用しうるのか。組織の壁を越えた過度のナレッジの結合は、ともすればナレッジの漏洩にさえつながりかねない。とくに企業と大学とのコラボレーションにおいては、どの程度学術的成果が企業に属するのか、あるいは公共財として見なされるべきか。

(5) どうしたらコーポレートからの短期的プレッシャーに直面しつつ、海外の研究所において長期の科学的研究を追求し続けることができるか。基礎研究においては、現在行われている研究は、必ずしもその先商業化に役立つナレッジを提供する保証はないわけだが、そこにおいてはコーポレートによる行動に対するコントロールも成果に対するコントロールも妥当ではない。にもかかわらず、他の部門とは比べものにならないほどの過度の自律度を研究所に与えることは、他部門から嫉妬とやる気のなさをつくり出し、会社全体の勢いをそぐことにもなりかねない。

---

*case*

## ネスレのR&D

　グローバル規模でとくに開発をうまくまとめあげているケースとして、ネスレが挙げられる。ネスレでは、基礎研究はスイスに集中しているのに対し、開発部門は世界中に分散している。多くの場合、海外企業買収の結果、付随してきた開発拠点をそのまま存続させたケースが多いが、結果的にネスレは世界中に開発センターを保有すること

なった。そこでの主な役割は、それぞれの現地特有の気候風土やそこにしか存在しない原材料をフルに活用し、研究開発活動を通じ、その成果をネスレの持つグローバル製品へと還元することである。ネスレは、食品ビジネスはローカル・ビジネスであると明言しつつも、その一方で自社の食品には、基本的には世界共通のコンセプトを持たせている。各開発センターの役割は、そうしたグローバル製品を地球上のあらゆる地域の消費者に受け入れられるために、地球上のあらゆる資源をフルに活用し、開発を行うことである。

　こうした趣旨からして、各開発センターが各地域だけに通用する食品の開発のみを手がけることはおよそ無意味である。そこで各国の開発センターは常に世界の他の地域の開発センターと密に連絡をとり、また定期的に行われる所長会議の場や開発センター間で共有するスペシャルレポートといわれる報告書を通じ、今どこの開発センターでどのような開発が行われているかについて瞬時に把握するようにしている。またスイスに本拠を置くネステックという調整部門では20人足らずのスタッフが世界中の開発センターを頻繁に訪問し、実状を把握して本社の戦略の方向性との擦りあわせを絶えず行っている。

　ここで紹介したネスレの場合、本部機能を担うネステックと世界各国に点在する開発センターとの関係はいわゆる参加型中央集権といわれている。これは最終的管理責任はネステックに存在する一方、日頃の日常的オペレーションはほぼすべて各開発センターの自立性を尊重しているからである。

参考資料：「ネッスル」（De Meyer、INSEADケース、翻訳版慶應義塾大学ビジネススクール）

　企業がR&Dを国際化する動機として、サプライ要因、ディマンド要因、戦略的要因、組織的要因、ホスト政府要因等が挙げられる。一方、R&D活動は依然他のファンクションと比べてももっとも自国集中的である。とくに基礎研究に関しては自国中心の展開が一般的といえる。しかし細かく見ると、企業のR&D国際化にはさまざまなパターンがみられる。本国のリソースをもとに海外で活用するパターン以外に、海外のリソースを取り込み自国ないし第三国で活用するパターンもある。海外ラボの役割はR&Dのグローバル化とともに進化する。海外での活動の目的により進出国選定の基準も変わる。また、海外R&Dの所有政策もその活動内容によりさまざまである。世界のどこにR&D拠点を設け、どのように運営するかが大きな課題となる。まさにポーターのいう、どこにラボを配置しそれらをどのように調整するかである。

本文注

1　Gassmann and von Zedtwitz（1999）の分類を基に作成。

2　次節で扱うように、もちろん現地の研究機関や企業とのアライアンスを通じて現地から高度な技術知識を入手することもできる。

第 *10* 章

# グローバル戦略提携のマネジメント

# *1* グローバル戦略提携の論理

## 1. 戦略提携とは

　本章でいう戦略提携（strategic alliances）とは、パートナー同士が互いに競争優位を築くために互いのリソースや能力などを共有し継続的に協調関係に入ることを意味する。

### (1) ハイブリッドとしての提携（アライアンス）

　提携は組織形態論的には、階層（hierarchy）と市場（market）の中間に位置する。実際、組織境界線は初期の取引費用理論の前提（Williamson 1975）のように市場と階層の間に明確に引かれるのではなく、その間にはさまざまの中間形態が存在する。そうした形態はハイブリッド（Powell 1987）ないしネットワーク形態（Powell 1990）などと呼ばれることがある。

　市場と階層の間の幅（スペクトラム）は結構広い。その間に数々の組織間関係の形態が位置する（Contractor and Lorange 1988）。

　階層により近いところに位置するのがM&A、合弁（ジョイントベンチャー）といった所有比率の高いものである。一般には出資比率が高いほど階層により近く、パートナーとの組織的相互依存の度合いは高いとされる。合弁にもその出資比率に応じて過半数所有（majority owner-ship）、共同所有（co-ownership）、少数所有（minority ownership）があり、その比率が下がるほど、企業間関係はよりゆるやかで市場取引に近い位置となる。コーポラティブ・ベンチャーと呼ばれる企業間での共同の企てはそれに近い位置にある

（Contractor and Lorange 1988）。

　提携（アライアンス）とはこうした企業間の関係にあてはまる概念である。しかし戦略的（strategic）という限り、単なる組織間関係の総称ではなく、戦略的価値を創造する目的で結ばれた関係を指す。

## （2）広義のアライアンス

　このようにアライアンスには資本関係が伴う場合とそうでないもの（契約関係のみによるもの）の両方を含むという考えがある。こうしたアライアンスを市場と階層との間のあらゆる中間形態を指すという見方は、いわゆる広義の定義といえる。こうした見方は組織論（組織間関係論）ではしばしば見かけるものである。

　そして資本関係の有無のいずれを選ぶかは、どのような関係をパートナー同士が築きたいかによって異なる。ある場合には資本関係を持たなくても目的が達成できるかもしれない。しかしその一方で、目的達成のためにはパートナー間に長期間にわたる協力関係が必要な場合、または両者の機密情報を長期にわたりシェアする必要がある場合、あるいは資本関係なくしては今後相手の動向が信用できない場合など、さまざまな場合により安定的な資本関係をベースとした合弁や買収をとることが多い。

　こうした広義のアライアンスは、マーケティング協調、技術移転、R＆Dコラボレーション、製品スワップ、製品ライセンス供与、付加価値再販、ジョイントベンチャー、買収といった幅広い形態を含んだ概念として捉えられる場合も多い（Spekman et al. 1997）。

　一般的に、資本関係を持つと長期的に安定した関係を確保できるという見方が強い。しかしその反面、パートナーとの間により踏み込んだ関係を結ぶことにより、その代償として個々の企業の自由をある程度放棄しなければならない。とくに重要な戦略的課題に関しては、自社の思いどおりにコントロールできず、意思決定についてもある程度妥協せざるを得ない。

## （3）より狭義の見方

　しかしその一方で、アライアンスはM＆Aやジョイントベンチャーよりも資本関係がより身軽で、資本関係ではなく高度に戦略的観点による契約関係に基づくものである、という狭義の見方も存在する。ここではストラ

テジック・アライアンスというように、その戦略的意図が重視される。この考え方によれば、戦略提携はM&Aやジョイントベンチャーに比べ、パートナー間の組織単位でのトータルなコミットメントというより、むしろある特定の目的に向かって結んだ協調関係であると理解される。極端な場合、たとえばある特定の技術や製品に関する限り協調するが、その他のイシューでは競争関係にあるという場合も生じる。これは戦略提携の狭い捉え方である。必要な特定のリソースを単に外部市場から調達するやり方は、戦略提携より一層身軽ではある。しかし関係の浅い市場取引先からはなかなか核心的知識、ノウハウまでは吸収することが難しく、その効果も限定的になりやすい。そうした認識から、単なるアウトソーシングは戦略提携とは異なる。

　Doz & Hamel（1998）は、戦略提携（アライアンス）は企業買収とは異なるとした。それらは、買収の場合必要以上のものをより高額で購入しがちであること、得ようとしていた資産が買収により失われる危険があること、さらにコンピタンスから隔離された一部事業のみを買収しただけではその価値は失われかねないこと、といったことから戦略的ではないとした。

　さらに彼らは、アライアンスがジョイントベンチャーとも異なるとし、伝統的ジョイントベンチャーとの違いとして、次の5つを挙げた。

　第1に、アライアンスのほうがジョイントベンチャーよりも企業戦略にとってより中心的存在であること。第2に、ジョイントベンチャーでは互いに既知のリソースを組み合わせその効果は予測可能なのに対し、アライアンスでは高い不確実性のもとで互いのリソースを投入する。第3に、ジョイントベンチャーが通常2社間からなるのに対し、アライアンスはより多くの参加者からなる。第4に、アライアンスは単一製品の共同生産よりも多くのパートナーの資源を必要とする複雑システムやソリューションの開発を行う。第5に、今日のパートナーは明日の敵というようにパートナー関係が曖昧で、アライアンスのマネジメントがより難しい。

　このように、ドーズとハメルも戦略的観点に立ち、アライアンスを狭義に定義している。

　Yoshino and Rangan（1995）もまた、昨今の戦略提携という用語が安易に用いられることを批判し、ライセンシング、フランチャイジング、それにクロス・ライセンシングなどは長期的相互依存、経営コントロールの共有、

あるいは技術・製品の継続的貢献がみられないため、ストラテジック・アライアンスには相当しないとした。ここにも戦略提携の狭義の見方がある。

実際、戦略提携に関して多くの出版物が出されているが、その捉え方はまちまちである。本章では、そうした形態論に終始するより、戦略提携をその目的、機能面に焦点をおいて、上記のとおり「パートナー同士が互いに競争優位を築くために互いのリソースや能力などを共有し継続的に協調関係に入ること」と定義した。したがって、本書における以下の議論の中に出てくる事例には、広義の提携としてのジョイントベンチャーおよびM&Aも含まれることをあらかじめおことわりしておく。

## 2. 協調がもたらす効果

戦略提携についての議論を進めるまえに、組織間の協調に関する考え方を簡単に整理しておきたい。

そもそも企業間関係自体が資産であるという考え方がある。いわゆる関係性資産（relational asset）である。これは、場における暗黙知の共有や、関係性の深化に伴う信頼関係の醸成の結果、機密情報や知識が交換されるといった効果がある。こうした関係は通常物理的近さという点がその特徴として挙げられる。たとえば、供給者と生産者が近接しているという点、あるいはヒューレット・パッカードとその他のシリコンバレーの企業群との関係に象徴される。日本の自動車業界における関係性に根ざした技能、スキルが収益および競争優位をもたらしているということがいえる。トヨタとそのサプライヤーとの関係がゼネラル・モーターズ（GM）とそのサプライヤーとの関係より密である点が挙げられる（Dyer and Singh 1998）。

このように関係性資産は重要な知識、ノウハウの共有を促す点で重要であるが、とくにその交換、共有する知識、ノウハウが相互補完的であるときに大きな効果を生む。個々の企業が持っている経営資源が合わさることにより、個別の戦略的意味を上回る威力を発揮することがある。Dyer and Singh（1998）によれば、そのもっとも顕著な効果はお互いの経営資源が不可分（indivisible）であるというときに生じる。一例を挙げれば、ネスレとコカ・コーラが缶コーヒーを自動販売機で販売するやり方。また、ビザ（カ

ード）と世界中に点在する銀行との関係に相当する（Dyer and Singh 前掲論文）。

### 3. イノベーションから見た競争と協調

いったい企業は、どういう条件のもとで他社と競争・協調するのであろうか。ひとつの見方として、企業が競争を選ぶ場合は、他社との協調がいわゆるパイのサイズを拡大しない場合である。逆にいえば、パイのサイズが拡大しているならば協調を選択するであろう。

協調という選択肢を選ぶ理由をいくつか列挙すると、次のようになる。第1に、扱っている技術がポジティブ・フィードバックテクノロジーである場合である。それは、当初のコストがきわめて高いのに比べ、その後の単位生産コストが低い場合である。東芝、IBM、ジーメンスが256MDRAMを開発したときのことがその代表例である。

第2に、扱うテクノロジーがネットワーク効果を持つ場合である。すなわち、標準化を確保することが重要な場合である。より多くの人々が使えば使うほどより価値のあるもののことである。

第3に、扱っている技術が非連続的変革をとげている場合である。それは、コンピタンス破壊型イノベーションともいわれ、そうした状況においては既存の知識を忘却することが重要となる。他社との協調によりそうした古くなった知識を忘却し、新たな知識を吸収する時間を与えてくれる。

第4に、その会社が扱っている技術がイノベーションのライフサイクルの初期にあたる場合である。そこにおいては、その技術はまだ萌芽期にあたり、いち早く標準をとることが重要になる。組織間の協調の要因をイノベーションとの関連で見ると、以上のようになる。

# 2 戦略提携の目的

ここでは、戦略提携の目的を簡単に整理してみたい。

## 1. Gomes-Casseres（1993）の整理

　ゴメス゠カサレスによると、次の3つが挙げられる。

　ひとつ目は、サプライ・アライアンスと呼ばれるものであり、相手と組むことにより自らにないリソースをその相手より確保・補填するものである。またこれは製品の供給における取引費用を最小限にとどめる効果も発揮する。

　例としては、相手のパイプラインを獲得する製薬企業や、相手の資金を獲得して財務再建をはかる企業、また自社の足りない技術を相手企業より補填する企業など、さまざまである。たとえば中外製薬は医薬品開発のパイプラインも不足し、近々主力薬品の特許も切れるなどの不安材料も多かった。どこかと合従連衡戦略に訴える道を模索していた。ロシュとの提携のメリットはロシュが株式を50.1％保有するが中外側には自主的経営権が残され、社名も中外製薬を存続できる安心感に加え、何よりもロシュの世界的ネットワークを通じたグローバル・リソースへのアクセスが可能となる点がある。また三菱自動車工業とダイムラー・クライスラーとの提携においては、三菱にとってダイムラー・クライスラーの持つ資金力は自社の財務改善のために心強い。

　ふたつ目は、ラーニング・アライアンスと呼ばれるものであり、相手との共同研究開発などを通じた相互学習を通じ、相手側のベスト・プラクティス等を学習したり新たな能力を構築するものである。

　例としては、ゼロックスよりゼログラフィー技術を学んだ富士写真フイルム、ルノーから企業再建ノウハウを学んだ日産などがある。また三菱自動車工業もダイムラー・クライスラーと組むことによりデザインノウハウ学習の機会を得た。一方、ダイムラー・クライスラーからすれば、三菱の持つ小型車技術を学習するチャンスとなった。

　そして3つ目は、ポジショニング・アライアンスといわれるもので、相手と組むことにより相手の持つ市場や事業セグメントに参入する戦略である。なお、これには相手企業が長年にわたり築きあげてきた評判なども含む。これにより、新たなマーケットへの参入が可能になるのみならずシェアを拡大し、競合他社に対し、ポジションを高めることができる。例としては、大規模製薬企業とアライアンスを結ぶことで定評と信頼を得た新規バイオベ

ンチャー企業、ベルギーのガラスメーカー・グラバーベルと組むことにより東欧に参入した旭硝子、合弁を通じて日本や中国市場に参入した多くの欧米企業などがある。また2001年12月に国内事業提携が締結されたスイスの製薬企業ロシュと中外製薬とのアライアンスもその典型例である。ロシュにとっては中外製薬との提携により日本市場での地位を築き上げることができた。同様にこのままでは外資の対日進出に伴い単独生存は困難だと認識していた中外製薬もシェア拡大が重要課題であった。さらに、三菱自動車工業と組むことにより日本およびアジア市場へのアクセスをより強固にしたダイムラー・クライスラーのケースなども挙げることができる。

## 2. スペックマンらの整理

　スペックマンらは、戦略提携の目的を次のように整理した（Speckman et al. 1997）。

> 新たなマーケットの開発
> 新たな地域への参入
> リスクの共有化
> 生産ラインのギャップを埋める
> 規模の経済の活用
> 研究開発コストの共有
> 新たな標準の設定
> キャパシティーの有効活用
> スピード
> 学習

　こうした諸目的は、先のGomes-Casseres（1993）の分類とやや重複してはいるが、より多くの項目が含まれている。

## 3. Doz and Hamel（1998）の分類

　ドーズとハメルは、企業間でアライアンスを結ぶことで価値創造（value

creation）を行うことこそが、アライアンスの究極の目的であるとした。そして彼らは次の3つの活動を通じアライアンスによる価値創造が実現するとした。

第1は、コオプション（co-option）。（潜在的）競争相手や補完的製品・サービスの提供者と組むことであり、それによりクリティカル・マスを確保しネットワーク効果およびスタンダードの構築が可能になる。

第2は、コスペシャライゼーション（cospecialization）。もともと別の資源、ポジション、技能、知的資源を組み合わせることにより相乗的な価値創造を実現することである。

第3は、学習と内部化（learning and internalization）。他社とのアライアンスを通じてとりわけ暗黙知的でなかなか入手しづらい知識や技能を獲得し、新たなコンピタンスの構築を行うことである[2]。

## 4. Yoshino and Rangan（1995）の分類

ヨシノらは戦略提携の目標を次の4つの広いカテゴリーに整理した。

第1は「活動への付加価値」、第2は「相手からの学習による戦略的能力の拡大」、第3は「戦略的柔軟性の維持」、そして第4は「相手からの自社のコア・コンピタンスや優位性の保護」であった。これらの目的の間で優先順位をつけることによって、協調と競争のバランスのウエートづけをすることがアライアンス管理の成功要因であるとした。

そのうえで、コンフリクトの可能性（競争）と組織相互作用の度合い（協調）を2軸にとったアライアンスの類型を提示した（図10-1）。

- **プロ・コンペティティブ（procompetitive alliances）**　たとえば製造業者とその供給者や流通業者との間のような、産業間で垂直的バリューチェーンの関係をとる。
- **ノン・コンペティティブ（noncompetitive alliances）**　同一産業内の競合関係にない相手同士の提携である。
- **コンペティティブ（competitive alliances）**　組織間相互作用の重要さにおいて上のノン・コンペティティブと似ているが、最終製品市場における直接の競合相手となることが違いである。

図10-1 ≫ ヨシノとランガンによるアライアンスの分類

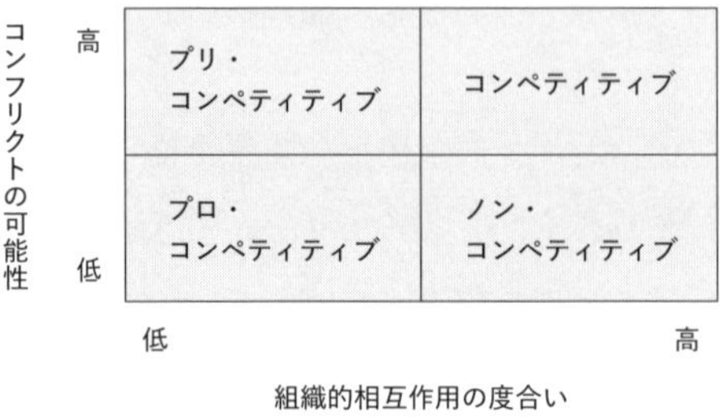

出所：Yoshino and Rangan（1995）

表10-1 ≫ 各アライアンス・タイプごとに異なる戦略目標の重要度

| アライアンスのタイプ | 戦略目標 | | | |
|---|---|---|---|---|
| | 柔軟性 | コア能力の保護 | 学習 | 付加価値 |
| プリ・コンペティティブ | ×××× | ××× | ×× | × |
| コンペティティブ | × | ×××× | ××× | ×× |
| ノン・コンペティティブ | ×× | × | ×××× | ××× |
| プロ・コンペティティブ | ××× | ×× | × | ×××× |

×印の数は重要性の度合いを示している
出所：Yoshino and Rangan（1995）

- **プリ・コンペティティブ**（precompetitive alliances）　異なった、しばし非関連の産業からの企業同士が新技術開発などの明確に規定された活動を共同で行うもの。

　これらの各アライアンスの類型ごとに、上で挙げた戦略的目的の優先順位は異なっている。表10-1はその一覧である。ヨシノらは、アライアンスの4つの目的の間の優先順位はそれぞれのアライアンスのタイプによりさまざまであるから、アライアンス担当のマネジャーはそうしたことを念頭に置きつつ目的達成を目指すことが必要であると論じた。

## 5. Haspeslagh and Jemison（1991）の分類

　また、企業買収の論理からの応用として、次のような見方もできる（Haspeslagh and Jemison 1991）。彼らの議論はもともと企業買収に関するものだ

が、ここでは本章の冒頭で論じたようにアライアンスを広義の意味で捉え、M&Aはアライアンスのひとつの形態であるという考えに基づき、企業買収の目的を整理する。彼らは企業買収の目的をドメイン（事業領域）の観点から見ると、①ドメインの強化、②ドメインの拡大、そして③ドメインの探索という3つの目的が挙げられるとした。

ドメインの強化とは、同じドメインの企業同士が組むことにより、その事業ドメインをさらに強化することにつながる。たとえば、ルイ・ヴィトンとモエ・ヘネシーが組むことによりフランスにおけるラグジュアリーブランドの名前を一層高めることとなった（LVMH）。

ドメイン拡大とは、既存のドメイン以外のドメインに強い企業と組むことにより、自社の持たないドメインまで進出することが可能となる。これは、双方にとって相互補完的役割を持ち、相乗効果をもたらす。

ドメイン探索とは、既存のドメインの成長性が将来的に見込めなくなった場合、新たなドメインを模索している場合に起こり、パートナーとの交流を通して新たな発見をしていくパターンである。これはさきに述べたラーニング・アライアンスに通ずるところがある。

また彼らは別の角度から、企業を買収の目的を次の3つに整理した。企業買収により求める対象を大きく分けるとすると、ひとつ目は能力、ふたつ目はプラットフォーム、そして3つ目に事業ポジションが挙げられる。第1のものは、企業を買収することにより相手の保有する能力、知識、技能等を学習する目的である。第2は、相手から能力を吸収しようとするのではなく、目的の市場への足がかりを築くために買収する場合である。そして3つ目のものは、事業ポジションをより強固なものとするために買収する場合である。

## 6. 戦略提携のデメリット

戦略提携には以上のような多くのメリットもあるが、その反面、デメリットも存在する。マイナス面としては、自社技術を公開し提供せざるを得ない点、コアとなる技術に関する戦略的統制が独自の判断で利かなくなる点、提携相手と市場が重複する可能性、意思決定が統一されない可能性および、利益をも共有せざるを得ない点などが挙げられる。そうしたプラス

マイナスをよく勘案して企業は判断すべきである。

　戦略提携の限界として、Gomes-Casseres（1993）は3つの点を挙げている。第1に、組織的制約が挙げられる。これは、提携に入ることにより、経営者の時間およびコミットメントが増大し、またパートナー間でのオペレーションの合理化が困難である点が指摘される。第2のものは戦略的問題点であるが、今日のような大競争時代においては企業同士の多くの戦略提携関係が複雑に入り組んでおり、新たなパートナーの入手可能性がかなり制約されていることがいえる。第3に、企業の存命にかかわる重大決定を、ともすればパートナーの協調において行わなければならず、コントロールの喪失という問題が生じる。

---

column

## 企業買収の論理：ハスペスラフとジェミソンの見解

　企業は、どのような場合に価値創造を行うのであろうか。そのひとつの方法として企業買収が考えられる。価値創造を考える場合、いくつかの視点がある。ひとつは、資本市場の観点から見た場合で、これは株主にとっての価値の創造が基準となり、その指標は株価によって表される。ふたつ目には、その他視点からの見方がある。これは、株主以外からの視点である。従業員、コミュニティー、顧客、供給者といった関係者にとっての価値創造の程度を基準に評価するものである。第3番目には、以上ふたつの中間に位置する見方として、経営者の観点というものがある。そこにおいては、企業の戦略的ビジョンにどれだけ貢献するかが評価の基準となる。

　企業買収には、その目的として大きくふたつがある。第1は、価値の移転といわれるものであり、これは被買収企業の持つ価値を買収企業へどれだけ移転しうるかということである。第2のものは、価値創造といえるものであり、単に買収企業が被買収企業の保有する価値を吸収するのではなく、より長期的に両者一体となりシナジー効果を生み出すかということである。後者は、グループとしての競争優位とパフォーマンスの向上をその目的としている。

　企業買収によりシナジーを追求する際に、どのような利点があるの

であろうか。第1には、組み合わせの利点とも呼ぶものがある。旧第一勧銀や東京三菱の事例にみられるように、両者の合併は規模の経済を生み出す。第2の利点は、リソースの共有と呼べるものであり、BOAによるチャールズ・シュワブの買収などにみられるように両者の間での規模の経済および範囲の経済効果が得られる。第3に特定の機能に関するスキルや知識を移転することが挙げられる。とりわけ、暗黙知、文脈知、ルーティーンといったものは、買収によってより容易に移転しうるとされている。第4に、マネジメントスキルの移転が挙げられる。リーダーシップやその他の経営管理的なスキルを被買収企業から学ぶことが容易になる。

　次に、買収とドメイン戦略とのかかわりについて考えてみたい。一般的に企業買収によるドメイン戦略の効果は、次の3つのレベルに分類される。第1に、ドメインの強化が挙げられる。企業が現在のドメインと同一のドメインを持つ企業を買収することにより、自社の事業領域をより一層強化することが可能となる。かつて、フランス最大のタイヤメーカー、ミシュランが同じくフランス第2位のタイヤメーカー、クレバー・コロンを買収することにより、グッドイヤーに対抗した例がある。また、ルイ・ヴィトンとモエ・ヘネシーとの組み合わせもラグジュアリーブランド業界におけるドメインの強化のひとつの例である。

　第2に、ドメインの拡大という戦略がある。新たなドメインを持つ企業を買収することにより、ドメインを拡大する場合である。かつて、アメリカの自動車会社、フォードやクライスラーは、小さな金融会社を買収していった。

　第3に、企業買収によるドメインの探求戦略が挙げられる。これは、上のふたつと異なり、あらかじめ規定された戦略を実行するのではなく、買収することにより新たなドメインを模索するという要素を持つ。かつて、ブリティッシュ・ペトロリアムが動物フード会社のヘンドリックスを買収した例がこれに相当する。

　企業買収は、買収企業に何をもたらすのだろうか。第1には、被買収企業の能力を吸収することが挙げられる。たとえば、エイサーが米国の小規模な会社を買収することにより、技術を確保していった例が挙

げられる。第2に、買収により新たな市場へのプラットフォームを確保する場合がある。たとえば、スウェーデンのエレクトロニクスメーカーであるエレクトロラックスは、南欧に弱いため、イタリアのザヌシを買収することにより南欧市場へのアクセスをはかった。第3に、企業買収によりビジネスポジションを強化することがある。たとえば、ネスレがカーネーション等の米国企業を買収することにより、北米における食品メーカーとしてのゆるぎないビジネス上の地位を確保した。

　企業買収においては、買収企業と被買収企業の間の相互依存関係が重要になる一方で、被買収企業への適度の自由度を与えることも重要だ。両者の適度なバランスが必要となるだろう。被買収企業が引き続き高い自由度を保有しながら、その一方で買収企業との相互依存関係が弱い場合がある。旭硝子がグラバーベルを1980年代初期に買収してから、今日に至るまで現地にきわめて高い自由度を与えつつ、リソースの相互依存関係が薄いのが特徴である。同様のことが、ソニーとコロンビアピクチャーズとの関係にもみられる。このような買収の特徴を「保持」と称することができる。逆に、被買収企業から価値を徹底的に吸収しようと努める一方、そこにほとんど自由度を与えないタイプもある。さきに出したエレクトロラックスのザヌシ買収の例が典型的である。こうしたタイプを併合と称することができる。最後に、被買収企業に十分な自由度を与えつつ、同時に戦略的相互依存関係を持つ場合もある。たとえばネスレと被買収企業との関係はこれに近く、このパターンを共生と称することができる（図10-2参照）。

**図10-2 ≫ 企業買収の類型**

| 組織的自律性の必要性 | 高 | 保持<br>(preservation) | 共生<br>(symbiosis) |
| --- | --- | --- | --- |
| | 低 | | 吸収<br>(absorption) |
| | | 低 | 高 |

戦略的相互依存の必要性

出所：Haspeslagh and Jemison（1991）

238

　以上、いろいろな視点から企業買収の戦略的意味を見てきたが、結局のところ、買収すればそれでよいということではないということがわかる。問題は、買収後いかに被買収企業から重要な価値を吸収し、さらには両者ともにグループ全体としての価値を創造していけるかどうかにかかっている。その意味で、買収後の統合およびそこにおけるマネジメントの役割がきわめて大きいことがわかる（Haspeslagh and Jemison 1991）。

# 3 グローバル戦略提携の形成過程

## 1. 戦略提携の形成過程

　戦略提携を考える場合、戦略の策定から実施に至るさまざまな過程を検討する必要がある。戦略策定においては、協調の論理を明確に規定することが何よりも重要である。パートナー探しにおいては、目的と能力のマッチングが重要となる。戦略提携の締結交渉のときには、双方の役割を明確に規定し、分担し、ガバナンスの構造を設計することが重要である。スタートアップ時においては、適切な投資と、パートナー間における信頼関係の醸成が重要である。オペレーション段階においては、双方がお互いに貢献しあい、また相手の能力を吸収することが重要である。最後に、調整段階では環境の変化を迅速かつ正確に察知し必要に応じて再交渉することが重要となる。また、必要に応じて提携の解消に踏み切ることも重要な選択肢のひとつであろう。

## 2. パートナー選び

　どのような相手と組むのがよいのであろうか。違う同士がひきつけあうということがあるが、そうであろうか。あるいは、似たもの同士がいいともいわれるが、はたしてどうか（Gomes-Casseres 1993）。企業間の提携関係は、

よく個人レベルにおける夫婦関係にたとえられるが、そうであろうか。ここでは、そのような問題意識を持ちつつ、パートナー選びについて考えていきたい。次の基準がパートナー選びの際に考慮されなければならない。

## (1) 相互補完性

パートナー選びの際、よく筆頭に挙げられるものがこれである。自社にないものを持つ相手と組むことにより、互いに補強しあい、パートナー同士がより強い存在となる。補完性には通常、以下のものがある。

**地域の補完性**　自社の弱い地域に強い相手と組むことにより、広範な市場をカバーできる。かつてスウェーデンの家電メーカー、エレクトロラックス社が南欧市場の弱さを補填するためにイタリアのザヌシを買収した例や、欧州と中南米に強いルノーがアジア、北米に強い日産と組んだ例などが代表例である。

**技術・能力の補完性**　自社の弱い技術、能力を保有する相手と組むことにより、自社の力を向上する目的で行う提携。コスト削減、デザインなどが得意なルノーが、技術力を持つ日産と提携を結んだ例が挙げられる。

**製品レンジの補完性**　自社の弱い製品レンジを補填する意味で、そこに強い相手と組む場合、これに当たる。上の例でいえば、小型車に強いルノーが中型車以上に強い日産と組んだ場合が相当する。

## (2) 共通基盤

相互補完のみではパートナー間のシナジー（相乗効果）は生まれない。互いの間に共通基盤があってこそシナジーは生まれる。その共通基盤とはかなり広い概念であり、技術的専門性などのコア能力の他、トップ同士の経営理念や価値観の類似性、両社の戦略の同一方向性なども含む。たとえばロシュと中外製薬の提携も、両社のトップマネジメント同士が信頼関係を築きあげ、ビジョンを共有できると確信したからこそ成立した。

## (3) 潜在的パートナーの持つ価値

潜在的パートナーの提供する能力は、顧客が欲する価値を生み出すであろうか。いかに相手が自社にとって相互補完性があるからといって、相手のレベルが一定以下なら提携関係を結ぶ意味がない。あくまでも相手のレ

ベルの高さがあってはじめて、相手と組むことから価値が生まれるのである。

### （4）競合他社との差別化の程度

　潜在的パートナーの保有する能力がどのくらいユニークなものであるかということは、重要な判断基準である。単に相手がハイレベルというだけでは十分ではない。他社も同じくハイレベルでは優位性の基礎とはなりえないからである。たとえば、マイクロソフトがDOSシステムのコピーライトの唯一の保有者であるといった例が挙げられる。

### （5）相手の能力の模倣不可能性

　他社がどのくらい早くまたどの程度その能力を模倣することができるだろうか。いかに現在の時点で相手のレベルが高くても、その能力が容易に模倣されるようでは技術的優位の基礎は築けない。キャタピラーの持つ世界中のネットワーク、あるいはフェデックスの構築したオーバーナイトデリバリーといったシステムは、他社にはなかなか模倣困難である。

### （6）能力の応用可能性

　潜在的パートナーの保有する能力がひとつの製品領域にとどまらず、より広い製品領域にも応用可能かどうか。もしそれがひとつの領域にしか活用できないなら、わざわざアライアンスを組まずに市場から買えばよい。

### （7）適正規模

　パートナーのサイズが極端に自社より大きい場合は、どうしてもコントロール面での譲歩につながる場合が多い。戦略提携で重要なギブ・アンド・テイクの関係や、Win-Winの関係が保たれるかが不安になる。また、マネジメントの自律性も保持しづらい場合が多い。逆に相手が小さすぎても、対応が抑圧的と相手から受け取られたり、マネジメントがかえってやりづらいこともある。また、相手が極端に小さい場合、相手からの学習とか相手から何かを吸収するなどといった、戦略提携本来の目的を果たすことができないかもしれない。しかし逆に、小規模ベンチャー企業などが、大企業と積極的にアライアンスを組みたがる理由は、大きく著名な相手とパート

ナーシップを結ぶことにより自社の信用や名声まで上昇する可能性を秘めているからである。

## （8）コントロールの容易さ

　これは(7)の適正規模が重要な理由のひとつでもあるが、相手がなかなか御しがたく、自社の基本的戦略や意思決定まで譲歩せざるを得ないような場合は組むべきではない。ファミリーコントロールが強い相手や、国有会社などは、組む前によく調査する必要がある。中外製薬がロシュとの提携に踏み切ったひとつの理由として、ロシュが株式を50.1％保有するが中外側には自主的経営権が残され、社名も中外製薬を存続できる安心感の存在も大きい。

## 3. パートナーの範囲

　広義での提携パートナーはなにも同業者に限らない（Afuah 1998）。顧客、とくにリードユーザーといわれる人々の意見を積極的に取り込むことにより、イノベーションの先取りをすることができるであろう。また、サプライヤー、とくにインテル等のリードサプライヤーとの協調関係を組むことにより、競争優位を確保することができる。また、現在の競争相手の中にも潜在的パートナーとなりうる人材が存在する（たとえばフェアチャイルド・セミコンダクターを去ったゴードン・ムーアとロバート・ノイスはインテルを創設した）。その他にも関連支援業界企業、大学や研究機関等は提携先としての潜在的宝庫である（Powell, et al. 1996）。

　たとえば自動車メーカーは世界的に戦略提携を進めているが、それに伴い自動車部品メーカーも急速に世界規模でのアライアンスを展開しはじめた。世界規模での生産体制に対応した部品供給体制を構築する必要性が高まったものの、一社単独での対応には限界があるからである。今後ますます自動車メーカーと海外の部品メーカーとの相互補完的アライアンスが増加するだろう。

　最近の事例としては、独イヴィスとの製品相互供給体制を築き自動車エンジン用チェーン事業を国際化している椿本チエイン、日本の自動車メーカーの国際化に伴い仏サンゴバンと提携したセントラル硝子、英ピルキン

トンに出資した日本板硝子などが挙げられる。[3]

## 4. イノベーションのタイプとの関連

　また、アフアはパートナー選びをイノベーションのタイプとの関連で説明した。イノベーションの与えるインパクトを技術的能力とマーケティング能力のふたつの側面に分け、そのイノベーションが技術面・マーケティング面双方に及ぼす影響が漸進的である場合は既存企業と組むのがもっとも合理的であるとした。また、技術面においては非連続的革新であるが、マーケティング面においては漸進的にとどまっている場合には、既存のマーケットに関する能力を備えた新規参入者と組むのが合理的であるとした。さらに、その反対に技術的革新は漸進的なものであるが、マーケティング的な意味での変革が非連続的である場合には、既存の技術力を備えた新規参入者と組むのが合理的であるとした。最後に、技術面においてもマーケティング面においても非連続的革新がある場合には、もはや既存企業と組むメリットはなく、スタートアップ企業をパートナーに選ぶのがもっとも合理的であるとした。

## 5. 戦略提携のモード

　上に述べたように、アライアンスは、きわめて広い概念として解釈される。広くは、階層と市場の間にあるさまざまな形態がそこに含まれ、ジョイントベンチャー（合弁）やM&Aすら含まれることもある。より一般的にはマーケティングの協調であるとか、技術移転、研究開発提携・コンソーシアム、製品スワップ、製品ライセンス等が含まれる。あるいは、ベンチャーキャピタルやベンチャーナーチャリングといったものまで最近は含められている。上で見たように、もちろんストラテジック・アライアンス（すなわち戦略的提携）というように戦略的意図が強調されるほど、その定義は狭い戦略面に限定されたものになる。

　このような多様な形態からもっとも適した形態を選ぶ判断基準として、米国の経営学者ロバーツとベリーはファミリアリティー・マトリックスという概念を提示した（表10-2参照）。

表10-2 ≫ ファミリアリティー・マトリックス

| | | 既存 | 新しいが馴染みあり | 新しく馴染みない |
|---|---|---|---|---|
| 市場 | 新しく馴染みない | 合弁 | ベンチャーキャピタル ベンチャーナーチャリング 教育的買収 | ベンチャーキャピタル ベンチャーナーチャリング 教育的買収 |
| | 新しいが馴染みあり | 社内市場開発 買収 | 社内ベンチャー 買収 ライセンシング | ベンチャーキャピタル ベンチャーナーチャリング 教育的買収 |
| | 既存 | 社内開発 (もしくは買収) | 社内製品開発 買収 ライセンシング | ジョイントベンチャー（新型 合弁） |

技術　　　既存　　　新しいが馴染みあり　　　新しく馴染みない

出所：Roberts and Berry（1985）

　それぞれがどの程度精通しているかによって提携のモードが選択されるというものである。もし、企業の扱うマーケットおよび技術の双方とも既存のものであるならば、社内開発（自前主義）で十分とされる。技術が新たなものではあるが馴染みのあるものの場合は、社内製品開発か買収、ライセンシングという手段がある。技術が新しくまったく馴染みのない場合には、ジョイントベンチャー（新型合弁）が妥当とされる。マーケットに対する馴染みいかんによっても、似たような選択肢が存在する。さらに、技術・マーケットの両方が新しく馴染みのない場合はベンチャーキャピタル、教育的買収等といったオプションが考えられるとされた（Roberts and Berry 1985）。

# *4* グローバル戦略提携の ダイナミック・プロセス

## 1. 戦略提携形成過程のマネジメント：4Cフレームワーク

　戦略提携の形成過程には通常次の4段階がある。筆者らはそれを4Cと呼んでいる。第1段階は"conceiving"（あるいは発生期）、第2段階が"courting"（あるいは接触期間）、第3段階が"commitment"（コミットメント）、そして第4段階が"closure"（締結）である（Korine, Asakawa and Gomez 2002）。

**第1段階**　戦略提携の形成過程の開始期である。我々の4Cモデルでは第1の"C"であるconceivingに相当する。この期間の主なタスクは、潜在的パートナーを選定することである。第2節で整理したパートナー選定の要件がここでは重要な判断基準となる。

　自社の現状を冷静に分析したうえで、いかなる相手と組むのが望ましいかを検討する。しかし実際には、冷静な分析のもとにパートナー選定基準を設定してそれに合う相手を模索するというよりは、これまでに何らかの形（たとえば過去に提携関係にあったとか、取引相手であるとか）で馴染みのある相手を選ぶ場合が多い（Gulati 1995a, b）。ローカル・サーチの原理などともいわれ、馴染みのある相手と組むほうが安心できるから、仮によりよい条件の相手を求めて広範囲に検索することはあえてしないパターンである。パートナー選定の合理的基準と関係性の基準の中では（Dyer and Singh 1998）、これは後者に当たる。しかし、ルノーが日産と組んだ場合などは、馴染みの相手ではなく、まったくの不慣れな相手を合理的に選定した例として注目に値する。

　**第2段階**　選定した相手との間に関係性を構築する期間である。Courtingというように、人間関係でいえば交際期間に相当する。これは、互いの特徴（長所・短所）や考え方を理解し、次のステップへと進むかを見極める重要な期間である。ここでは、単に互いのよい点のみに魅了されるのではなく、相手の欠点をも見抜き、また厳しい質問も投げかけてみることがその後の提携関係を機能させるうえでも重要である。しかし実際には、必ずしもそのようには行っていないことが多い。多くの場合、この期間には相手に対し自社をよく見せる努力が払われる傾向にある。その点、ルノーと日産の場合は注目に値する。トップ同士で最初の書簡を交わしてから2カ月足らずで、もう両社から共同調査チームを構成し、シナジー調査に乗り出した。そして互いの状況を十分に把握することに成功したのであった。

　**第3段階**　お互いに提携の合意の方向性を基本的に合意する意味において、提携の形成過程における重要なステップである。コミットメントは単なる交際段階とは違い、互いの意思確認が行われる意味で、より合意に近づく。ただし、現実には、そうした象徴的なステップは不可逆的効果をももたらし、またその後の自社の合理的行動に制約を課すことにもなり、回避ないし遅滞させがちである。実際の調印のぎりぎりまで漠然と交渉して

いる場合が多い。その点ルノーと日産の例は、象徴的なコミットメントが途中でなされた点で注目に値する。すなわち、共同調査チームのシナジー調査の中間報告が出るころに日産の塙社長はルノーのシュバイツァー会長ら首脳陣を日産本社に招き、日産の役員向けに提携の計画と想定されるシナジー効果についての報告を行ったのである。

**第4段階**　　最終的な締結に向けての作業段階である。通常は第3段階のコミットメントを遅らせたりする場合が多く、いざ調印となると果たしてこれでよいのかといった疑念を抱く場合が多い。本来第2段階で互いについて十分に調査、理解すべきところ、中途半端な状態を続けるため、最終局面でようやく真剣に相手について評価することを余儀なくされる場合が多い。それが提携成立後におけるトラブルや不協和音の成立の主な原因ともなっている。その点、ルノーのシュバイツァー会長のとった対応は特記すべきである。日産側が最終局面に至るまで、ダイムラー・クライスラーとの可能性をも否定し切れなかった噂が流れたりしたにもかかわらず、あくまでも一貫して日産との提携を誠実かつ謙虚に求めたシュバイツァー氏の姿勢は、この時期にとられるべき模範的対応といえよう。それができたのも、第1期、第2期、第3期においてやるべきことをしっかりやってきたからであろう。

こうした、4Cフレームワークは、戦略提携の形成過程のマネジメントにおいて、重要なチェックポイントとしての役割を果たす。

## 2. 戦略提携形成過程のマネジメントの重要性

こうした戦略提携形成過程のマネジメントは、単なる締結合意までのプロセスにすぎないのだろうか。この期間のマネジメントの重要性を過小評価してはならない。なぜならば、その巧拙によっては、戦略提携締結以後の成果にも影響を及ぼす可能性が大であるからである。

**第1の効果：互いの深い知識**　　戦略提携形成期間に互いについてよく調査し理解しあうことは、その戦略提携成立後のマネジメントに大きな効果を与える。なぜなら、締結前に真剣に調査し、長所も短所も納得したうえでの締結であれば、合意後に改めて相手に対し不満を抱く可能性が少なくなるからである。さらに、相手と組むことにより自社の欠点を補うことが

できるという知識をすでに持つことにより、戦略提携のもたらす価値に対する信頼を最初から持つことができることも大きい。さきに挙げたルノーと日産の例でも、第2段階における共同調査チームによる徹底したシナジー調査により、日産側の社員の自覚も高まりゴーン氏による変革の必要性をより早く受け入れることができた。

**第2の効果：抵抗勢力への対策**　戦略提携は今まで別の企業同士が融合するという性格上、数々のトラブル発生が見込まれる。中には、以前からこの提携話に反対してきた管理職や従業員も少なくない。彼らの抵抗を封じ込めるうえで効果的なものが、戦略提携形成過程のマネジメントである。この期間における互いの緊密な接触や相手に関する調査活動を通じ、相手を知るよい機会となることに加え、自社単独では達成しえないことまで戦略提携により到達できることを理解することができる。したがって、戦略提携形成過程にいかに効果的に反対勢力を巻き込んでいくかが重要である。日産の例では、当初役員の間では外部との戦略提携には否定的であったが、共同調査の中間報告データをもとにルノーの首脳陣により日産本社で役員向けの象徴的なビッグ・ピクチャー・プレゼンテーションがなされ、もはや抵抗することが時代に逆行している風潮をつくり上げたことが挙げられる。

**第3の効果：起業家精神の醸成**　これも上の論点と関連するが、戦略提携形成期間における調査活動などを通じ、自社の問題点を明確にし、戦略提携相手と組むメリットをしっかりと認識することにより、一人ひとりがこの戦略提携をいかに上手に活用できるかについての問題意識を持つことになる。これがまさに企業家精神の醸成である。日産の例では、戦略提携形成期間中に共同調査チームに参加した日産の従業員が自社の問題点とルノーとの戦略提携の潜在的相乗効果（シナジー）について自らの手で把握し、問題意識を深めていったことが、ゴーン体制に移行してからも改革の意欲を高めていくうえで重要な役割を果たしていった。

## 3. 学習・再評価・修正

　戦略提携のパートナーは戦略提携の締結以後も引き続き、状況の変化に応じ常に見直していく必要がある。

**図10-3 ≫ 学習のサイクル**

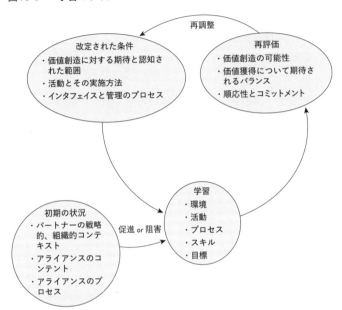

出所：Doz and Hamel（1998）；『競争優位のアライアンス戦略』志太勤一・柳孝一監訳、
　　　ダイヤモンド社

　ドーズは、戦略提携の成功を規定する要因として、初期の条件とその後の学習プロセスの両方を分けて検討している（Doz 1996）。それによれば、成功している戦略提携・プロジェクトは、どれも時間とともに進化しており、学習、再評価、再調整のサイクルを相互に展開しているという。それに比べ失敗しているプロジェクトは、初期の惰性がとても強く、学習が乏しくて再評価、再調整が機能していないケースが多い。

　戦略提携の初期条件はさまざまである。当初は完璧に思えた関係も、いざ戦略提携関係に入ってみると、それまで気がつかなかった側面も出てくる。また、初期条件が環境変化等により大きく変化してしまうことも決してめずらしいことではない。したがって学習のサイクルの重要性は大きい（図10-3）。

## 4. 関係性の変化の事例

　富士ゼロックスの事例は、最近における成功例といえよう。富士写真フィルムとランク・ゼロックスは1962年に、50対50のジョイントベンチャーとして提携関係に入った。当初、ランク・ゼロックスは日本市場へのアクセスをその主な目的としていた。それは、日本政府の規制が日本のパートナーとの提携を余儀なくしていたからである。これは、ポジショニング提携と位置づけられる。

　一方、富士写真フイルムの場合、当初の目的は電子写真（ゼログラフィ）の技術をゼロックスから学ぶことであった。それはいわゆるラーニング・アライアンス（学習提携）の典型例であった。ところが1980年代に入ると、ゼロックス自体が富士ゼロックス（日本）から製品設計および品質管理に関する技能を学習しはじめた。これにより、ゼロックス側のアライアンスの目的が当初のポジショニング・アライアンスからラーニング・アライアンスへとシフトしていったことがわかる。

　このように、時代とともに提携の目的は推移するであろうが、富士ゼロックスの場合は、その都度新たな提携の目標を明確に認識し、再定義していったことが成功要因であろう（Gomes-Casseres and McQuade 1991）。

　IBMの場合、協調のメリットとデメリットは時代とともに大きく変化していった。1950年代から70年代にかけては、海外の子会社における完全所有を主張していた。これは同社が当時業界のリーダーであったため、その他の二流企業との提携から得られるメリットが少ないと判断したためであった。それに加え企業としての一貫性をきわめて重んじるグローバル戦略をとっていたために、1978年には、インドの市場から撤退した。この時代においては、提携から得られるメリットよりもデメリットのほうが大きいと判断したのである。

　しかしながら、1980年代に入ると様相は一変した。技術革新によりIBMの技術力におけるIBMの万能主義は終わった。海外企業の参入もめざましく、IBMとしても製品のポジショニングを強化し、新たな技術をパートナーから学習し、部品の調達をより効率的に行う必要性が生じた。その結果、いったんは撤退したインドにおける合弁を再開することとなった。ここにおいては、戦略提携から生じるデメリットより、メリットのほうを強く認

識していることがわかる（Prahalad and Doz 1987）。

## 5. Win-Winの関係

　戦略提携を成功に導くためには、Win-Winの関係に持っていかなければ
いけない。Win-Loseの関係ではいけない。競争と協調の微妙なバランスを
うまくマネジメントしなければならない。いかに戦略的に協調を行うかと
いうのが鍵となろう（Hamel 1991 ; Hamel, Doz and Prahalad 1989）。

　そのWin-Winの環境をつくるにはなによりもパートナー間の信頼関係を
養うことが必要であろう。また、単に短期間における利害関係のみを意識
するのではなく、長期間にわたる協調関係の継続を意図することが重要と
なろう。さらに、提携相手を出し抜くのではなく、提携相手とともに能力
を高めていくことこそが戦略提携の究極の目的であるべきであろう。


# 5　グローバル戦略提携の終結

　国際的な戦略提携においてマネジメントはきわめて難しく、失敗例もき
わめて多い。スペックマンらの米国企業の調査でも、アライアンス締結後
5年以内に7割以上の提携が解消に至っているという（Spekman et al. 1997）。最
近ではドイツの自動車メーカーBMWにより英自動車メーカーのローバー
を売却する決定が2000年3月16日に下された。新興市場の開拓のために
BMW以外のブランドが不可欠だと考えた結果、ローバーを1994年に買収し
た。しかしそれ以降6年にわたりほとんど利益を出さず、売却に至った。[4]

　なぜアライアンスは終わるのであろうか。Serapio & Cascio（1996）は、ア
ライアンスの終結の要因を調査し次の点を明らかにした。

　　①経営管理上のプラクティスがあまりにも違っていたためにその調
整、ベクトル合わせが困難であったということ。メキシコのビトロと
米国のコーニングの例が挙げられる。
　　②パートナー間の企業風土があまりにも違ったため。AT&Tとオリ

ベッティとの事例がこれに相当する。

　③合意が破綻するということ。イタリアのソーバーと中国の鮮州との例が相当する。

　④提携がもはやパートナーの目的、戦略に適合しなくなった場合。イギリスのブリティッシュエアロスペースのホンダとの提携解消の意思決定が挙げられる。

　⑤財務的問題が生じたとき。ブリティッシュエアロスペースがローバーを売却した事例がこれに相当する。

　⑥提携が当初の目的を達成した場合。サンドーと三共の提携は1990年に解消されたが、これに相当する。

　提携が解消されるときは、計画的にされる場合と自然発生的にされる場合がある。計画的解消は戦略的側面が強い。それに対し、無計画で終わるものは当初の予想を上回り、提携のマネジメントの困難さが大きかったため生じるケースが非常に多い。たとえば、GMと大宇、明治製菓とボーデン、それにAT&Tとオリベッティのケースに顕著である。

　それをもとに、セラピオらは、提携の締結の際には以下の点が留意点として重要であると指摘した。

　教訓

1. 提携に入る前にパートナーについてよく知ること
2. 提携相手の国についてよく知ること
3. 提携関係に入る前にきつい質問を投げかけること
4. 必要に応じては交渉から退席することも辞さないこと
5. 締結解消は単に法的な問題ではなくビジネスの問題である
6. パートナーとの個人的関係が重要である

*case*

## 旭硝子のグラバーベル買収

　旭硝子が1981年にベルギーのガラスメーカー、グラバーベルを買収した事例を紹介しよう。ヨーロッパの板ガラス業界として超一流の名を得たベルギーのグラバーベルだが、70年代以降、生産技術の変化、石油危機等の厳しい環境変化に直面していた。そのような状況のもと、同社は81年に旭硝子に買収された。かつてはガラス産業の王者たるグラバーベルも70年代の財務状況の悪化により、当時急成長をとげていた旭硝子のほうが優位に立っていた。

　たしかに建材用ガラスに強いグラバーベルと自動車用ガラスに強い旭硝子といったように、技術面での相互補完性も高かった。さらに東欧も含めた欧州に強いグラバーベルと日本・アジアに強い旭硝子といった、地理的補完性も認められた。

　しかし買収当初は旭硝子側には明確な戦略的意図が必ずしも認められなかった。当初グラバーベル側はサンゴバンなどに対抗すべく、自社の欧州での地位を強化させたいと考えていたのに対し、旭硝子のほうは日本車メーカーによいサービスを提供したいという望みを持っていた。しかし肝心の、グラバーベル買収による自社の戦略的目標は必ずしも明確ではなかった。

　旭硝子としては、この買収を戦略的に活用して旭硝子グループとしての競争優位とパフォーマンスを向上する必要があった。そのためには旭硝子とグラバーベルとの間のコミュニケーションの活性化が鍵となるが、当初は必ずしも両社間の交流は十分ではなかった。グラバーベルへ出向していた日本人マネジャーは危機感を持ち、なんとか両社間の相互交流を促進すべく本社側にも積極的に働きかけた。両社の間にグループ意識を醸成することにとくに力を入れた。

　マーケティングや生産といった地域補完性の利く分野に比べ、R&Dの分野における両社の相互交流は結構手間どったといわれる。しかし建材用ガラスに強いグラバーベルと自動車用ガラスに強い旭硝子はその技術の補完性ゆえ協力のメリットも十分あった。

　旭硝子によるグラバーベル買収の大きなメリットとなったことのひ

とつに、第三市場参入へのステップとしての機能が挙げられる。たとえば旭硝子はグラバーベルを買収することにより、グラバーベルの子会社で、チェコの中央ヨーロッパ最大の板ガラスメーカー、グラブユニオン（グラバーベルとチェコのスワロ＝ユニオンとの合弁会社）をもグループ傘下におさめることができた。また、グラバーベルによる米AFGインダストリーズの買収を通じ、日米摩擦を回避しつつ、米国にも参入を果たした。

このようなメリットはあるが、今後の大きな課題はグラバーベルとの間の共同研究プロジェクトをいかに推進するかといったシナジー創出の面にあるだろう。そしてアジア、北米、欧州といった3極化の流れの中、グラバーベルやAFGとの役割分担をどう行っていくかといった点も重要な論点であろう。

参考資料：Probert, J. and H. Sch te（1994）「グラバーベルと旭硝子」（INSEADケース、翻訳版、慶應義塾大学ビジネススクール）、旭硝子ホームページ

---

**本 章 の ポ イ ン ト**

戦略提携（strategic alliances）とは、パートナー同士が互いに競争優位を築くために相互にリソース・能力などを共有し、継続的に協調関係を持つことを意味する。広義には、アライアンスとは市場と階層との中間形態を指すが、狭義には資本関係より戦略的観点に立った契約関係に基づく。

戦略提携にはいくつかの目的がある。一般的にはパートナーから経営資源を獲得するサプライ・アライアンス、相手との相互学習を目的としたラーニング・アライアンス、ないし相手の持つ市場・事業セグメントの地位を獲得するポジショニング・アライアンスなどがある。戦略提携は企業による自前主義の限界を克服する多くのメリットが存在するが、その反面、組織的、戦略的、技術的に自由度が制約されるなどのマイナス面も多い。また戦略提携のマネジメントはパートナー選び、初期条件の設定、信頼関係の構築、相互学習、外部状況の変化に応じた提携関係の修正などといったダイナミックなプロセスである。

　常に関係性を柔軟に見直していく態度が重要であり、時には提携関
係の解消をも戦略的に模索する必要がある。とりわけグローバルな提
携関係のマネジメントには高度なマネジメントのスキルが必要である。

---

本文注

1　この点に関してはAfuah（1998）に準処している。

2　たとえば一例としてNUMMIが挙げられる。GMとトヨタ両社が1983年に2億ドルずつ出資し
　　て設立したNUMMIのフリーモント工場（カリフォルニア州）は、当初従業員は欠勤が多く、
　　モラールも最悪であった。しかしその後、NUMMIでは初年度より労働環境が大幅に改善し、
　　生産性も向上した。それは工場管理の工夫（ジャストインタイムやカンバンなど）による作
　　業の効率化と、従業員を巻き込んだ合意形成、目標管理、改善（カイゼン）といったトヨタ
　　方式の基本をしっかりと移植し、人との相互作用に基づくヒューマンウエアをベースとした
　　からであった。この成功により、GMではトヨタ生産方式ノウハウを学習しようとNUMMIに
　　優秀な人材を配置したり一時派遣したりしてきた。そしてその効果がGMの小型車計画「サ
　　ターン計画」や労使一体型による新車開発などにも活かされていった（島田 1988）。

3　坂元将晃（2002）慶應義塾大学ビジネススクール

4　持山智（2000）慶應義塾大学ビジネススクール

# グローバル経営環境と
# マネジメント

# 第 11 章

# グローバルな人的資源戦略

　本章では、グローバル経営の人的資源マネジメントに関する論点を概観
する。これまでに見たとおり、人的要素はグローバル経営の各分野の中で
ももっとも現地特有の社会文化的影響を受けており、世界標準のプラクテ
ィスを導入すればすむ話ではない。いかに世界各国の人々の能力をうまく
活用できるかがグローバル企業の大きな課題であるが、そのためにはさま
ざまな経営管理上の工夫が必要である。

# *1* 国際化の進展と人的資源管理

　第1章と第3章で企業の国際化の発展段階を取り上げたが、ここではその
流れに沿って、いかなる人的資源管理が重要となるかを考えよう。

## 1. ドメスティック企業の段階

　ドメスティック企業としてもっぱら国内で事業展開しているうちは、人
的資源管理のうえでも海外との接点はあまりない。ただし原材料や製品を
海外から輸入する場合、海外の納入業者との接点を持つことになるが、そ
の場合もたいていは商社を仲介させるため、実質上の海外との接点はない。
しかし海外からの日本市場参入とともに、国内で外国企業との競争関係が
生じる。しかしその場合も、国境を越えた人的接触の場面はあまりない。し
たがってこの段階では、グローバルな側面は人的資源管理における論点と
はならない。

## 2. 輸出の段階

　海外への輸出段階ではどうだろう。国内の輸出商社を介する場合、ドメスティック企業とまったく変わらず、人的資源に関してもグローバルな側面はまったく問題ではない。やがて海外の輸入業者（バイヤー）に直接輸出する段になってはじめて、海外現地業者との接点が生じる。

　この場合は、本社の国際業務部門の担当者が現地バイヤーとの間での条件の交渉や契約書の作成といった簡単な手続きができるだけの語学力が必要となるが、海外ビジネス事情や現地国市場の状況に関する深い知識はまだ要求されない。しかし現地市場への進出がさらに進むに従い、海外ビジネスにより精通した人材が必要となる。

## 3. 海外子会社設立の段階

　現地化がさらに進むと、海外子会社が設立されるが、この段階に至ると人的資源管理の面でも国際化が進む。本社側では、海外進出国の事情に詳しく、海外現地スタッフとのコミュニケーション能力のある人材が必要となる。また、そうした外国ビジネス要員を国際事業部に配置すればよいとは限らない。なぜなら、海外関連ビジネスが国内ビジネスと完全に分離している時代はもはや過ぎ去り、各事業部ごとに製品の国際化が進むほど、各事業部のスタッフに国際ビジネスの遂行能力が要求されるからである。ここでは、国内ビジネスと海外ビジネスは別次元のものではなく、共にグローバル規模の事業戦略として捉えられる。

　次に現地子会社側の人材はどうであろうか。ここには少なくとも本社から派遣された駐在員と現地採用社員がいる。まず駐在員に要求される役割としては、いくつかの次元がある。まずマネジメントの次元では、本社と海外子会社との間をつなぐ役割である。それには、駐在員として本社側の方針を現地社員に徹底することと、現地社員の考えを本社に伝達することが含まれる。通常は前者の場合が多いが、後者の役割も忘れてはならない。つまり現地駐在員マネジャーには、本社側の方針を十分に理解しつつも、現地に特有の状況にも配慮し、両方のバランスをとる能力が要求される。そしてそのためには、現地子会社の社員との間のコミュニケーション能力、人

材管理能力が必須である。そして駐在員は、単に担当の仕事に精通していればよいのではなく、現地の文化、習慣、言語などにも通じていなければ自らも現地生活へ容易に適応できないばかりか、現地スタッフからも十分な信頼を得られないだろう。

　次に現地採用社員に要求される役割と、それに必要な能力は何か。進出当初は、さほど大きな役割を担った現地スタッフは少ない。しかし海外子会社の役割が増大するに従い、現地スタッフの役割も大きくなる。とりわけ現地特有の知識やノウハウが必要な場合、現地スタッフに対する期待は大きくなる。日本企業の多くは、これまで必ずしも現地スタッフの能力をうまく活用してきたとはいえない。海外子会社の戦略的役割が大きくなるほど、彼らの能力を活用することが不可欠となる。しかし海外では、日本企業の子会社で働いても重要な仕事はなかなかさせてもらえないといったイメージが強く、有能な人材が応募してくれないといった問題もある。そういう意味では、これまでの日本企業に対するそのようなイメージをいかに払拭し、有能な人材を海外で採用するかが緊急課題といえよう。

## 4. グローバル・ネットワークの段階

　企業の国際化がさらに進むと、海外子会社の戦略的役割はきわめて重要となり、本社と海外子会社との間の上下関係が限りなく対等関係へと変わるだろう。第7章で見たとおり、そのような実例はまだほとんど存在しないが、理論上そうしたモデルがいろいろ提示されてきた。そのような段階においては、いかなる人的資源管理が適当であろうか。

　ひとことでいうならば、企業内のあらゆる部門の人材がグローバル・マネジャーの資質を備えていることが必要であろう。本社であれ海外子会社であれ、グローバル規模で物を考え、自分の担当するローカルビジネスも常にグローバルな地理的視野で捉える能力が重要である。また特定のファンクションや特定の製品事業領域を担当していても、常にグローバルな地理的視野で考える力が必要である。こうした能力を備えた人材をコスモポリタン・マネジャーなどと呼ぶことがある。こうした人材は簡単には見つからないし、また育成するのも容易ではない。人材の発掘・育成もグローバルな人的資源戦略の重要課題といえよう。

# 2 海外拠点の
人的資源マネジメント

　海外子会社のマネジメントのありかたは、日本企業、米国企業、欧州企業のそれぞれの場合で異なるスタイルで行われてきた。個別企業ごとの特殊性はあるが、一般的には欧州企業の場合、海外子会社の自律性が高いとされ、逆に日本企業の場合は海外子会社の自律性が低いとされた（詳しくは第5、6章参照）。ここでは日本企業の場合について考える。

## 1. 伝統モデルと新型モデル

　伝統的日本企業の人的資源モデルとして「日本人支配体制」が挙げられる（石田 1999）。海外子会社において、中核人材といわれる経営管理者は日本人駐在員がなり、一般事務などの補助労働力は現地採用スタッフが担うという二重構造になっていた。

　しかし日本企業のグローバル化に従い、海外子会社の役割も重要となり、現地市場ニーズへのさらなる適応、現地特有の経営資源（知識やノウハウなど）の有効活用のためには、日本人駐在員のみがとりしきるやり方ではうまくいかず、現地スタッフの能力をいかに活用するかが鍵となる。しかしこれまで補助労働力としか見なされてこなかった現地スタッフは、本社の持つ戦略的に重要な情報などからは隔離され、会社に貢献しようというやる気が失われており、そう簡単には彼らの潜在能力を発揮させ活用することは難しい。よって日本企業は、まずは現地スタッフを重用するよう彼らに明確に伝え、日本人駐在員と現地スタッフの間のコミュニケーションを活発にすることにより両者の信頼関係を構築しなければならない。石田（2002）のモデル（図11-1）は、伝統的体制と新しい体制の主な特徴を表している。日本企業は現在、新体制への移行を余儀なくされているが、長年の慣行を脱皮し新たなシステムに移行するのは大きな困難を伴う場合が多い。

**図11-1 ≫ 日本企業の人的資源モデル**

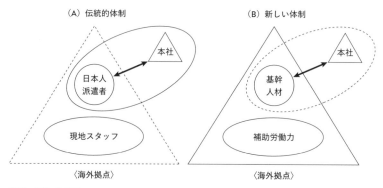

（A）伝統的体制　　　　　　　　　　　（B）新しい体制

本社

日本人
派遣者

現地スタッフ

〈海外拠点〉

本社

基幹
人材

補助労働力

〈海外拠点〉

出所：石田（2002）

## 2. 海外ナレッジワーカーのマネジメント

　日本企業が海外に工場を設立し、現地でブルーカラーワーカーを雇用した際、彼らに期待していたのは高度なナレッジワークではなく、部品の組立・生産・設計・製品組立といった単純労働を低賃金でミスなくこなす効率的労働力であった。しかし労働者を大切に扱うと評判の日本的経営は、米国の自動車工場の労働者からも好まれた。

　しかし海外子会社での仕事が高度になるに従い、日本型マネジメントの問題点が浮き彫りになっていった。ホワイトカラーの現地スタッフの多くは補助作業員として扱われてきたため、日本企業に就職してもたいした仕事はやらせてもらえないといったイメージが定着してしまい、チャレンジ精神旺盛な有能な人材は応募してこなくなる。

　海外拠点の戦略的役割が大きくなりつつある今日においては、このような状況は重大な問題といえよう。一流の科学者や高度な技術を持ったエンジニア、それに国際的な評価を得たアーティスト、デザイナーなどといったナレッジワーカーは、画一的な職能給制度には満足するはずがない。そこで業績により賃金を決定する年俸制（ゼロベース、毎年業績に応じて変動）やストックオプション（会社の株式を一定の数、一定の価格で、一定期間内に購入する権利）などの導入が検討される。

　こうした工夫により、海外での優秀な人材の採用は可能性を増すが、そ

の反面、国内の同一職務に従事する日本人社員の待遇とのバランスの問題が生じる。また、賃金面での待遇をいくら改善しても、結局は本社の指令のもとで動く日本人による支配体制のため実力を発揮できないというイメージの払拭が重要であろう。

# *3* 海外駐在員の派遣マネジメント

　海外子会社へ本社から社員を派遣する場合、たいした事前準備なしに現地に送り出すことが多い。しかし社員の海外派遣をより成功させるためには、個人のキャリアサイクルといった長期的視点からその派遣を捉え、十分な事前準備訓練を与えることが効果的である。そして派遣後もその経過とともに適宜支援を行うことが大切だ。さらには海外赴任を終えて、帰国した後のフォローも忘れてはならない。以下、それぞれの段階に関する留意点について簡単に触れよう。

## 1. 派遣前の事前準備

　社員を海外に派遣する場合、どこにだれを送るかについては、職場の人事ローテーションの一環としてその職務上の知識・経験・技能に照らして選考するのが一般的である。派遣先の社会・文化・言語がよほど特殊でない限り、仕事の面での基準に基づいた人選がなされることが多いようだ。しかし企業の人事部には、社員一人ひとりの海外勤務に関する適性、当該地域への関心、これまでの旅行や滞在経験、言語能力など多岐にわたる情報を収集し、それらを統合した判断をする余裕があまりない。しかし派遣した社員の現地での成功を高めるには、会社員としての役割に注目するだけでなく、それ以前にどのような性格・適性・経験を持った人間かにも十分な注意を払わなければ、的確な人選はできない。

　次いで、選抜された社員が出発までの間に赴任の準備を行うが、通常、引き継ぎや渡航手続きなどで時間に追われ、赴任国の文化・習慣・歴史などの一般教養まで研修を受けることは少ない。まして日本企業の場合、同伴

家族を対象とした研修などはほとんど提供されない。しかし、このような仕事面に重点を置いた赴任準備だけでは不十分である。本人および場合によっては同伴家族をも対象とした異文化研修が今後ますます必要となるだろう。

## 2. 派遣後初期

　派遣の初期段階では、問題は顕在化しないことが多い。本人や同伴家族は新たな生活・職場環境に適応しようと努め、また周囲も派遣者に対していろいろ支援してくれる歓迎モードである。この時期はよくハネムーン期にたとえられる。

　しかしこの時期にも、派遣社員本人とその家族とではその状況が微妙に異なる場合が多い。社員本人は多忙ながらも、日中、会社という職場内で充実した時間を送っているのに対し、その家族は（もし家にいる場合は）、当初から一般社会に身を置くことになる。

## 3. 派遣中期

　この時期は、初期のハネムーン期が終わり、海外赴任生活を現実のルーティーンとして捉えるころである。この時期には海外で仕事をするうえで種々な壁にぶつかり、思うように事が運ばないことが多い。思うように異文化の壁を乗り越えることができず、カルチャーショックの連続となる。現地流の仕事の進め方や習慣に合わせようと努力はするものの、なかなか適応できない。本社から派遣された駐在員としての立場と現地スタッフの間では文化的溝も多く、彼らとのコミュニケーションにも苦労する。

　しかしやがて現地の職場環境へ適応し、郷に入れば郷に従えの処世術を身につける。現地スタッフとの接し方にも慣れ、本社側とのパイプ役を担い始める。

　同伴家族の場合は、この時期にいかなる環境に置かれているかによりパターンは異なってくる。たとえば夫の海外赴任に同伴した妻が仕事を持たず、日中家で過ごす時間が極端に長い場合、周囲のサポートも少なく適応が困難な場合が多い。とくに妻が現地の言語や文化・習慣に不慣れな場合、

なおさら深刻である。その間、夫は職場で多忙を極め、一人残された妻の相談相手になれないからである。

　他方、妻も何らかの仕事や趣味・ボランティア活動などを行っている場合、現地社会への適応はよりスムーズとなる。とくに妻が現地社会とのかかわりが多いほど、日本企業の海外子会社で勤務する夫よりもはるかに適応は早い。なぜならこうした妻の場合、主に現地社会の人々と現地語を用いて過ごす時間が長いからである。子供を同伴した場合も、現地の学校に入れた場合など、地元の友達が増え、適応は早い。

　しかし実際には、この時期に至っても、相変わらず現地の社会や職場にうまく適応できずに早く帰国したり、退社する例も少なくない。その多くが仕事上の理由よりも現地国での生活（言語・文化・生活スタイル等）と現地の人とのコミュニケーションにかかわる理由といわれる。このような問題が生じる背景には、派遣社員の選抜方法や派遣前の研修（オリエンテーション）のありかたが不適切であることが挙げられよう。仕事面を強調した人選から海外勤務の適性・興味・能力等広範な選抜基準および本人のみならずその同伴家族に対する異文化研修の実施等により、この時期での現地への適応がよりスムーズになされるだろう。

## 4. 帰国期

　やがて現地での赴任を終え、自国へ帰国することになる。

　海外赴任中に十分に現地に適応できていない駐在員は、帰国の日を待ち望み、現地国での経験を否定するかのように自国（本社）での仕事のやり方、社会システム、文化的諸習慣を美化する。また、海外赴任するときとは違い、慣れ親しんだ自国に帰還することに何ら心配せず、再適応は当然なされると確信している。ところが、いざ帰国してみると、自国に対する美化は幻想であったと認識し、また、当然と思っていた自国社会に対する再適応に意外にも戸惑うこととなる。

　一方、海外赴任中、現地の職場や社会生活に順調に適応した人々は、また別のパターンを示す。ある器用な人は、海外赴任の間は現地のやり方に合わせ、帰国後はまた自国のやり方にいち早く順応するだろう。

　しかし、現地でうまく適応した人々の中には、現地の人間になりきる（go

native）タイプの人もいる。そういう場合、帰国はやっかいな問題となる。なぜなら、彼らは現地のやり方を全面的に受け入れるため、自国の文化を拒否するからである。このような人は、帰国後新たな職場での適応は困難となる。そして上司・同僚からの評価もきわめて低い。

### 5. 帰国後の扱い

このように駐在員は帰国後、さまざまな問題に直面するが、これは駐在員個々人の側の問題だけではない。ここでは人事管理担当者側の視点に立って、この点を考えてみる。

人事担当者は彼らが帰国後スムーズに国内の職場に復帰できるようにサポートする必要がある。その際、とくに、自国に再適応することは、海外赴任国に適応することと同様に大変であることを認識したうえで彼らに接する必要がある。

スムーズに国内に順応する社員を歓迎するのは当然かもしれないが、彼らの多くは「海外でのことと国内のこととは別」と割り切っており、なかなか海外での経験を国内での仕事に活かそうとしない。この傾向は、日本企業が自国中心主義を克服して、海外から学ぶ必要が出てきた今日においては必ずしも得策ではない。

帰国後順調に適応できない社員の中には、現地で高い成果をあげた者や、現地の経営スタイルや知識・ノウハウを体得した者も多く、彼らの持つ経験・知識・技能を会社としていかに活かしていくかが今後の課題といえよう。

# 4 駐在員の適応と失敗の諸要因 [2]

海外駐在員が、諸々の事情によって当初期待された役割を果たせなくなる場合がある。そうした事態は企業のみならず、駐在員本人やその家族にとっても大きな負担となる。企業にとっては、費用ないし生産性として捉えられ、また駐在員にとってはキャリア面、個人面あるいは家族面におい

て計り知れない悪影響を及ぼす。

　米国、欧州および日本の多国籍企業の間で駐在員派遣の失敗の比率はさまざまであるとされる。ある研究によれば、米国企業の駐在員は失敗率がもっとも高く、日本企業の場合がもっとも低いとされる（Tung 1988、Black et al. 1992）。

　こうした失敗はなぜ生じるのだろうか。研究によれば、マクロレベルにおいては、国家（自国およびホスト国の要因）ならびに両国間の文化的差異が考察された（Mendenhall and Oddou 1985）。そして、人的資源マネジメントをはじめとする企業要因も重要であるとされた（Tung 1988）。一方、ミクロレベルでは、駐在員自身とその家族が分析の対象となった（Black et al. 1992）。

　これまでの研究の結果、多くの要因が海外駐在中と、その帰国に際しての適応に与える影響として明らかになった。それらは、国家、企業、個人、そして家族といったレベルに要約することができる。

## 1. 国家的要因

　ホスト国の要因としては、駐在員の適応を促進したり、妨げたりする要因を指す。たとえば、あるホスト国の文化がその他の国のそれよりどの程度適応が難しいかは、その文化の特徴が自国の文化とどれだけ似通っているかに影響される。一般的には直面している文化が目新しいほどカルチャーショックが大きく、適応が難しくなる（Black and Mendenhall 1991）。

　ホスト国の要因はまた、外資系企業に対する態度やナショナリズムの程度、そして駐在員と地元マネジャーとの役割関係といった点も含む。たとえば、ある国は積極的に海外直接投資を誘致し、企業にとってはきわめて魅力的環境となっているのに対し、他の国は多国籍企業を敵対的で国家主権を脅かすものと認識している（Vernon 1971）。さらに、海外駐在員の人数や役割に関するホスト国の規制が存在する場合もある。

　自国の要因もまた、海外駐在員の適応およびパフォーマンスに影響を及ぼす。たとえば、経営者の組織に関する捉え方は、彼らがいくら海外の文化に精通していたとしても自国の文化に深く根ざしている（Laurent 1983）。自国の文化の多様性もまた、影響を及ぼす。日本のようにより画一的な社会においては、異なる文化に対する許容性が低くなるだろう。帰国の際の調

整もまた、自国の状況に大きく左右される。ホスト国に比べて貧困な住宅事情、劣悪な教育的機会、犯罪、貧困、そして帰国後の待遇の低下は大きな影響を与えている（Tung 1988b）。

## 2. 企業の要因

　企業の要因もまた、効果的な派遣および帰国に影響を与える。駐在員派遣の目的が何であるかによってだれが選ばれ、何を成し遂げるべきかが決まるからである（Edström and Galbraith 1977）。

　海外駐在員の適応に関する成功は、人選、研修、メンタリング、配置転換、恒常的サポート、それにキャリアや研修システムといった戦略的人的資源マネジメントにかかっている。そして米国などでは、海外派遣研修には本人のみならずその配偶者や家族も参加させることも効果的であるともいわれている（Harvey 1985）。

　もうひとつの重要な企業要因として、昇進、報酬、およびインセンティブといったキャリアシステムがある。そこにおいてとくに重要になるのは、それが公平であると認識されることである。海外駐在員の給料は通常高めに設定されているが、こうしたことが本国と現地の両国のマネジャーから恨みを買っている場合もある。多くの企業が今、駐在員にかかる経費があまりにも高いと感じている。そして海外駐在員としての経験がキャリア昇進にとって重要であるという認識がない場合、駐在員のモラール低下は避けられない（Black et al. 1991a）。

## 3. 個人と家族の要因

　個人と家族の要因は、海外経験の長さとか、帰国後の年月であるとか、年齢、社会的身分、駐在員と配偶者との人間関係などに代表される。こうした要因は、海外駐在員の適応に重要な役割を与えている（Black et al. 1991a）。適応の際に重要と考えられる個人的特徴としては、モチベーションのレベル、技術的能力、そして海外での責務に対処しうる能力が挙げられる。

　異文化適応の度合いは、駐在員一人ひとりのオープンな性格、自信、人間関係のスキル、そして好奇心といったような個人の属性により強く影響

されるという（Kets de Vries and Mead 1991）。海外駐在員はまた、彼らが自国とホスト国のどちらの文化により愛着を持つかによっても変わってくるという（Brannen 1993）。また海外派遣の失敗の大きな理由のひとつとして、配偶者と家族の問題が挙げられる（Black and Stephens 1989）。

　要約すると、海外駐在員の適応に関する文献、あるいは駐在員の帰国に関する文献は焦点がさまざまな方向に向けられており、幅広い分析がなされてはいるが、より深い根の部分まで掘り下げた議論が乏しい。海外派遣の失敗がきわめて頻繁な現状において、海外派遣の経験に関するより深い深層心理的な分析が必要とされる。駐在員と家族の調整が派遣の成功要因とされるならば、こうしたアプローチはきわめて有用な視座を提供するであろう。

### 深層心理学的観点

　深層心理学的観点は、個人と家族の調整、さらには駐在員の文化的要素を理解するのに非常に有効である。初期の幼児体験、社会化、教育制度は個人の人格形成および適応行動に強い影響を及ぼす。人格形成におけるキーとなるイシューである依存、アイデンティティー、自律と統制、そして親密性は駐在員の経験およびアメリカ人と日本人の適応行動の違いを理解するうえで重要な示唆を与えてくれる。

　こうした問題は、人格形成の異なった段階において現れる中心的課題を反映している（フロイト、エリクソンなど）。これらの問題が解決されることが心理的な成熟度ないし、成人としての適応に影響を与え、ひいては海外駐在員の適応を理解する重要なファクターとなる。

#### ●海外駐在員の経験

　上に述べた深層心理における人格形成の基本概念は、駐在員およびその家族の経験を考察するうえでの立脚点となる。家（すなわち自国）を離れることは、人脈、家族、親戚、友人を残して旅立つことを意味し、依存心を刺激する。ホスト国における駐在員コミュニティーは広がってはいるが、その関係は状況によってつくられたものであり、自国で築きあげられた長期にわたる人間関係に比べると表面的なもので

ある。したがって、家族は依存心をますます強める結果となる。

　支援のある家族環境とは、家族が依存心に耐え、個人としてのアイデンティティーを新たな環境においても発揮できるようにするものである。こうした問題を未解決なままの家族はこのような支援を提供することはできない。駐在員は、自分の仕事により多くの時間をさき、配偶者は見捨てられた感情を強く持ち、ストレスをますます募らせていく結果となる。

　ストレスが募った依存心は、ますます依存心を募らせ幼児期の体験を思い起こさせる。駐在してしばらくは諸々の問題は過小評価され、すべてが素晴らしく見える。それに次いで焦燥感が募り、世界を善と悪とに分断するようになり、自国が常に正しくホスト国が常に悪いといった見方を持つこととなる。海外駐在員コミュニティーに強く愛着を持つ人間の場合は、彼らを総称して「我々」と呼び、ますます地元の人々との交流を避けるようになる。

　海外駐在員にとっては、依存心は親会社（すなわち幼児体験における「母親」）に対して喚起される。多くの駐在員は、海外派遣の際の自由と自律性を楽しんではいるが、自国の人脈、情報、パワーから隔離されているとも感じている。この問題は彼らが自国に戻るときに大きな影響を及ぼす。とくに米国の企業のように転職率の高い社会においては、自国におけるメンターの欠如は本人の疎外感を一層増大させることとなる。

　さらに、海外で生活をしたことにより帰国後ももはや今までどおりの仲間として見なされず、遠くから訪ねてきた遠い親戚のように扱われることもある。こうした感情は、とくに強い絆と強い価値観で結びついた企業風土において顕著である。そこにおいては、海外駐在員のように異質な文化に触れた人間は、すでに異質のタイプの人間と見なされ、戦勝のヒーローとしてではなく尊大な息子としての扱いに似た待遇を受ける。

　要約すると、海外駐在員の経験は初期の幼児体験を想起する。発達段階における依存心・アイデンティティー・自律・統制といった基本問題を解決していなければ、海外勤務における対本社との関係にそのままそうした感情が表れてしまう。そうした感情が悪化すれば、スト

レスになり、アルコール依存症ないし薬物依存症にまで発展し、ひいては自殺といった最悪の事態にまで発展しないとも限らない。こうした問題は何も海外駐在時にのみに生じるのではなく、自国へ戻る際にも同様の問題が生ずる。

　長期間にわたり配属された駐在員、あるいは何年にもわたり多くの国に配属された駐在員は自己の国家アイデンティティーの喪失を余儀なくされる。いわゆる、どこでも快適だがどこにも属していないといった根なし草状態が生じる（Osland 1991）。彼らは、海外派遣の軍人のようなもので、親友はつくらず、いつもアウトサイダーとしての感情しか持たず、同行家族の愛情に対する過度の期待を持つ傾向がある。彼らの多くはいわゆる植民地メンタリティーすなわち駐在員コミュニティーの殻に閉じこもり、地元コミュニティーに対し優越感を持ち、そうして自己アイデンティティーを防御しているのである。あるいは、その逆に彼らは現地人化し、カメレオン的人間となって、自分のオリジンがどこであるかといったアイデンティティーを失ってしまう。いずれの場合も、自らのアイデンティティーを保ちつつ、他人の立場に立って世の中を見るという感覚に乏しい状況である。これもまた、深層心理における重要な課題となっている。

---

## 社会文化的影響：日米比較

　駐在員の経験は彼らの文化的背景によってきわめて違っているはずである。アメリカ人と日本人の駐在員の適応に関する比較研究において、Steining and Hammer（1992）は、海外駐在員の文化的背景は国家特有の諸要因よりもより重要であると結論づけた。

　深層心理的観点からは、日米のマネジャーが適応に関してきわめて多くの違いを有するということは決して驚くことではない。両国は、育児、社会化、教育、宗教といったいわゆる社会文化的条件において、きわめて異なっているからである。たとえば、Kiefer（1970）は、日米の違いを家族、学校、役所の心理的相互依存の観点から考察し、社会規範

が個人の社会心理的発展にどのように影響を及ぼすかを明らかにした。日米間のこのような社会文化的違いをさきに挙げた深層心理における主要概念である依存、分離と個性化、自律と統制および親密化といった概念を用いることによって、よりよく理解することができるだろう。

依存という概念は、日本においてはより複雑なものとして捉えられる。日本語でいう甘えという用語のほうが英語でいう"dependency"という概念よりもより微妙でより差別化されており、分離と個性化、ないし自律と統制といった問題とより密接にかかわっているといえよう（土居1971）。日本においては、依存への欲求はより満たされる一方、分離と個性化は阻止される傾向がある。自己と他者との違いがより曖昧で自己アイデンティティーは他人との関係の中で成立するものであるとされる。日本人にとっては、エゴイズムとは企業レベルのエゴと無関係ではなく完全な意味における自己におけるエゴとしては成り立たないという意見すらある（土居1971）。

Caudill and Weinstein（1974）は、日本の子育てが母親と子供の間の境界線を曖昧にしていると特徴づけた。子供は物理的、精神的な意味において、両親や兄弟との関係において満足感が与えられるように育てられている（Weisz et al. 1984）。日本においては、幼児は母親と寄り添って寝る傾向があるのに対し、米国においてはこのやり方はむしろ避けられている。もちろん日本の住宅事情が家族の物理的距離をより緊密にさせているということは理解できる（Benedict 1946; Befu 1971）。日本の両親は、他人の気持ちに立ってものを考えることを強調するとされる（Conroy et al. 1980）。これは、その後の人生においても所属する集団における緊密な人間関係を助長することとなる。

日本人の子供がその幼年期において、母親に対して持つ依存心はその後の人生においても義務・義理といった意味で存続する。Kiefer（1970）は、日本の家族を、その構成員を生涯にわたり結びつける社会機構であると特徴づけた。

家に入るときには、靴を脱いで入る習慣は内と外との区別を明確にしている。たとえば、今ではあまりみられなくなったが、節分に日本では豆まきをする習慣がある。そこでは家族のメンバーが声を出して「鬼は外、福は内」と言いながら外に向かって豆をまくのであるが、幼

少期にこれを体験した子供たちは内と外の違いを無意識に植えつけられるのである。また、ある文化人類学者の研究によれば日本の子供たちにとって厳しいお仕置きは彼らを家の外に追放することであるのに対し、アメリカの子供にとってもっとも厳しいお仕置きは家の中に鍵をかけて閉じ込めることであるという（Lebra 1976; Vogel and Vogel 1961）。日本においては、家に帰ることがお仕置きの終わりを意味するのに対し、米国においては、家への強制的閉じ込めからの解放は家族からの自律性の確保を意味する。

学校教育を通じ、日本の子供たちは集団への帰属を重んじ、規範への遵守を知らずに身につける（Benedict 1946）。それに対し米国の学校においては、教室は常に自己主張の場である（Kiefer 1970）。日本においては、入試に代表される選抜段階ではきわめて厳しいが、一度その集団に受け入れられると自己と集団との一体化が進む傾向にある。その一方、外部者との境界線はきわめて明確になる。

日米の文化の違いは、自律と統制という観点においてもかなり異なっている（Maruyama 1984）。Weisz et al.（1984）によれば、コントロール概念が一次コントロールと二次コントロールに分けられるという。一次コントロールにおいては、個人は周りの環境を変えることによって充足感を見出すのに対し、二次的コントロールにおいては、個人は周りの環境へ自己を合わせることによって満足感を得る。米国の場合、一次コントロールがとられるのに対し、日本の場合は人間関係において二次コントロールがとられることが多いとされる（Bulmann et al. 1977）。二次コントロールはまた疑似コントロールともいわれ、支配者の立場に立って自分の立場を理解するという心理状態と特徴づけられる（Rothbaum et al. 1982）。文化的に見ても、日本の場合は二次的コントロールが賞賛される風潮があるようにも思えるが、このことが一層、適応的スタンスを助長しているといえるかもしれない。こうした社会文化的コンテキストにおける違いは、さきほど提示した深層心理の中心概念に対するアプローチの違いに影響を与え、それがさらには、個々人の駐在員の適応行動のみならず、国別（国家的要因）の違いにまで影響を及ぼすと考えられる。

参考文献：Schneider and Asakawa（1995）

# 5 グローバル・ネットワーク時代の国際人的資源マネジメント

　以上、グローバル経営の人的資源マネジメントの主要論点として海外拠点の人的資源マネジメントないし海外駐在員の管理を取り上げた。

　しかしこれからの多国籍企業経営においては本社と海外子会社といった二分法の意義が失われ、世界規模での拠点間ネットワークの枠組みで多国籍企業組織を捉える必要が高まった。そこではもはや本社からの派遣駐在員と現地子会社スタッフといった枠組みは妥当性を失うこととなる。本社・海外子会社を含めた多国籍企業ネットワークにおいて、いかなる人材をどこに配置し、どのような役割を担わせるかが重要な戦略課題となる。

　以下、新時代におけるグローバル経営に不可欠な要素である世界規模でのイノベーションを軸に、各拠点に必要な人員配置とその役割について整理する。

## 1. 外部ナレッジ・センサー

　多国籍企業がグローバル規模で優位性を持続させるためには、グローバル競争に耐えうるだけの知的資源を世界中から取り込み、イノベーションを促進し競争力の基盤を構築する必要がある。

　その際、世界各地に分散する海外拠点には、各地に固有の重要なナレッジを察知し、獲得できる人材を配置することが重要である。一般的に価値ある知的資源ほど現地特有の文脈に密着しており、その文化的背景を共有するインサイダーでなければアクセスできない性格を持つ。よってこうした外部ナレッジ・センサーとしての役割をもっとも効果的に演ずることができるのは地元スタッフであろう。彼（女）らには日頃から「我が社にとって重要な戦略的方向性」を伝達し、その視点から現地の外部ナレッジをアクセスするよう働きかけるべきであろう。

　ここにおいて決定的に重要なことは、現地スタッフに高い自律性と十分な情報を与えることである（Asakawa 2001b）。本社からタイトなコントロールを課していては、彼らは自由にその能力を発揮することができないばか

りか、そのやる気をなくしてしまうだろう。また自由だけ与えて放任していれば、会社が何を求めているのか、どのような知識・ノウハウを求めているのかすら彼らに伝わらない。

　ここでもっとも重要なことは、いかに適切な場所（配置の選定）に適切な人材（人材の選定）を置くかであろう。しかし、将来必要となる知的資源をどこで入手できるかという情報は、事前には存在しない。したがって実際のところ、各拠点にいかに有能な人材をはりつけ、自由度を与え、やる気を出させ、地元の人間の利点を活かして現地特有のナレッジを獲得させるかが優先課題となる。

## 2. 対内的ナレッジ・ブローカー

　このように外部ナレッジ・センサーは外部ナレッジの探査・獲得に不可欠な役割を演じるが、外部ナレッジを社内に入手するだけでは不十分である。各拠点で取り込んだナレッジを社内に移転し、既存ナレッジベースと融合してこそ、新たな価値が生まれるだろう。その意味では、この対内的ナレッジ・ブローカーの果たす役割は大きい。

　対内的ナレッジ・ブローカーに必要な資質は、前の外部ナレッジ・センサーのそれとは大きく異なる。外部ナレッジ・センサーは現地の事情に精通しており、現地特有のナレッジを熟知し、しかも社外との人的ネットワークを有することが必要条件であった。それに対し、対内的ナレッジ・ブローカーは、社外でなく社内他拠点、他部門との間のナレッジ仲介がその役割であるから、社内における広範な人的ネットワークが必須条件となる。さらに現地特有のナレッジの持つ価値を理解する能力と、それを社内他拠点・他部門でいかに応用できるか、という応用能力の両方を兼ね備えている必要がある。

　現地国籍を持つ現地スタッフは現地特有の外部ナレッジの獲得には適しているが、それを別の文脈で応用するために社内に移転する段になると、より全社的視点でものを考えられる人材のほうが適している。実際には概して外部ナレッジ・センサー役の現地スタッフとのコミュニケーションを密にとりながら、現地の事情に精通した駐在員が対内的ナレッジ・ブローカーの役割を演ずる場合が多い。

## 3. 新たなナレッジの活用者

　この役割は、世界各地から派生し社内に取り込まれ、対内的ナレッジ・ブローカーにより社内に移転されたナレッジを効率的、効果的に活用することである。あるナレッジはもともとの地元特殊性があまりにも強く、別の場所に移転してもそう簡単には活かされない。そうした場合、新たなナレッジの活用者の役割はナレッジの持つ元（オリジナル）の価値をできるだけ保持しつつ、新たな移転先文脈にあった形に変換することである。こうした役割を担う人材に必要な資質は、なによりも新たなナレッジを活用する文脈に精通していること、なおかつ活用するナレッジの中身、価値について熟知していることである。

　このような役割を担うことのできる人材は、その国の国籍を持ち、長年の生活歴を有し、社会文化的環境にも慣れ親しみ、その市場ニーズにも精通している人物であることが有効だろう。しかも他拠点・他部門発のナレッジに対する拒絶反応（NIH症候群など）を持たず新たなナレッジにオープンな姿勢を有する人材が最適であろう。

## 4. ローカルな顔を持つグローバル市民

　世界規模でのイノベーションを促し、競争優位を築くために必須な外部ナレッジ・センサー、対内的ナレッジ・ブローカー、新ナレッジの活用者の役割について述べてきた。これらの役割は個別に単独で演じられるだけでは不十分であり、相互に連携しあうことが重要である。

　つまり、外部ナレッジ・センサーが察知し獲得した外部ナレッジを、対内的ナレッジ・ブローカーとの連携により社内他拠点・他部門に移転し、さらに対内的ナレッジ・ブローカーは、ナレッジ移転とともに新ナレッジの活用者との連携により各拠点・各部門内での適切な応用を促進する、という具合である。

　その意味では、彼らに要求されるもうひとつの条件として、他拠点の人々との円滑なコミュニケーション能力が追加される。

　これらのキープレイヤーたちは、それぞれの属する拠点特有のローカル性を十分に発揮しながらグローバルなナレッジ流動化を担うという意味で、

ローカルな顔を持つグローバル市民ともいえる。

## 5. 駐在員マネジメント政策への展望

### (1) 2人の主人に仕える：板挟みに悩む海外駐在員のマネジメント

　外国に派遣されているマネジャーは、新しい文化やビジネスプラクティスに適応しなければならないという大きな責任を負っている。会社は一般には、駐在期間あるいは駐在後、いずれもこの従業員から情報を得ている。駐在員は、親会社、あるいは現地の子会社のどちらによりコミットしているのだろうか。

　Black, Gregersen and Mendenhall（1992）は、数多くの駐在員についてインタビューを行ってきた。彼らは、忠誠心についての4つのパターンと駐在員に影響を与えるファクターについて述べている。さらに、彼らはもっとも望ましいパターンである高い本国と現地の両方向の忠誠心というものを促進させる策について提言している。

　グローバル派遣においては、駐在員がいつまで経っても本国ばかり見ている、心は本社タイプでも、反対に本国のことなどすっかり忘れ現地化しきるゴー・ネイティブタイプでも、さらには親会社にも現地子会社にもコミットメントの低いフリーエージェント・タイプでも困るとした。そのうえで、親会社と現地子会社の双方に忠誠の高い二重国籍タイプ（dual citizens）であることが望ましいと論じた。こうしたタイプの駐在員の形成は決して容易なことではないが、常に本国と現地とのバランスを保つことを忘れてはならないと指摘している（図11-2）。

### (2) 政策課題

　グローバル企業は、二国籍市民を超えて世界市民として行動できる人材を必要としている。多くの企業はこの方向に向かって動き出しているが、その段階に達している企業はまだ少ない。真にグローバル

**図11-2 ≫ 海外駐在員の忠誠心マトリックス**

|  | 低 | 高 |
|---|---|---|
| 低 | 自らをフリーエージェントと見なす駐在員 | 現地への土着化をはたす駐在員 |
| 高 | 心を本国においてきた駐在員 | 自らを二重市民と見なす駐在員 |

（縦軸：親会社への忠誠心、横軸：現地オペレーションへの忠誠心）

出所：Black, Gregersen and Mendenhall（1992）

な社員育成に向けた第一歩は二国籍市民と自任する社員を養成していくことである。このためには、以下の対応策が有効である。

(1)海外派遣要員を慎重に選択する。

(2)出発前と到着後に異文化トレーニングを受けさせる。

(3)仕事で何が要求されているかが明確になるようなキャリアシステムを設置し、適当な裁量を与える。

(4)帰国後に海外駐在員の知識・技術・経験を効果的に活かすプログラムを導入する。

---

*case*

## 板挟みになった駐在員

　モーリス・ベーカーが米国アルファ社の日本支社に駐在員として赴任してから、そろそろ2年が経過しようとしていた。日本支社のプラスチック事業部長として、モーリスは日本の大手、常磐工商が当事業部の大きな潜在的カスタマーであることを常々認識していたが、たまたま常磐工商から大きな商談が持ちかけられた。大チャンス到来とばかりに、モーリスは米国本社のプラスチック事業本部にその旨報告したところ、本社側も本件に強い興味を示し、早速東京にシニアバイスプレジデントクラスのアメリカ人マネジャーを3人派遣した。

　3人のアメリカ人マネジャーは、なんと20通りもの異なるシナリオを用意して日本にやってきた。彼らは、これだけの代替案を用意しておけば、いかなる状況展開となっても3日以内に商談は成立するだろうと確信していた。そして事実、彼らは週末までには米国に戻らなければならなかった。

　商談の初日、モーリスはアルファ社本社側からの3人のマネジャーを常磐工商側の担当者に紹介した。名刺交換をすませ、アメリカ側のマネジャーたちは早速本題に入ろうとした。しかし、常磐工商側がそれに難色を示した。お互いに会ったばかりで個人的信頼関係もない段階でただちに商談に入るよりも、まずは今夜常磐工商側主催の宴会にアメリカ人マネジャーたちを招待し、本格的商談は翌日以降にしたい、というのであった。

　マネジャーたちは、しぶしぶその提案に同意した。本来ならば、彼らはただちに商談に入り、一瞬でも限られた時間をむだにしないためにも、夕刻も会議室で議論を続けたかったのだが。彼らの中の一人は、「宴会などしている暇はない。会議室にピザでもとって商談を続けたい」と声をあげた。それに対し、駐在員のモーリスは、日本では商談のために非公式な場を通じた個人的な信頼関係の構築が大切で、それが商談成立のためにどれだけ有効かを説明し、説得した。

　結局、初日の宴会は常磐工商から接待されたという形になってしまったため、モーリスはこのままではまずいと考えた。心情的にも対等に交渉を進めるためにも、今度はこちらが宴を設けて彼らを招待するべきだと米国からの訪問者3人に進言した。

　彼らは「まったく論外だ。自分たちは宴会のために来日したのではない、時間がどんどん足りなくなり、それどころではない」と猛反対した。それにもかかわらず、日本のビジネス習慣に馴染んだモーリスはこうした意見には一切耳をかさず、結局その2日後に常磐工商側担当者を招待した。常磐サイドは、米国人駐在員であるモーリスの計らいに気をよくし、終始ご機嫌であった。

　結果は、双方の個人的信頼関係はきわめて強固なものになったが、商談が1週間以内に成立するには程遠い状況であった。米国側からの訪問者3人は、彼らの訪日中に結局何の具体的契約も成立しなかったことに落胆し、ばかげた宴会に時間を割いてしまったことを後悔した様子であった。

　モーリスは、この結果は宴会のせいではなく、日本での商談自体の特徴による、と胸を張って力説したかったが、そうした説明はすればするだけ弁解や言い訳に聞こえるだろうと思い、実際には何も言えなかった。来月また米国本社から1週間の予定で別のマネジャー数人が来日することになっているが、そのときには自分はどのように対処すればよいのだろうか。モーリスは今からとても不安な気持ちである。

参考資料：浅川和宏（2001）「ミーズ日本支社の駐在員」（慶應義塾大学ビジネススクール・ケース）

## ジョイント・プロジェクトのキャンセル

　青木商事との共同事業を企画したときのこと。アルファ社日本支社の事業部長である佐藤篤は最近、青木商事があるプロジェクトを企画中で、それが当時アルファ社日本支社による企画ときわめて類似していることを知った。佐藤は早い段階から、本件は青木商事との共同プロジェクトとして進めるメリットを強く感じていた。早い段階での打診の結果、青木商事側はアルファ社との共同プロジェクトを行うメリットをあまり感じていなかったことがわかった。佐藤はアルファ社が同一内容のプロジェクトで青木商事と日本市場で競合することのリスクを十分に知っていたため、本件を推進できるよう青木商事の親会社である東西物産へも働きかけた。

　米国本社事業本部は、この共同プロジェクトに強い興味を示した。それを受けて、佐藤は青木商事との交渉を加速化した。米国本社はこのプロジェクト推進のための専属スタッフとして、ジョージ・マルコムを2年間の期限で送り込み、本プロジェクト推進委員会の第一責任者に任命した。

　具体的な財務交渉に入った後、ジョージは突然、キャッシュフロー上の問題を指摘した。彼の在任期間中である2年間に、黒字を出すことが難しいということが彼の気になったからである。そのプロジェクトは内容がかなりユニークであったため、たしかに財務面ではあまり短期的成果は期待できなかった。

　駐在員マネジャーであるジョージにとって何より重要なことは、在任期間中に目に見える業績をあげることだった。彼の2年間の東京での勤務中に、いかなる実績を具体的数字で示せるかが、その後の彼のキャリアにとって大きな鍵になるからであった。彼はさらに、自分の反対にもかかわらずもし仮にこのプロジェクトが続行された場合、そこから生じるであろういかなる損失も彼の責任ではない、とまで言い放った。もうすでに先方と何度もミーティングを重ねてきたにもかかわらず、結局このプロジェクトはキャンセルとなった。

　それに加え、ジョージが青木商事に対してとった行動は、そのプロ

ジェクトがアルファ社側の事情によりキャンセルになった旨を書面で報告したのみであった。キャンセルになった以上、先方の会社を訪問することすらもはや無意味になったという合理的考え方からであった。その書簡を受け取った青木商事側は激怒したという。先方からすれば、このプロジェクトはただちに両社に利益をもたらすわけではないが、より長期的には必ず儲かることぐらい、ジョージも当然わかっていたと思ったからだ。そしてなによりもジョージの誠意のない対応には憤慨していた。

日本人マネジャーとして、佐藤はこの状況をなんとかしなければならないと強く感じた。彼は真っ先に、青木商事に出向き、今回の件を陳謝するとともに、引き続きなんらかの協力を模索したいと述べた。しかし、佐藤のそうした対応は、アルファ社内、とくに米国本社内ではあまり評価されなかった。その理由は、彼は単にマイナス要因を緩和しようと努めただけだから、というものであった。

それに対し、ジョージの行動は社内、とりわけ米国本社内から高く評価された。それは、赴任後間もなくきわめて迅速な意思決定を行ったからであった。ジョージは自分の決断が日本支社の日本人同僚たちに多大な問題を起こしたという自覚などまったくなかった。

いずれにせよ、佐藤はこの状況を改善するため何かをしなければならなかった。なぜならば、今回の件で青木商事のみならず、その親会社である東西物産まで憤慨しているからであった。

参考資料：浅川和宏（2001）「ミーズ日本支社の日本人」（慶應義塾大学ビジネススクール・ケース）

---

**本章のポイント**

人的資源は企業の競争力を築くうえでの基盤となる。人材をいかに戦略的に活用するかにより、企業の競争優位が左右されるからである。そして人的要素は企業経営の中でもっとも各国の社会文化的影響を受けやすく、いかに世界各国の人々の能力を有効に活用するかがグローバル企業にとって大きな戦略的課題となる。グローバルな人的資源管理の重要性は、企業の国際化の進展度合いに応じて増してくる。海外

拠点の人的資源管理も、海外オフィスの役割の重要性の増大により核心的課題となる。海外拠点の役割が重要になるほど、そこでの人々の能力を十分に引き出さなければならないからである。

駐在員が有効にその任務を果たすためには、派遣前からの入念なトレーニングとサポートを提供する必要がある。さらには派遣中はもとより帰国の際にも十分な準備と研修を提供しなければせっかくの海外勤務経験を有効に本国での活動に活かすことはできない。

駐在員の環境適応の成否は、国家的、企業的、個人・家族的などさまざまな要因に影響される。またそうした問題は、本国の社会文化的環境にも強く影響されると考えられる。

グローバルネットワーク時代においては、海外のスタッフの能力を十分に活かすために人的資源戦略を入念に練ることが不可欠となる。その第一歩は、現地スタッフの現地子会社と本国親会社の双方に対するコミットメントをいかに高めるかである。人的資源をおろそかにしては、グローバル規模のイノベーション戦略に勝利を収めることはできない。

---

本文注

1　海外赴任を終えた駐在員が別の第三国へ赴任することも欧米の多国籍企業ではしばしばあるが、日本企業の場合、1カ所で海外赴任を終えた駐在員をいったん日本へ戻す例が圧倒的に多い。

2　詳しくはSchneider, S. & K. Asakawa（1995），"American and Japanese Expatriate Adjustment" Human Relations Vol.48, No.10. を参照。

# 第 12 章

# リージョナル・マネジメント

　本章では、グローバル化の中にあってますます重要となっているリージョンの意義について考察する。

　リージョンは地域と訳されるが、本章で扱うリージョンは、EU、NAFTA、アジア太平洋地域といった超国家地域（supra-national region）のことを指す。一方、リージョンという言葉には国内地域の意味もある。たとえば、シリコンバレーやルート128といったクラスターがその例である。そうした国内地域は、近年イノベーションの発祥地としてとくに注目されているが（Saxenian 1994）、本章の考察対象ではない。ここではもっぱら、世界規模（グローバル）と国家規模（ナショナル）の中間規模としての超国家リージョナル・マネジメントを扱う。

　以下、リージョンに焦点を当て、そのグローバル経営における意義を多面的に考察していく。まず1節では企業経営における外的環境としてのリージョンについて概観する。ついで2節ではリージョナル・マネジメントの戦略的側面を、3節ではリージョナル・マネジメントの組織構造的側面を、そして4節ではリージョナル・オフィスとイノベーションの関係を扱う。

# *1* グローバル経営における
　　リージョンの意義：外的環境の側面

　まずはじめに、経営活動の舞台となるグローバル政治経済環境の最近の流れとしてのリージョナリズムを概観しよう。

## 1. 政治経済のリージョナル・ブロック化

冷戦の終焉により、世界経済のグローバリズムは加速していった。その流れはなによりもアメリカ主導で形成されていった。国際通貨基金（IMF）、世界貿易機関（WTO）（GATTを継承し1995年に発足）、その他の国際機関（世界銀行など）を軸とした体制が構築されていった。しかしその一方で、そうした流れに対し、リージョナリズム（地域主義）が台頭した。

こうしたリージョナリズムは、量と質の両面にわたり急速に深化している。量的側面では、WTOに報告された地域単位の自由貿易協定（Free Trade Agreement）の件数がとくに1990年代以降急増している（『通商白書2002』）。

EU（欧州連合）は1993年11月に11カ国でスタートした。緊急課題としては、欧州の不景気の脱出、経済復興などに加え、地域統合により一大勢力として米日経済に対抗していく戦略が強調された（Thurow 1992）。さらに、東欧の秩序安定のためにもそれは重要な役割を演じた。そして、念願の共通通貨ユーロの導入は、まさに画期的なものであった。それにより地域統合は加速し、ユーロは米ドルに並ぶ主要通貨となった。

その他にも、オーストラリアとニュージーランドは経済関係緊密化協定（CER）を1982年に締結し、ブラジル、アルゼンチンに加えウルグアイ、パラグアイで構成されるメルコスール（南米南部共同市場）が91年に生まれた。さらにNAFTA（北米自由貿易協定）も米国、カナダ、メキシコの間で91年に締結され、またASEANは92年にCEPT（共通実効特恵関税）、ASEAN自由貿易地域（AFTA）設立合意に至った。このように、地域統合は世界レベルで進行している。

現在ではリージョナリズムが一層加速し、何らかの地域統合に加盟している諸国はWTO加盟国の中の約9割に達している。

次にリージョナリズムの質的側面であるが、リージョン単位の経済統合は、時間とともに自由貿易地域から関税同盟、さらには共同市場へと進化していく傾向にある。EU（旧EC）は1992年に貿易および資本、労働の自由を原則とした共同市場となり、さらに99年にはユーロの導入とともに、加盟各国の経済統合がより一層進展する。これまでも地域統合は国際関係論における重要テーマとなったが、そのひとつの論点が経済統合から政治統合への進化であった。

　しかし経済統合の進展がただちに政治統合へ進化するという考えは、楽観的すぎる。関税の撤廃や貿易自由化、さらには労働・資本の域内流動化は主に経済統合にかかわる動きであり、ロー・ポリティクス（Hoffmann 1966）ともいわれるが、問題はこれらの動きが漸進的に、より高度な国家主格の地域への移譲を伴う政治統合（ハイ・ポリティクスともいわれる）に移行するのかについては未だ道遠しといえよう。

　以下、欧州とアジアを例に、経済のリージョナル化の動向を概観する。

## 2. 欧州統合の場合

　欧州においては、第二次世界大戦後平和なヨーロッパへの夢に向けて、地域統合の構想がスタートした。欧州経済共同体（EEC）を経て欧州共同体（EC）が誕生した。その流れはやがて経済統合から政治統合への目標に向かって進展し、農業、エネルギー、通貨といった数々の共通政策が策定された。EC委員会と閣僚理事会により運営され、国家主権と域内統合のバランスをいかに保つかが挑戦課題であった。共通通貨の導入は早くから提案されてきたが、国家の象徴ともいえる通貨の廃止と統合には時間がかかった。

　欧州は第二次世界大戦後、1950年代以降高度成長期を迎えたが、欧州経済統合による関税、非関税障壁の撤廃による域内競争激化によりその傾向は60年末あたりまで持続した。その後、60年末以降、国際通貨危機、石油危機などに直面し、欧州各国は70年代には国内産業保護策（国有化など）に転じ、80年代はじめには構造不況へと陥った（岩本他2001）。

　こうした状況のもと、再び経済統合を促進しようという動きが85年に始まった（域内市場統合計画）。それは欧州域内のすべての非関税障壁を92年末までに撤廃する計画であった。その一方で、共同市場の安定的発展のためには、域内為替レートの安定が重要である。これまでも79年に発足したEMS（欧州通貨制度）があるが、単一通貨実現を前提にさらに踏み込んだEMU（欧州通貨同盟）の最終段階以降日程が91年のマーストリヒトでの欧州首脳会議で決まった。そして99年1月、ユーロが導入され、11カ国が参加、そして2001年にはギリシャが加わって12カ国となった。これにより、EUはアメリカに並ぶ巨大単一通貨圏となった。

　そこに至る過程では、1990年代前半における欧州通貨危機（92〜93年）お

よび景気後退を受け、ユーロ参加国の財政赤字が上限GDP3％までという基準を満たすことが困難と思われた。しかし90年代後半には景気も回復し、99年1月に11カ国の参加によりユーロが導入されるに至った。

ユーロ導入により経済統合が一層進展した欧州では、域内における自由化とともに企業間競争が激化し、内外の企業とのM&Aが急増した。規模の経済を最大限活かし、さらに欧州全域から必要な経営資源を調達し活用することが可能となった。

こうしたM&Aは、欧州での電気通信、航空、金融、医薬品その他の規制緩和の流れの中で一層加速した。そしてM&Aの流れは欧州域内を超えて、米国をはじめとする世界の企業との間でも加速化した。かつての欧州各国に固有なコーポレート・ガバナンス制度も急速に米国（アングロサクソン）流のやり方の影響を強く受けることとなった。

このような流れは、経営の効率化・合理化に伴う失業率の上昇、賃金の引き下げ等を懸念した各国の労働組合を刺激した。今、まさに欧州は激動期にあり、リージョンとしての重要性がもっとも顕著な時期であるといえよう。

## 3. アジアの場合

アジアはその他地域に比べ、経済統合におくれを生じた。その理由としては、冷戦体制によるアジア地域の分断、アジア諸国間の経済格差の大きさ、アメリカ依存の大きさゆえ域内水平分業が阻害されたこと、日本がアジア地域の統合に消極的であったこと、アジア間貿易の主要通貨はドルである点などが挙げられる。しかし、昨今、アジア地域統合が動き出した理由としては、欧米の地域統合の動向、冷戦終結によるアジア域内貿易の進展、韓国・台湾の日本との水平分業の形成、日本のアジア地域統合、協力への関心の高まりなどが挙げられる（岩本他 2001）。

東南アジア地域の統合としてはASEAN（東南アジア諸国連合）が挙げられる。1976年に経済協力機構としてスタートし、以後加盟国を拡大し、現在、インドネシア、フィリピン、マレーシア、タイ、シンガポール、ブルネイ、ベトナム、ミャンマー、ラオス、カンボジアの10カ国からなる。ASEANは域内のさまざまな経済協力（たとえばASEAN工業計画やメコン川流域開発などの産

業協力計画など）の促進、さらにはASEAN地域フォーラムの開催による安全保障面での貢献をも担っている。

　APEC（アジア太平洋経済協力会議）はオーストラリアにより提唱され、21カ国が参加している。開かれた地域主義を標榜し、自由化を原則とした。各国が政策を自主的に実行し、域内外に無差別に適用するものである。

　AFTA（ASEAN自由貿易地域）は1992年に貿易、関税措置に関し、輸入数量制限ないし非関税障壁の廃止、域内関税の引き下げを目標としてスタートした。これはASEAN10カ国を対象としている。ASEANに自由貿易地域を形成することにより、域内貿易を活性化し、海外からの直接投資を目的としている。そしてEU同様、域内競争の激化により企業の競争力の構築をも目指している。

### (1)　中国を含めたアジア経済圏

　今日、中国への直接投資はめざましい。ASEANは「中国脅威論」を抱きつつ、中国の経済成長と共存共栄の関係こそが自らの存命の道であると考えるようになった。2010年には、ASEANと中国との間で自由貿易協定（FTA）が締結されようとしている。これが実現すれば、人口17億人（世界第1位）、経済規模2兆ドル（世界第3位）、貿易総額1兆2,300億ドルの一大経済圏の誕生となる[2]。

### (2)　日本の位置

　日本がアジア経済圏のリーダーとしての役割を果たす可能性はあるのか。これまでも日本は自由貿易協定よりGATT／WTO体制を重視してきた。かつてマレーシアのマハティール首相の出した東アジア経済圏構想（EAEC）にも、結局、参加を見送っている。しかし世界規模でのリージョナル化がますます加速する中、自由貿易協定をあくまで多国間貿易の補完として検討するように変化した。そして日本とシンガポール、そしてASEANとの間での協定の方向に向かった。

# *2* グローバル経営とリージョナル・マネジメント：戦略の側面

## 1. 地域統合と経営戦略

　以上、経済のグローバル化の流れとともに進行しているリージョナリズムの動向を、いくつかの経済地域統合を例に概観した。こうした動きは、企業経営の立場からいかなる意味を持つのだろうか。

　地域統合はマクロなレベルにおいて、政治経済上の相互依存化が浸透し、規制緩和の流れを受けて、各国の国家間の壁ないしは地域間の壁を払拭せざるを得ない状況へと変化しつつある。各産業においてそのような変化は急速に進行している。たとえば医薬品産業においても治験の国家標準化（ICH）の進展により、米欧日3極での新医薬品承認申請資料の相互利用が現実のものとなりつつあり、ますます3極市場への相互参入が加速化していく。

　グッドプラクティス、とりわけ米国のFDA基準によるカレント（C）、グッドプラクティスシリーズ（GLP、GCP、GMP等）や英国MCA基準に代表されるEUプラクティス等は、代表例である。たとえば、ICHによるハーモナイゼーションの影響を直に受けたGCP（グッド・クリニカル・プラクティス）に関しても、海外の有力企業が海外の臨床データを持って自国に入ってくる以上、国内においてもこのような世界標準を受け入れざるを得ない。

　しかし、その内容の本質は、世界標準ではあるものの、それがただちに世界各国でそのままの形で通用するわけではなく、あくまでも各国の事情に適用した形で移植されていかなければならない。

　ハードの面では厳密に移植されても、ソフトの面では心理的反発や環境不適合などにより、そのままの形で通用することはまれである。実際、日本では、新GCP遵守のための病院や製薬会社でも受け入れ体制は思うように円滑に進まず、臨床実験のおくれも目立った。こうした傾向はGCPのみならず、GLP（グッド・ラボラトリー・プラクティス）、GMP（グッド・マニュファクチャリング・プラクティス）などの諸プラクティスについても当てはまる。

　ここにおいては、グローバル標準化と現地適応との間のジレンマが強く現れているといえよう。しかしながら、こうしたジレンマはなにもグロー

バル標準化と現地適応といった対極的レベルのみにおいて存在するものではない。そうしたジレンマは地域経済ブロックを形成するところの地域（リージョン）に関してもいえる。あるときには、グローバル標準化に対抗する勢力として、地域化への圧力が存在するし、またあるときはその地域化に対峙する勢力として各国の利害関係というものが存在する。ここにおいては、地域という単位は各国の利益とも、またグローバル標準化とも、常に緊張関係を持つ単位である。

## 2. 世界規模の柔軟性

今日の多国籍企業においてますます重要になっていることは、世界レベルにおける柔軟なオペレーションを確保することである。ある一時点においてグローバルなバリューチェーンが最適な状態にあっても、技術や市場の急速な変化は新たな環境条件への迅速なオペレーションの再構成を強く求めている。単に、グローバル戦略を策定することだけでは柔軟性はとうてい確保しえない。

実際、多くのアメリカの多国籍企業が1980年代から90年代にかけて直面した問題点は垂直的・水平的統合といった画一的組織構造にあった。こうした組織形態はたしかに短期的に見れば価値創造活動における最適解を提供するものであるが、長期的に見ればそのような統合は激しい環境の変化には迅速に対応できず、組織慣性に悩まされる結果となった。

1980年代における柔軟性に関する研究によれば、多国籍企業はグローバル規模の統合と現地への適応という一見矛盾した両方の要求に対応しなければならないことがわかった。80年代に提示された代表的な解決策として、本書でも取り上げたようにプラハラードとドーズによるマルチフォーカル、バートレットとゴシャールによるトランスナショナル、さらにはヘッドランドによるヘテラーキー等が挙げられる。

こうしたモデルの意味するところは、各ユニットが差別化されつつもグローバルに統合されたネットワークを構成する必要性を説いている。1990年代に入ると別の観点から多国籍企業の柔軟性が模索された。たとえば、戦略提携（Parkhi 1993; Hagedoorn 1996）戦略的人的資源マネジメント（Taylor et al. 1996）また地域戦略（Morrison et al. 1991; Lehrer and Asakawa 1999）の観点からの

ものである。

## 3. 高まるリージョンの戦略的重要性

リージョン志向の戦略への関心は、1980年代におけるグローバル戦略志向に対する反動として表れているということもできる（Yip 1989）。

グローバル戦略よりもリージョナル戦略を好む理由としていくつかの理由が考えられるが、代表的なものとしては、規模の経済の限界といった経済的要因、EUやNAFTAといった地域政治共同体の地政学的要因、市場や従業員などの地域的差異における戦略的要因、また本社のメンタリティーから独立した地域レベルの発想の必要性といった組織的要因からなる。

しかしなんといっても、柔軟性という意味においては、リージョンという単位は、グローバル統合と、現地適応の両方の妥協的産物である。グローバル統合は、効率性は抜群であるが、現地に対する配慮には欠けている一方、現地適応はローカルレベルではきわめて柔軟であるが、グローバルレベルでの効率性は望めない。

## 4. ラグマンのグローバル戦略批判

Rugman（2000）は、グローバル戦略（すなわち世界を単一市場と見なし、世界規模で競争戦略を展開するアプローチ）は幻想にすぎないと酷評した。その根拠として、以下のものが挙げられた。

自由貿易による単一世界市場などありえないこと、現実には米欧日トライアド（3極）体制が基本であること、多国籍企業経営の基本はトライアドの一極内で主な活動を展開するリージョナル戦略であること、国家政府による規制は未だに自由市場への流れを阻害していること、などである。実際、グローバル企業と呼ばれる多くの企業は、現実にはリージョナルベースの活動を軸に展開しているという。よってラグマンは、企業はグローバル戦略などは忘れ、あくまでも"Think Local and Act Regional"の原則を貫くべきであると論じた。

より詳しくラグマンの議論を見てみよう。ラグマンが、グローバル戦略が幻想だとする根拠として、世界規模の単一市場などありえず、規制や文

化的差異といった理由でリージョンこそ重要な単位であること、家電など
ごく少数の産業を除き、ほぼすべての産業において現地適応型が重要であ
ること、自動車のように一見グローバルに見える産業でも、じつはグロー
バルカーなど存在せず、「9割以上の欧州生産車が欧州域内で販売されてい
る」ように、北米や日本でも地域内生産と販売が行われていることなどを
挙げている。

たとえば、その嗜好の地域差を示す例として、フォルクスワーゲン・ゴ
ルフが欧州で大成功を収めたのに北米では不人気に終わったことや、トヨ
タのカムリが日本より北米ではるかに大人気を得た点を挙げた。

そのうえで、ダウ・ケミカル、エクソン、ヒューレット・パッカード、
IBM、ジョンソン・アンド・ジョンソン、モービル、モトローラ、プロク
ター・アンド・ギャンブル（P&G）、テキサコなどを挙げ、これらの会社で
は年間収益の5割以上が海外売上であることは確かだが、だからといってこ
れらがグローバル戦略をとっているというのは間違いであると指摘する。

ラグマン自身の調査によれば、北米生産の自動車の85％以上は北米工場
で組み立てられていること、EU内で生産された車の90％以上が域内で販売
されていること、日本で登録された車の93％以上が国内で生産されている
こと、ペンキ（塗料）や鉄鋼や重電装置やエネルギーや輸送などの産業でも
9割以上がトライアドベースの企業によりつくられ、地域内で使用されてい
ること、さらにはサービスセクターにおいても活動は基本的にローカルか
リージョナル単位に行われていることを指摘した（Rugman 2000）。

実際、世界の多国籍企業の本社は米欧日に分散しているという。世界の
大規模多国籍企業500社の内訳は、198社がNAFTA、156社がEU、そして125
社が日本およびアジアに本社を持つという（"Fortune" 1999）。

国際貿易においても、リージョンは重要な単位であるとラグマンはいう。
1997年時点で世界輸出の57.3％および世界輸入の56.5％が、トライアドのメ
ンバー諸国によるという。それはいわゆる広義のトライアドの場合である。
広義のトライアドはNAFTA（アメリカ、カナダ、メキシコ）、アジア太平洋諸
国（オーストラリア、ニュージーランドを含む）、それにEUからなっているが、こ
うして見ると、トライアド諸国は先述のとおり世界貿易の主役である（図
12-1参照）。

ここで注目すべきは、コアメンバー国（米国、日本、EU）間貿易はさほど

大きなウエートを占めていないことである。いわゆる狭義のトライアドである。これらコア諸国においては、それぞれの間の相互依存よりも各域内相互依存のほうが高い。たとえば、EU諸国の輸出の6割以上がEU域内向けである。

　図12-1で示された広義のトライアド内・間貿易のパターンを見てみよう。明らかに、トライアド間に比べトライアド域内貿易の比率が圧倒的に高いことがわかる。EU域内貿易は60.6％、NAFTA域内貿易は49.1％、そしてアジア域内貿易は53.1％であった。そして、その他域外貿易は主に他のトライアド諸国とのものであった。

　こうした根拠により、ラグマンはよくもてはやされてきたグローバル戦略は幻想にすぎず、むしろリージョンを単位としたリージョナル戦略こそ多国籍企業が追求すべき戦略であると主張したのであった。

　ラグマンの議論を要約したが、これはグローバリゼーションの流れが加速して以来、しばらくの間もてはやされてきたグローバル戦略に対する警笛としては示唆に富むものである。しかし、国際経営学においても、グローバル戦略はあくまでもいくつかの戦略のひとつとして捉えられている。たとえば、Porter（1986）は企業の国際戦略としてグローバル戦略とともにマルチドメスティック戦略を対比したうえで、その両立を今後の方向性として示唆している。またBartlett and Ghoshal（1989）も、グローバルのみなら

**図12-1 ≫ トライアド内における輸出状況**

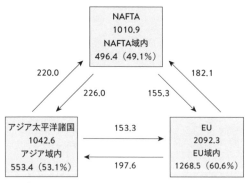

注：データは1997年のもの。
　　米ドル表示。
出所：Rugman（2000）

ずマルチナショナル、インターナショナルそしてトランスナショナルといった類型を提示している。したがって、世界の学者や経営者がグローバル戦略のみを信奉しているという考え方があるとすれば、それは偏った見方であるといえよう。

# *3* 多国籍企業と地域本社：
　組織構造の側面

　このように、グローバル化した世界経済において依然リージョンが重要な単位であることを受けて、多国籍企業がグローバル戦略やマルチドメスティック戦略のみならずトライアドを軸としたリージョナル戦略を考慮することの重要性も指摘された。では多国籍企業は実際どのようにリージョナル・マネジメントを運営しているのだろうか。ここでは、戦略の立案・実行のエンジンともいえる組織のありかたに着目したい。よく地域本社の役割が取り上げられるが、これはどのようなものであろうか。

## 1. 国際化段階における地域本社の位置づけ
　（スミスとチャーマーズ）

　コントロールの所在の変化は多国籍企業の組織発展に伴い変化すると示したのが、スミスとチャーマーズである。彼らは、次の5段階のステージモデルを提示した。

　第1段階は海外進出であり、本社にコントロールの所在が集中する。しかし海外子会社が発達する第2段階に移行するに従い、子会社の調整の危機に直面する。そこで進出国側にコントロールの所在が移行する。ところが今度は自律性を与えられた子会社を統制する危機が到来する。それを克服するために、地域（リージョン）にコントロールの所在が移される。これにより地域組織の力が増大するため、今度は国際事業部の管理能力が危機を迎える。そこで国際事業部にコントロールの権限を与えることとなる。やがて、世界的に広がった業務の統制の危機が増大し、これでは統制しきれな

くなり、本社へとコントロールの所在が移るというのである（第4章の表4-2
を参照）。

## 2. グローバル・ローカル二分法の限界

　第6章でI-Rグリッドを取り上げた。I-Rグリッドとは、グローバル統合と
現地適応を二次元で表した分析枠組みである。その枠組みにおいて、国際
経営の諸類型が整理できる。たとえば、グローバル戦略とは、世界を単一
市場と捉え、それぞれの付加価値活動をも最適な1カ所に集中することによ
り世界規模での経済効率を追求する戦略であった。ここでは各国市場の特
殊性に配慮した現地適応は不要となるので、I-Rグリッド上では左上にポジ
ショニングされる。その反対に、マルチナショナル戦略（マルチドメスティッ
ク戦略ともいわれる）の場合、現地市場へのきめ細かい配慮が各国市場におけ
る競争優位確立のうえでの最優先であるので、そのためには世界規模の効
率性が犠牲になっても仕方がない。よってI-Rグリッド上では右下にポジシ
ョニングされる。

　しかしそこには、グローバルといった地球規模の概念とローカルといっ
た各国現地レベルの概念しか存在せず、その中間レベルであるリージョン
の視点が欠落している。しかしその一方で、ラグマンの指摘にもあったよ
うに、リージョンは企業の国際取引のパターンにおいて欠かせない重要概
念である。

## 3. ダブルI-Rグリッド（Lehrer and Asakawa 1999）

　それを補填するために提示されたものがダブルI-Rグリッドであった。こ
れはI-Rグリッドを二分し、グローバル統合とリージョナル適応のものと、
リージョナル統合と現地適応のふたつのミニI-Rグリッドを作成したこととと
なる。

　そのうえで、筆者らはいかなる場合に地域本社の役割がより重要になる
かに関する次の仮説を立てた。ひとつ目のグリッドに関してはグローバル
統合よりもリージョナル適応への圧力のほうが強い場合、そしてふたつ目
のグリッドに関しては、現地適応よりもリージョナル統合の圧力のほうが

強い場合、地域本社の役割が重要だと論じた。実証研究の結果、必ずしも常にそうばかりではないことがわかったが、リージョナル・レベルを取り込んだ分析枠組みが必要である点は重要である。

図12-2 ≫ ダブルI-Rグリッド

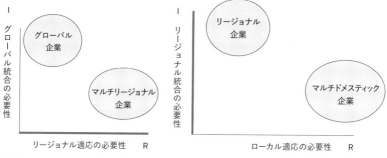

出所：Lehrer and Asakawa（1999）

column

## ヤヌスの顔としての地域本社

地域本社には主にふたつの顔がある。ひとつは本社に対してリージョンの利益・立場の代表者としての顔、もうひとつは現地子会社に対しての地域統括本部としての顔である。

### ●本社に対してのリージョン代表

リージョンは複数の国からなっており、そのリージョンに共通した利害が存在する。そうした利害を汲み取り、他のリージョンに対抗しても自分のリージョンの立場を主張するために本社に対し圧力を行使する役割が、地域本社のひとつのタスクである。

### ●現地子会社に対しての地域統括本部

その一方で地域本社は、いわば本社の出先機関的存在にもなっている。リージョン内の各国に対し、いわばリージョン内本社としてコントロール、調整機能を演じるのも地域本社である。このように、一口で地域本社といっても、その演ずる役割は多面性を持つ。

## 4. 地域センター

　地域本社ないし地域統括本部などといわれる組織は、欧米多国籍企業を中心に1970年代において台頭し（Brooke and Remmers 1978）、日本の多国籍企業においても80年代後半あたりからその動きが加速した。

　Brooke and Remmers（1978）によれば、こうした地域本社的組織は彼らの類型であるタイプA企業にはたまに存在し、タイプB企業においてはよくみられ、タイプC企業においてはほとんどみられず、またタイプDにおいては顕著であるという。そして地域センター（リージョナル・センター）は、次のうちのいずれかに相当するとした。

> ①自国以外の責任を有する現地子会社、たとえば自国も属する地域に
> 　関するマーケットプランを立案する役割などを含む。
> ②その地域に属する各国組織のフルラインマネジメント責任を有する
> 　地域会社、そしてそれは連結会計をも含む。
> ③スタッフ責任のみ有する地域センター、ここでは地域内の各国子会
> 　社に対しアドバイスを与えたり、活動を調整したりする。この種の
> 　センターがもっとも多いと彼らは論じた。
> ④前述の②と③の混合体、すなわち、地域センターはより成功を収め
> 　ている子会社にはスタッフ責任のみを有し、その一方で問題をかか
> 　えている子会社にはラインマネジメントにとって代わるものである。

　地域センターが本社と海外子会社の間に介入し、不必要なレベルを挿入しているという批判もあるが、Brooke and Remmers（1978）は、上述の4つのタイプのうち、①はいずれにせよ海外子会社が存在しない場合に多い点、②については、通常本社の一部に付随する場合が多い点、③はライン組織ではまったくない点、そして④については問題が生じて行動が必要な場合、顕在化する点を挙げ、イメージされるほどは地域センターの介入が問題ではないと論じた。

## 5. 欧米企業に見るリージョナル・マネジメントの多様性

　リージョナル・マネジメントは、グローバル・マネジメントとカントリー・マネジメントの中間に位置すると述べたが、そのありかたは決して一様ではない。以下、ドーズとゴシャールが行った調査をベースに、リージョナル・マネジメントのありかたが企業の地域戦略によってかなり異なることを具体例とともに紹介する（Doz and Ghoshal 1993）。

　欧米企業の行うリージョナル・マネジメントには少なくとも、同一方向型、変換型、マトリックス型といった3つのタイプが存在するという。簡単にその特徴を紹介しよう。

### (1) 同一方向型

　第一のタイプは、同一方向型（アラインメント）と称するものである。これは、同じ視点を世界・リージョン・国の各レベルの組織ユニット（すなわち世界本社、地域本社、各国子会社）が共有するパターンである。たとえば、アライド・シグナル、レイチェム、インテル、デュポン、DEC、アクセンチュア等は、各レベルで同一の問題意識を共有するという。このタイプを図で表すと図12-3のようになる。

　このタイプは世界・リージョン・国の問題意識ベクトルが同一方向を向いているため、一見、地域本社の役割が不明瞭である。しかし、地域本社は世界本社に対しより地域特性を考慮するよう具体策を持って提唱したり、各国子会社に対しコーチ的役割を演じている。

　もっとも地域本社の役割のウエートは、その企業の戦略課題がグローバルレベルにあるのかローカルレベルにあるのかによって異なる。その企業の競争優位の源泉が世界クラスの技術にありそれが本国にある場合、世界本社の相対的役割はもっとも大きく、地域本社のタスクはその技術の地域への応用にある。インテルが研究開発を米国内で行い、世界各国へ適応する際の支援機能等その一例である。

　その反対に、アクセンチュア等のコンサルティング会社の場合、各国オフィスとも通常その国のクライアント（顧客）とのビジネスがきわめて重要である。企業の優位性の基盤は、各国における地味な取り組みを通じて得られるクライアントからの信頼と評価にかかっている。

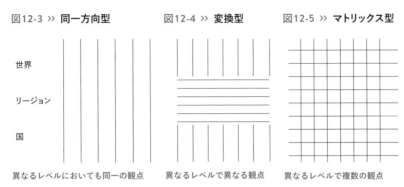

図12-3 》 **同一方向型**　　図12-4 》 **変換型**　　図12-5 》 **マトリックス型**

世界

リージョン

国

異なるレベルにおいても同一の観点　　異なるレベルで異なる観点　　異なるレベルで複数の観点

出所：Doz and Ghoshal（1993）

　このようなフィールドドリブンな事業の場合、暗黙知の重要性がきわめて大きい。したがって、ここでは各国オフィスがもっとも重要な位置を占め、世界本社は全体的な形式知的情報共有、先端スキームの提供等を管理する程度で、各国オフィスのパフォーマンスには直接貢献はできないといわれる。地域オフィスは、各国で明らかになった成功・失敗の事例、およびそれらの要因分析等をデータベースに吸い上げ、ナレッジ・マネジメントを行うという役割も持っている。

　その中間的存在がティムケンである。同社は上の2社に比べ、リージョナル・マネジメントを重視しており、地域本社の戦略的役割の幅もウエートも大きいとされる。ここにおいては、世界本社、地域本社、各国子会社が地域本社を軸として相互作用を高めているという構図がある。

　さらに、このタイプの地域本社は、複数事業にまたがる範囲での役割を果たす。地域単位での事業機会を発掘して世界本社に提示したり、ヒト・モノ・カネ・情報といった各種資源をリージョン単位で共有して規模の経済、範囲の経済を実現したり、グローバル顧客とローカル顧客の接点を見出したり、地域単位でサプライヤーとバイヤーを仲介したり、あるいは地域単位で業界間の相互乗り入れを達成したりしている。

　ただし、上述のとおり世界・リージョン・ローカルのウエートの高さも各産業により異なるため、地域本社が本領を発揮するためには、産業ごとの差別化された対応をとる必要がある。その一方で、産業間の壁を乗り越えて地域単位で統合することによるシナジーの追求も可能となる。[4]

## (2) 変換型

　第2のタイプは、変換（コンバージョン）型組織といわれる。このタイプは、各レベルのユニットがそれぞれ異なった見方を持つ場合である。アップルやIBMなどにこうした特徴がみられる（図12-4）。

　地域本社がこの変換機能を演じているのが、アップルである。世界本社主導により世界規模で開発・蓄積されたコア技術や製品、そしてプラットフォームを世界各国の個別顧客に対するソリューション、サービス提供にリンクするうえで重要な役割を果たすのが地域本社である。ここにおいてリージョン内の市場セグメントや顧客グループごとに異なる差別化された戦略をとり、各国で対応できるまでに持っていく。どの流通チャネルや顧客層にはどのような対応をとるべきかというようなきめ細かいアプローチを、リージョンレベルで行っている。

　このようにアップルにおけるリージョンの意味は大きく、社内におけるアップル・ヨーロッパの相対的地位も高い。一般的にこのような変換点（すなわちどこでビジネスロジックの変換が行われるか）にあたる組織の社内パワーや経営資源はきわめて大きい。なぜなら供給者と受給者を結ぶ一種の仲介者（ブローカー）的立場に置かれているからである。

　逆に変換点から外れた組織は、次第にその相対的パワーや経営資源を失っていく。たとえばIBMなどはグローバル規模の経営資源に各国オフィスが直にアクセスでき、現地化がきわめて進んだ結果、この変換点が各国（ローカル）レベルに下がり、各国子会社の実力が上昇した一方、欧州統括本部の役割は相対的に低下した。

## (3) マトリックス型

　第3のタイプは、マトリックスと呼ばれる。これは世界・リージョン・国の各レベルにおいて、それぞれ異なった優先課題ないし問題意識が持たれている。これは、製品と機能とを掛け合わせたマトリックスを持つヒューレット・パッカードや、製品と地域を掛け合わせたプロクター・アンド・ギャンブル等が例として挙げられる（図12-5）。

# *4* リージョナル・オフィスと
# 　イノベーション

## 1. リージョンの役割の増大と地域本社の役割

　一方において、前述のとおり、NAFTA、EU、ASEANといった地域ブロックの戦略的重要性はますます高まるばかりである。少なくとも、多国籍企業のマネジャーたちはこうした地域経済ブロックの重要性について、異論を唱える様子はない。その反面、多国籍企業における地域本社の権限も規模もそれに応じて拡大・強化しているようには見えない。つまり、地域マネジメントの戦略的な重要性の増大は、必ずしも地域レベルにおけるコントロールや調整の重要性には結びついていないという報告もある（Lehrer and Asakawa 1999）。

　多くの会社において、地域レベルにおけるオペレーションの統合が進むどころか、多くの多国籍企業においては、欧州におけるオペレーションを分断（すなわち域内各国の強みを活かした活動の分化＝"unbundling"）していることがわかった。多くの地域レベルの活動は、必ずしも単一の地域本部から統括されているわけではない。欧州域内に複数のセンター・オブ・エクセレンス（COE）が存在し、それらを中心にコーディネーションが行われているようである。こうした形は、欧州域内に限ったことではなく、かつてロスらが述べたような水平的集権化とも呼べる現象が、世界規模で行われている（Lehrer and Asakawa 前掲論文）。

## 2. アドミニストレーションを超えたリージョナル・オフィス：
## 　リソースの束としてのリージョン

　日米両方の企業は欧州地域を複数の異なる能力やリソースの束として認識するようになってきた。そしてこれらの資源の束は、実際にグローバル規模で活用されてきた。多くの欧州事務所やCOEは、実のところグローバル規模の活動に統合されている場合が多い。

　日米多国籍企業は両方ともこれまでの画一的モデルからは決別したよう

にも見える。米国企業の場合は、伝統的な国の「領地」を各国子会社から取り上げ、製品・事業を軸とした組織がウエートを増してきた。したがって、イタリアの子会社も純粋にイタリア製の製品に対するコントロールが利きづらくなり、ヨーロッパ全土へ向けてのある特定の能力の提供の場と化した。

日本の多国籍企業の場合は、長く親しまれてきた自国中心主義（Perlmutter 1969）が、R&D、とりわけ基礎研究の領域において崩されていった（Asakawa 1996）。

さらに重要な論点として、地域マネジメントの主な挑戦課題は、欧州規模の活動の単なる調整ではなく、欧州域内における知識・ノウハウを発掘し、流動化するということである。欧州域内における知識・ノウハウは多くの多国籍企業子会社に分散され、工場や販売事務所、研究所、そして事業所に点在している。その一方で、こうした知識・ノウハウの戦略的応用可能性は現地レベルから世界レベルまでまちまちである。たとえば、基礎研究所における知識は世界的に活用される可能性が高く、地理的制約をあまり受けない。一方、販売センターにおける知識は現地市場に関するものが中心で、他の地域での応用可能性が低い。

このように、異なったタイプの知識・ノウハウは戦略的意義の持つ幅によって区分されるべきである。日欧企業のモデルはひとつのモデルに収斂するのではなく、欧州規模における分断化の傾向を呈する。

こうして見ると、多国籍企業論における多くの文献が調整とコントロールに視点を置くのに対し、我々の研究から見ると知識マネジメントおよび経営資源論（RBV：リソース・ベースト・ビュー）的視座が必要であることがわかる。

## 3. リージョナル・イノベーション・リレー

戦略的に重要な経営資源は世界中に分散しており、それらをいかに迅速に発掘し獲得し、移転・活用するかが多国籍企業の主要な競争優位の源泉といえる（Doz, et al. 2001）では、そのような営みは多国籍企業内のどこで行われているのか。本社、海外子会社のいずれも万能ではない（Asakawa and Lehrer 2003）。

　たとえば、本社は世界中の拠点を統括する立場上、世界規模の知識・ノウハウの移転・共有を促し、社内のいずれかの部門での有効活用を支援するには適している。しかし、本社は海外の隅々の知識・ノウハウを発掘し獲得するには物理的・文化的距離が隔たりすぎている。現地特有の暗黙知を獲得するには、やはりその国の文化社会に精通した現地スタッフが最適である。

　しかし現地スタッフにも問題がある。第1に、彼らは地元の状況に精通しているため現地特有の知識・ノウハウの獲得は得意であるが、それらを他国（本社が所在する本国ないし第三国）の受け手に移転するのが不得手である。自分たちにとっては当たり前なこと（taken-for-grantedness）を、異文化の壁を乗り越えて形式知化し、伝達することは難しい。

　第2に、多国籍企業にとって価値ある現地特有の知識・ノウハウには暗黙知的要素が高く、現地スタッフにとっては当たり前のことが多い。したがって、彼らには、それらが多国籍企業の他国（自国や第三国）の潜在的受け手にとってどの程度価値の高いものかがなかなか理解できないことがある。よって、現地スタッフに丸投げすればよいのではない。

　こうした海外子会社と本社の持つ長所と短所を理解したうえで、双方の長所を活用できるような仕組みづくりが必要である。たとえば、海外子会社の現地スタッフは現地特有の知識・ノウハウに精通しているので、それらの獲得に際し、彼らの能力を最大限活用すべきである。

　しかし、上でも指摘したように、彼らには当たり前のような知識ノウハウがじつは他国の文脈においてどれほど価値あるものであるかの判断がつかない。そこで本社サイドは可能な限り海外子会社と連携をとり情報交換を行う必要がある。海外現地スタッフが獲得した知識・ノウハウも必ずしも多国籍企業の他国オフィスに伝達できるとは限らないので、本社サイドは可能な限りこれらの移転を支援しなければならない。

　しかし、実際には本社サイドが世界各地のオフィスによって獲得されたあらゆる知識・ノウハウを管理するのは難しい。そこでリージョナル・オフィスの果たす役割が注目されるようになった。ここでいうリージョナル・オフィス（regional offices）とは、必ずしも地域本社（regional headquarters）と同一ではない。後者はもっぱらそのリージョンにおける人事労務、経理などといった管理部門的側面を担うミニ本社であるのに対し、前者はむしろそ

のリージョン内で重要知識・ノウハウをもれなく発掘し獲得し、しかもそれらを多国籍企業内の他国オフィスにしっかりと移転するといった、イノベーションのリレーの役割を担う[7]。

　そうしたイノベーション・リレーとしてのリージョナル・オフィスの役割は、時には地域本社によって担われる場合もあれば、時には一海外子会社により演じられることもある。このように、リージョナル・オフィスは、形式的名称ではなく、実質的機能に注目した概念である。

　具体例をいくつか挙げよう（Asakawa and Lehrer 2003）。

(1) 資生堂は、その香水ビジネスをグローバル展開するために、その知識・ノウハウの源泉をフランスに求めた。日本では化粧品市場に占める香水の市場シェアはわずか3％にも満たないのに対し、フランスでは60％近くに達していることからも、香水ビジネスにおける世界の中心がフランスであるという判断であった（浅川＝ドーズ 2001）。よって、香水マーケティングはシャンタル・ロス、調香はジャック・キャバリエ、イメージはセルジュ・リュタンス、デザインはジャンポール・ゴルチエなどといった現地専門家に最大限委任し、知識・ノウハウの獲得に努めた。さらにリージョナル・オフィスとして機能しているBPI社は資生堂の100％現地子会社だが、その専門性を活かしたイノベーションの担い手としての役割を演じている。そしてそこの社長（当時）のシャンタル・ロスと資生堂のトップマネジメントチームの緊密な提携により、その知識・ノウハウを社内他部門に移転するよう努めている。

(2) 花王はドイツに研究所（KERI）を、またパリに色彩研究所を設立している。現地専門家を雇い、それぞれの研究所がリージョナル・オフィスの役割を同時に担い、本社サイドとの緊密な連携のもと知識・ノウハウの獲得と移転に努めている。

(3) その他多くの日本企業の欧州海外基礎研究所では、現地イノベーション・クラスター内で最先端領域の研究活動が行われているが、その多くが欧州全域から優秀な研究者を集め、全域に点在する研究機関とのコラボレーションを行っている。海外基礎研究所はそのようにして欧州域内から獲得した知識・ノウハウをプールし、全社的活用に備え研究開発本部と緊密な連携をとる段階に達している。その意味では、海

外基礎研究所はリージョナル・オフィス的立場にある。

(4) アップルは、1989年までは各国ごとに独立した子会社体制をとっていたが、やがてソフトウエアのアプリケーションにおいて多くの顧客がより全ヨーロッパ的アプローチを望んでいることに気づく。そこでアップルは教育、事業会社、大口顧客などの各種市場セグメントに応じ、域内各国に担当を与え、汎ヨーロッパのオペレーションにあたらせた。そして各拠点は他のリージョン（北米、アジア等）との窓口としての役割をも演じ、リージョン間での製品差別化を必要に応じて行った。

(5) デュポンやプロクター・アンド・ギャンブルでは、ある特定の製品カテゴリーごとに地球上で最適なロケーション（有力顧客ないしイノベーションの源泉に隣接）の拠点にグローバル規模のオペレーションを権限委譲する。そしてそこを起点に最先端のR&Dおよび生産活動をリージョン単位に展開する。そこから生まれる各種知識・ノウハウをリージョンおよびグローバル規模で活用する仕組みになっている。

(6) ゼロックスにおいては、欧州研究所（XRCE）が中心となり共同研究のパートナーを欧州域内から選定し、研究に関する合併・提携を通じて最新のデジタル技術を開発。そこでの成果をゼロックスの全世界における事業部門に提供している。その意味でXRCEは、一種のリージョナル・イノベーション・リレーの役割を果たしている。

(7) 最後にヒューレット・パッカードにおいても、リージョナル・イノベーション・リレーの例がみられる。例えばブリストル研究所（HP Labs Bristol）は、上のゼロックス欧州研究所と同様、欧州域内の共同研究パートナーを探し、また、数学研究所（BRIMS）は全域内からの優秀な研究人材を求める。そしてブリストル研究所が行う共同研究により新デジタル技術を開発する一方、数学研究所はHPの長期的科学的能力の向上に寄与することを目指す。そうした活動の成果は、同社内の全世界R&Dネットワークを通じて各種事業に貢献される。

## 欧州自由化とルフトハンザ

　ルフトハンザ航空は、もともと典型的ドイツ企業と特徴づけられ、ドイツにおける優良企業としてのサービスやプロダクトのハイクオリティーには定評があった。半官半民で政府の保護下にあり、そのせいか、組織運営上は管理的で縦割り組織という特徴を持っていた。

　そうした中、1987年に欧州における航空業界の自由化の波が訪れた。この自由化により、欧州域内・外の競争はますます激化し、とくに大西洋便を中心とした長距離フライトにおいて、競争は激しさを増した。第三国企業の乗り入れが可能となったことを受けて、各路線内の価格競争はますます厳しくなり、各路線内の寡占状態は終焉した。従来のままのドイツ的優良さは非力化し、通常のハイクオリティーもより高度なものが求められるようになった。このままのやり方では、従来の固定客がとくに長距離フライトなどを中心として他社にとられる危険性すら生じてきた。

　こうした1987年の自由化に直面し、ルフトハンザはいかなる対応策を講じるべきであろうか。いくつかの側面から検討を加えてみた。

　第1に、戦略・マーケティングの側面から見てみよう。なによりもまず米国のメガキャリアなどとの国際提携を通じ、路線の充実をはかるべきである。また独米協定の見直しを積極的に政府に働きかけるべきである。またアジアなどへの新規市場も積極的に開拓すべきである。競争に打ち勝つためには、営業力の強化も大きな課題であろう。さらには、サービス等も多面的レベルにおける差別化が不可欠であろう。

　第2に経済効率の側面においては、コストダウン・スリム化（雇用・設備）が急務であろう。第3に組織変革の側面では、縦割りから横の調整の促進、ルート別管理の見直しによる統合化、官僚的メンタリティーの克服、それにダウンサイジングが重要である。

　自由化を受けて、固定客を逃さないための方策として何がもっとも重要であろうか。上記の側面の中のどれが最優先課題として挙げられるのであろうか。いずれにせよ各ルート単位での改善はあまり意味をなさないだろう。あくまでも統合的最適化こそが重要であろう。

　同社にとっても自由化対策としては以下のようなオプションがあったと考えられる。価格戦争に参入すべきかどうか。紳士協定を提携すべきかどうか。拡大戦略で弱小企業を飲み込むか。クロス・ボーダーで合併するか。海外他社と提携するか。あるいは単独で戦うか。

　1991年にウエーバー氏が新社長に就任した。そのときの戦略課題も山積していた。独米2国間関係、欧州自由化、米国メガキャリア対策、グローバル・パートナーの模索、民営化の実現、コスト対策、恩給・年金などの労使問題など。こうした中、ウエーバー氏が手がけた企業変革は大きな成果を収めた。会長以下取締役会、若手参謀グループ、オペレーションチームなどあらゆる階層の有志を結集し、企業変革へと導いていったのである。

　ドイツ企業に特有のコーポレート・ガバナンスの仕組みにより、ドイツの会長は、アングロサクソン企業のような強力なリーダーシップは発揮しにくい構図になっている。ガバナンスの二重構造ゆえ、取締役会の中にも各利害部門の代表の声が強く反映し、なおかつ経営陣は監査役会からの強い監視を受けているからである。

　そのような構造的にかなり弱いリーダーシップの機会しか与えられていないにもかかわらず、ウエーバー氏は最大限のリーダーシップを発揮した。若手の「サムライ」という集団による危機感の煽りを通じて、そうした危機意識は社内に広く浸透し、変革に関しては組合も反対せず、協力的になったことも大きい。さらにオペレーションチームのメンバーも決して威圧的に出ず、影の役割に徹し、現場が主体的に変革を担っているという感覚を醸成した。

　このようにウエーバー氏はトップダウンで自らの強い意志を部下に押しつけることなく、コンテキストの枠組みづくりに徹した。また、内容についてはやかましく介入することを避け、ひたすら全体的変革の流れを創出していった。こうしてルフトハンザは、長年自前主義を貫いて戦略提携を拒んでいたのにもかかわらず、世界最大の航空連合であるスターアライアンスの一員となり、欧州航空自由化の波にのまれずにすんだのである。

参考資料：Thanheiser and Lehrer（1997）「ルフトハンザ航空（短縮版）」（INSEADケース、翻訳版：慶應義塾大学ビジネススクール、浅川和宏監修）、Lehrer, M（1996）

"The German model of industrial strategy in turbulence: Corporate governance and managerial hierarchies in Lufthansa"Discussion Paper FSI 96–307, WZB, Berlin.

## P&Gのユーロブランド洗剤

　プロクター＆ギャンブルの欧州における新しい強力液体洗剤（HDL）ヴィジア（Vizir）発売のストーリーがハーバードビジネススクールのケースで紹介された（Bartlett 1983）。ここではその情報をもとに論点を整理してみたい。

　強力液体洗剤をドイツ一国において発売してもよいか、それともこの種の製品はむしろ欧州全域を対象としたユーロブランドとして発売すべきなのか。洗濯習慣は欧州各国により異なっている。

　たとえば、欧州では一般には煮沸洗濯（60℃以上）が普通であったが、水を加熱しない英国や、手洗いが1980年代においてもまだ多く行われていたスペインやイタリアなど、さまざまであった。また欧州ではユニリーバとヘンケルという競合と常に市場シェアを争っていた。そんな中、これまでは各子会社が独自のやり方で洗剤石鹸事業を展開してきた。しかしこうしたバラバラなやり方では、欧州全域で欧州競合他社に対抗するのは容易ではない。

　だがその反面、欧州ブランドを投入しようとすると、各国子会社マネジャーは各国内業務を優先するためそう簡単には進まなかった。こうした中、1970年代半ばにP&Gは欧州技術センターで強力液体洗剤プロジェクトに着手した。そして完成したのがヴィジアである。

　ドイツからこの製品をドイツ市場に投入したいという申し出があったが、それに対し意見が分かれた。各国別のローカルブランドとしてヴィジアを出すべきだという意見としては、各国別の洗濯習慣の違い、巨額投資リスク、各国子会社のブランドマネジャーの責任、士気の低下といった懸念が挙げられる。それに対し、ユーロブランド支持者の意見としては、全欧で対応しなければ競合相手に対抗できない点、そして欧州全体での学習の機会が得られる点が挙げられた。

　欧州ブランドとしてヴィジアを発売するためには、各国ブランドマ

ネジャーの役割を剝奪することによって彼らのやる気を失わせないために、ユーロブランドチームを結成し、彼らの代表をそこに取り込み、各国ごとに重要な役割を与えることとなった。こうしてヴィジアの欧州ブランド作戦が展開された。

その後、1980年代後半以降、欧州統合もさらに加速し、P&Gの洗剤事業戦略もユーロブランドをより積極的に推進するようになった。89年にはアリエール・ウルトラのユーロブランドとしての発売に踏み切った。しかし、この時点でも依然、中央の製品ブランドマネジメントと各国子会社との間で認識の温度差は残っていた。

競合相手も国により異なっており（たとえばオランダ、イギリス、フランスではユニリーバが主な競合相手なのに対し、ドイツではヘンケルであった）、単一ユーロブランド戦略ではうまく対応しきれないといった不満も聞かれた。そうした問題を解決するために、欧州統括本社（ETC）は各国のキーパーソンを地域レベルの意思決定プロセスに取り込み（co-opt）、両者の違いを埋める努力を行った。

こうした試みはそれなりの効果を生み出したが、これで十分というわけではない。このケースは市場戦略面のみならず、組織戦略の側面に同時に配慮することの重要性を示唆している。

参考資料：Bartlett, C.（1983）「プロクター・アンド・ギャンブル・ヨーロッパ：ヴィジアの発売」（HBSケース、翻訳版：慶應義塾大学ビジネススクール、浅川和宏監修）、Bartlett, C. A. de Koning and P. Verdin（1997）"Procter and Gamble Europe: Ariel Ultra's Eurobrand Strategy"（HBSケース N9-398-084）

**本章のポイント**

　本章では、まずグローバル経営の舞台となる国際経済環境に注目し、最近とくに加速度を増すリージョナル化の動きを概観した。リージョナル化が全世界的傾向であることを確認し、欧州、アジアの場合を例にとって簡単にその動向に触れた。

　そのうえで、この世界経済のリージョナル化がグローバル経営に与える意味にその焦点を移した。グローバル経営の戦略においても、リージョンの戦略的重要性は高まっている。こうした中、世界全体を単一の枠組みと見る、いわゆるグローバル戦略に対する批判も強まってきた。しかしそうしたリージョナル戦略の重要性が高まる一方、多国籍企業における地域単位のコントロールや調整を担う地域本社の役割が増大したとはいえない。

　本章ではこれに関し、地域本社の組織構造的側面に焦点を当て、その役割を多面的に概観した。そして最後にアドミニストレーションの役割を超えたイノベーションのリレーとしてのリージョナル・オフィスの役割を演じている例についても触れ、リージョナリズムの流れに対応した新しい経営の方向性を示唆した。

---

本文注

1　古川智紀（2003）「東アジア経済圏構想の検証」慶應義塾大学ビジネススクール

2　坂元将晃（2003）「2輪部品メーカーのアジア戦略」慶應義塾大学ビジネススクール

3　この類型については第4章参照。

4　グローバル、マルチドメスティック産業の違いと対応している。

5　COEは「卓越センター」ともいわれ、特定の分野における優位性を持ち全社的貢献を担う拠点を意味する。

6　米国の多国籍企業の欧州におけるオペレーションは、日本の企業の欧州におけるそれとは違う。それぞれの企業群が日米それぞれの組織伝統（Bartlett and Ghoshal 1989）を継承しているからである。日本の多国籍企業は、本国のコントロールを強く受け、それに対し、多くの米国の企業の場合は、ヨーロッパ進出が日本企業の場合よりもずっと早く、欧州各国において多くの自律性を保有している。

7　リージョナル・イノベーション・リレーとは、リージョン域内に分布するイノベーションの源泉を感知、獲得し、全社的イノベーション活動に活用されるよう本国ないし第三国における自社拠点に移転する行為を意味する。

第 *13* 章

# グローバル経営における文化

グローバル経営の大きな特徴は、なによりも多様な文化的環境の中に見出される。目に見えない、きわめて曖昧な特徴を持つ文化の違いを正しく理解しなければ、国境を越えた経営現象も十分には理解できないだろう。本章では、グローバル経営に欠かせない異文化経営の論点を概観する。

# *1* グローバル経営と異文化

グローバル経営において、各国の文化に対する理解はきわめて重要であることは言うまでもない。国際ビジネスマンが異国の文化に無知であったら、そのビジネス上の代償は計り知れないからである（Zaheer 1995）。

文化は目に見える部分もあるが、価値観や理念などのように目に見えない部分が多い。

文化の目に見える部分（artifact）は具体物や形に表せるので、多分に形式知化されており、外国人にもわかりやすい。グローバル・ビジネスを展開するうえでも、比較的目にとまる部分である。それに対し、目に見えない部分こそ、グローバル経営において注意を払うべきところである。たとえば、態度や行動の違い等は目に見えるが、その背後にある信条、理念、価値観等はなかなかわからない。正義感の中身や善悪の基準等、さらには公平さの考え方等は、その典型例であろう。つまり、ある文化において公正な手続きであっても、他の文化においてはもはや公正ではない場合である（Kim and Mauborgne 1991）。

ここで文化の概念を簡単に整理しておこう。

「文化とは人々が経験を解釈したり社会的行動を起こすために使う知識である」（Hodgetts and Luthans 2000）。「この知識は価値観を形成し、態度を創出し、そして行動に影響を与える」（同書）。そして、文化には、以下の特徴が備わっているという。「文化は生まれながらにして生物学的に備わっているのではなく、学習や経験によって獲得されるものである。それはある集団、組織、社会に属する人々の間で共有され、ひとりの個人に特定のもので

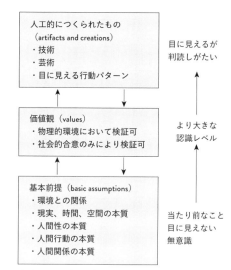

**図13-1 ≫ 文化のレベル**

人工的につくられたもの<br>（artifacts and creations）<br>・技術<br>・芸術<br>・目に見える行動パターン

目に見えるが<br>判読しがたい

価値観（values）<br>・物理的環境において検証可<br>・社会的合意のみにより検証可

より大きな<br>認識レベル

基本前提（basic assumptions）<br>・環境との関係<br>・現実、時間、空間の本質<br>・人間性の本質<br>・人間行動の本質<br>・人間関係の本質

当たり前なこと<br>目に見えない<br>無意識

出所：Schein（1985）

はない。それは世代間に受け継がれる。文化はあるものの象徴として機能を持つ。文化には構造があり、個々の構成要素が互いに関連しあっている。文化は変化や適応といった人間の能力に基づいている」（同書）

　クローバーとクラックホーンは文化に関する100以上の定義を分類して、以下のような包括的定義を提示した（Krober and Kluckhohn 1952; Adler 1991）。「文化は、シンボルによって獲得され伝達される明示的・非明示的な行動の、または行動のための様式から成り、人間の諸集団の特有の業績を構成し、人工物として具体化されたものを含んでいる。したがって、文化の本質的な核心は、伝統的な（すなわち歴史に由来し、歴史的に選択された）諸概念、とりわけその諸概念に付着した価値観からなっている。文化システムは、一方で行動の産物、他方で将来の行動の条件設定要素と考えられるであろう」

　アドラーはさらに、文化の次の要素を抽出している。「ある社会集団のすべてか、ほとんどすべての構成員によって共有されるもの」「その集団の古い構成員が若い構成員に伝えようとするもの」「（道徳、法律、慣習の場合のように）行動を形成したり、人々の世界観を体系化するもの」（Carrol 1982; Adler 1991）。

　価値観（values）の違いは、異文化経営の大きな課題である。たしかに国

**図13-2 ≫ 日米の文化の違い**

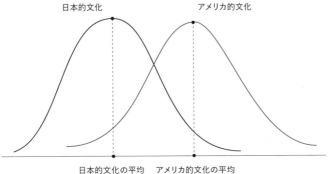

出所：Trompenaars and Hampden-Turner（1998）を基に作成

ごとに価値観は大きく異なるとの認識は一面において正しい。しかしその違いがステレオタイプ化され、誇張されかねない危険性もはらんでいる。Trompenaars and Hampten-Turner（1998）の示したように、2カ国間の文化の違いは、正規曲線の平均値の違いとしては明らかに出ているが（図13-2）、すべての国民にその特徴が顕在化しているとはいえない。たとえば、日本人とアメリカ人を比べると、日本人のほうがより集団主義志向が強く、アメリカ人のほうがより個人主義的だといわれている。しかし実際には、アメリカ人以上に個人主義的な日本人やその逆も存在することを忘れてはならない。

# 2 各国文化の類型論

　各国において文化的優先順位が異なるといった調査結果も報告されている。その主な軸としては、集権と分権、安全とリスク、個人と集団、公式と非公式、組織への忠誠心の高さ、協調と競争、短期的と長期的志向、そして安定とイノベーションといったものが挙げられている（Hodgetts and Luthans 2000）。文化を比較するといっても、あまりにも漠然としていて難しい。そこで特定の軸に沿って比較する方法が一般的である。以下、何人か

の研究者により提示された代表的フレームワークをいくつか紹介しよう。

　主だった文化の類型として、以下の整理方法がある。

## グローバル経営と国民性の違い

　国際ビジネスの成功のためには、異文化の理解とその重要性の認識が欠かせない。ビジネス交渉の中身については精通していても、国際的に文化の違いを軽視してビジネスを失敗してしまう例がある。一見客観的事実と見えることも、その背景として異なった文化的価値を前提としている場合も多い。

　ビジネスの国際化を考える場合も、我々は単なるビジネスに関する文化のみに関心を寄せるのでは不十分である。ビジネス活動の背後にある社会文化的側面の理解が不可欠である。

　文化の構成要素はじつに多様である。態度、信条、信念、美学、哲学、宗教といったものから、物質文化、教育、言語、社会集団、法律規制、政治構造といった、より具体的なものまでさまざまである。

　技術に対する感受性や寛容性も、国の文化に多くの影響を受ける。国によって特定の技術に対して熱狂的に受け入れたり拒絶したりする。

　卑近な例として、オートマチック車VS.マニュアル車への好みの違いが挙げられる。日本や米国社会において、オートマチック車が広く好まれるのに対し、フランスをはじめとするヨーロッパ諸国においては、マニュアル車に対する根強い好みがある。自動車会社も、そうした好みの違いは当然マーケティング戦略上勘案する必要がある。

　もうひとつの例として、シャワートイレに対する国民性の違いが挙げられる。日本において絶賛され重宝がられているシャワートイレであるが、フランスや他の大陸ヨーロッパにおいては、あまり浸透していない。その理由のひとつとして、トイレのような「パーソナル」なことを機械ごときにまかせてはおけない、という強い感情がある。フランスでは、「トルコのトイレ」とも呼ばれるこのシャワートイレは、そう簡単に欧州全土に浸透しそうもない。

## 1. ホフステッドの研究

ホフステッドは異文化経営の分野で、重要な貢献をなした。彼は、国の

**図13-3a ≫ 権力の格差と不確実性の尺度における50カ国の位置**

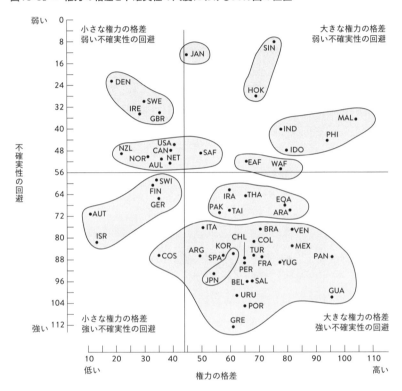

**図13-3 で用いられる50カ国の省略記号**

| | | | | | | | |
|---|---|---|---|---|---|---|---|
| ARA | アラブ主要国 | FRA | フランス | JPN | 日本 | SIN | シンガポール |
| ARG | アルゼンチン | GBR | イギリス | MAL | マレーシア | SPA | スペイン |
| AUL | オーストラリア | GER | ドイツ | MEX | メキシコ | SWE | スウェーデン |
| AUT | オーストリア | GRE | ギリシャ | NET | オランダ | SWI | スイス |
| BRA | ブラジル | GUA | グアテマラ | NOR | ノルウェー | TAI | 台湾 |
| CAN | カナダ | HOK | 香港 | NZL | ニュージーランド | THA | タイ |
| CHL | チリ | IDO | インドネシア | PAK | パキスタン | TUR | トルコ |
| COS | コスタリカ | IND | インド | PAN | パナマ | URU | ウルグアイ |
| COL | コロンビア | IRA | イラン | PER | ペルー | USA | アメリカ合衆国 |
| DEN | デンマーク | IRE | アイルランド | PHI | フィリピン | VEN | ベネズエラ |
| EAF | 東アフリカ諸国 | ISR | イスラエル | POR | ポルトガル | WAF | 西アフリカ諸国 |
| EQA | エクアドル | ITA | イタリア | SAF | 南アフリカ | | |
| FIN | フィンランド | JAN | ジャマイカ | SAL | エルサルバドル | | |

原出典：Hofstede（1991）

文化を4つ（後に5つ）の基準から評価し、その度合いに応じて分類することを試みた。

　ホフステッドは、世界70カ国に及ぶIBMのオフィスを対象に、11万人を超える人々に対するアンケート調査を実施した。その結果、世界各国の人々の文化の違いを説明する4つの側面（dimensions）を明らかにした。それらは、パワー・ディスタンス（power distance）、アンサーテンティー・アボイダンス（uncertainty avoidance）、インディビジュアリズム（individualism）、マスキュリニティー（masculinity）である（Hofstede 1980）。

　①パワー・ディスタンス（power distance 権力格差）　　組織や集団の中の権力的に弱い立場の構成員たちが権力が不平等に配分されていることを受け入れる度合いを指す（Hofstede and Bond 1984）。パワー・ディスタンスが高い国では、上司の命令は無条件で受け入れる傾向が強い。しかもそうした国々では、組織の底辺の人々のみならず、上層部においてすらその傾向がある

### 図13-3b ≫ 不確実性と個人主義の尺度における50カ国の位置

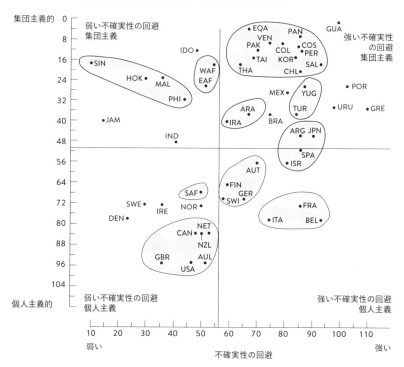

**図13-3c** >> **不確実性の回避と男性化の尺度における50カ国の位置**

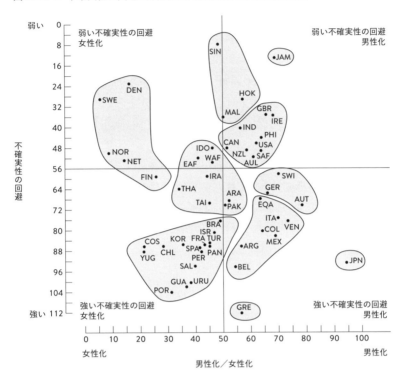

という。メキシコや韓国、インドなどはその傾向がとみに強いとされる。

**②アンサーテンティー・アボイダンス**（uncertainty avoidance **不確実性の回避**）

人々が曖昧な状況を恐れ、それを回避するための信条や制度を作る度合い
を指す（Hofstede 1980）。不確実性回避の高い国々においては、専門的知識を
有するエキスパートを尊び、組織行動がより構造化され、規制に基づく行
動が要求される。経営者やマネジャーもあまりチャレンジしたがらず、リ
スクを回避しようと試みる。組織もあまり分権化されず、下部マネジャー
への権限委譲も進まない。労働者も1カ所にとどまりがちで、流動性が低い。

　それに対し、不確実性回避の低い国々においては、組織行動もより柔軟
で、規制もゆるく、従業員はより野心的でリスクをとりたがり、また流動
性も高い。組織構造もよりフラット化し、権限委譲も進み、下のマネジャ
ーにもより大きな自律性が与えられる傾向がある。

## 図13-3d ≫ 男性化と個人主義の尺度における50カ国の位置

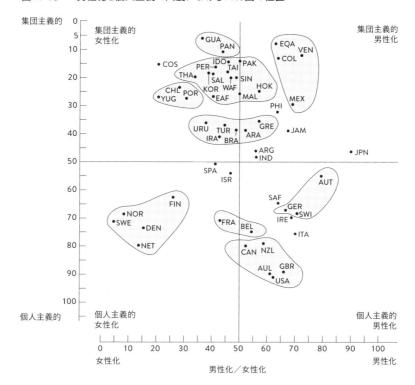

③インディビジュアリズム（individualism 個人主義）　各自が自分自身および家族だけのことを優先的に考える傾向である。それに対しコレクティビズム（collectivism 集団主義）では、人々が集団や共同体に属し、忠誠心と引き換えにお互いに助け合う傾向を指す（Hofstede 1980）。ホフステッドによれば、この個人主義的傾向は、国の豊かさと正の相関関係にあるという。

④マスキュリニティー（masculinity 男性度）　社会における支配的な価値観が成功やお金や物質（もの）である状況を指す。それに対し、フェミニニティー（femininity、女性度）とは、社会における支配的な価値観が他者への思いやりや、生活の質である状況を指す（Hofstede 1980）。いわゆる通常我々が使う日常語としてのマスキュリニティー、フェミニニティーとは異なった意味合いで使われていることに注意したい。

マスキュリニティーの高い社会では、人々は稼ぎや名声、昇進などの職

業上の達成に多くの価値を置くのに対し、マスキュリニティーの低い社会においては、人々は協調性、友情、助け合い精神やあたたかい雰囲気、雇用の安定性などを尊ぶという。またマスキュリニティーの高い文化においては、人々は大企業を好み、経済成長のほうが環境保護より重要と考える傾向にあるという。その逆に、マスキュリニティーの低い文化においては、人々は小規模企業をより好み、より環境保護を重要と考える傾向にあるとされる（Hodgetts and Luthans 2000）。

ホフステッドは、以上の4つの軸を用いて、世界各国の文化の違いを分析した（図13-3a〜d）。その後、彼は儒教の精神（confucianism）を軸に追加している（Hofstede 1991）。そこでは自らのフレームワークを革新し、長期志向（long-term orientation index）が出された。それは忍耐、秩序、肩書きの重視、倹約、恥といったもので、儒教をベースとしているとされた。

その他にも、さまざまな研究者がいろいろなフレームワークを提示してきた。


## 2. ロネンとシェンカーの分類

ロネンとシェンカーも各国文化を分類した。その基準として、次の4つのカテゴリーを用いた。第1に、仕事の目標の重要さ、第2に、欲求の達成と仕事の満足感、第3に、マネジメントないし組織上の価値観、そして第4に、仕事の役割と対人志向である（Ronen and Shenker 1985）。


## 3. ロランの研究

ロラン（André Laurent）の研究は多岐にわたるが、その代表例として、彼は経営の見方の背後にある認知概念が各国のマネジャーによってばらつきがあることを示した。彼によると、いくつもの点において、同一の質問票に対し彼らの国籍（nationality）により異なった回答が得られることが明らかとなった。ここから、ロランは、いくら国際的活動に携わっていても、マネジャーの考え方の基本は強く自国文化の価値基準により規定されていると結論づけた。

もっとも典型的なばらつきは、経営者の役割に関する次の質問に対する

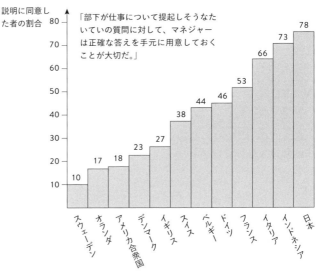

図13-4 ≫ **文化により異なるマネジャーの役割**

原出所：André Laurent, "The Cultural Diversity of Western Conceptions of Management,"
*Internationl Studies of Management and Organization*, vol. XIII, no. 1-2
(Spring-Summer 1983), pp. 75-96に基づく。M. E. Sharpe, Inc., Armonk, N. Y.の
許可を得て転載。
出所：Adler（1991）；『異文化組織のマネジメント』江夏健一・桑名義晴監訳、セン
トラル・プレス

答えに表れた。「経営者（manager）たるもの、自分の部下が彼らの仕事に関
して質問するであろうほとんどの事柄に対する正確な答えを持っているこ
とが重要である」という一文に対し、国籍間で顕著な差がみとめられた。も
っとも賛成が多かったのが日本で、インドネシア、イタリアがそれに次ぐ。
逆にもっとも反対が多かったのがスウェーデン、オランダ、米国などであ
った（Laurent 1986）。図13-4はその問いに対する回答の各国の分散を表して
いる。

　同じメッセージに対しても、国籍により人々の間に大きな認識の差がみ
とめられることをロランは示した。


## 4. トロンペナースの分類

　トロンペナース（Trompenaars）は、5つの関係性志向に加え、時間と環境

に対する態度を軸に、各国の文化を実証的に比較した。彼の提示した軸とは、普遍主義（universalism）vs. 個別主義（particularism）、個人主義（individualism）vs. 共同主義（communitarianism）、中立的（neutral）文化 vs. 感情的（emotional）文化、特定的（specific）文化 vs. 拡散的（diffuse）文化、業績型（achievement）文化 vs. 属性型（ascription）文化、そして時間（time）と環境（environment）であった。

　普遍主義（universalism）とは、考え方やプラクティスが修正なしでいたるところで通用するといった信条を意味し、個別主義（particularism）とは、考え方やプラクティスが状況によって規定されるという信条を意味する。普遍主義が高い文化においては、公式ルールが関係性よりも重視されるのに対し、個別主義が高い文化においては、関係性や信頼関係が公式ルールより重視されるという。米国、オーストラリア、ドイツ等で普遍主義が高く、ベネズエラ、インドネシア、中国等で個別主義が高い。

　個人主義（individualism）とは、人々が自分自身を個人として見なしている文化を指し、反対に共同主義（communitarianism）とは、人々が自分自身を集団の一部として見なしている文化を指すという。米国、アルゼンチン、メキシコ等で個人主義が高く、シンガポール、タイ、日本等で共同主義が高い。

　中立的（neutral）文化とは、感情が抑制される文化を指し、反対に感情的（emotional）文化とは、感情が開放的かつ自然に表出される文化を意味する。日本、英国、シンガポール等で中立的文化が高く、メキシコ、オランダ、スイス等で感情的文化が高い。

　特定的（specific）文化とは、人々が他の人々と共有できる広い公の空間を持ち、親しい一部の人々とのみ共有できる狭い私的空間を持つ文化を指す。反対に、拡散的（diffuse）文化とは、公的ないし私的空間の広さが同じ程度で、個々人が公的空間を開放することにより私的空間へも入れることになるので慎重になるような文化を指す。オーストリア、英国、米国等で特定的文化が高く、ベネズエラ、中国、スペイン等で拡散的文化が高い。

　業績型（achievement）文化とは、人々の地位が彼らの業績により与えられる文化である。それに対し、属性型（ascription）文化は、その人の地位は、その人がだれか、どんな人であるかによる文化である。オーストリア、米国、スイス等で業績型文化が高く、ベネズエラ、インドネシア、中国等で

属性型文化が高い。

　時間（time）については、以下の観点から分類された。まず人々が時間に対してどうアプローチするかについて、逐次的（sequential）アプローチと同時的（synchronous）アプローチの2種類に区分される。

　逐次的アプローチにおいては、人々は物事をひとつずつ片づけていく。そこではアポは厳密にとり、計画通りに物事を進めていくことを望む。一方、同時的アプローチにおいては、人々は複数の物事を同時に進める傾向にあり、そこではアポは弾力的にとられ、スケジュールも柔軟に変更される。米国は逐次的アプローチを、メキシコは同時的アプローチをとる傾向にある。

　また時間に関するもうひとつの区分に、過去（past-oriented）・現在志向（present-oriented）か未来志向（future-oriented）かというものが取り上げられた。米国やイタリア等では未来志向が強く、ベネズエラやインドネシアでは現在がもっとも重要、フランス等では過去、現在、未来が等しく重要とされるようだ。

　環境については、彼は次のふたつのタイプに区分して考えた。ひとつ目は、自分に関する出来事は自分でコントロールできるという考え方（inner-directed）、もうひとつは自分の人生に関する運命は自分でコントロールなどできず、外的要因に支配されているという考え方（outer-directed）である。米国等では自分でコントロールできるとの考えが強いのに対し、中国等では外的要因の支配が強いとされる。

## 5. ホールの区分

　エドワード・ホール（Edward T. Hall）は、ハイ・コンテキスト文化とロー・コンテキスト文化に区分し、その特徴を比較した。ここでいうコンテキスト（context）とは、ひとことでいうとコミュニケーションを取り巻く情報でメッセージ伝達を助けるものを指す。

　ハイ・コンテキスト社会においては、人々は共通の社会文化的文脈を共有しており、暗黙知的で非言語的コミュニケーションの果たす役割は大きい。それに対してロー・コンテキスト社会においては、人々の間に共通の社会文化的基盤が存在せず、言語による明確なコミュニケーションが必要となる。

## 言語の重要性

　まず、国際語としての英語力の重要性が指摘される。国際ビジネスの基本は異文化コミュニケーションであり、英語は好むと好まざるとにかかわらず国際コミュニケーションのための重要な道具である。したがって、高度な英語によるコミュニケーション能力は、国際ビジネスの成功のための、必須条件であろう。このことは、「日本語経営」からの脱皮を迫られている日本企業にとってはとくに重要課題であろう（吉原ら 2001）。

　しかし、グローバル化が進んだ今日の世界において、当然ながら世界には数多くの国々が存在し、異なる言語が使われている。言語と文化は密接不可分であるゆえ、世界の文化に通じるためには各国の言語をマスターする必要が大きい。これからの時代には、英語はもとより、少なくともそれ以外にも得意な外国語があるべきであろう。

　しかし、外国語能力ばかりを強調してはならない。言葉によるコミュニケーション（verbal communication）はトータルなコミュニケーションのわずかな部分にすぎず、言語以外によるコミュニケーション（non-verbal communication）が大きな位置を占めているという報告もある。したがって、現地の人々との交流を通じ、現地特有の暗黙知を肌で感じることが大切である。

　一例として、ハイ・コンテキスト文化においてはミーティングにだれが出席するかが重要な情報となる。なぜならば、そこに同席する顔ぶれ次第で正しい身の振り方が変わるからである。それに対しロー・コンテキスト文化のもとでは、出席者がだれかよりも、まずどんな内容かが重要となる。なぜならば、その会合はあくまでも個人の目的達成の手段だからである（Hodgetts and Luthans 2000）。日本やアラブ諸国はハイ・コンテキスト文化社会、スイス、ドイツ、それにスカンジナビア諸国がロー・コンテキスト文化社会といわれている。

## 6. 異文化管理の難しさ

これまで国々の文化にはかなりの多様性があり、多くの軸により多面的にそれらの違いを示した過去の研究成果を紹介してきた。こうした違いは、一国内のみでビジネス展開しているうちはたいした問題ではない。しかし、今日のように、国家間の相互依存度の高い経済社会においては、これらの文化の違いはただちにグローバル経営に影響を及ぼす。

異文化経営を困難にしている要因に、偏狭主義（parochialism）がある（Hodgetts and Luthans 2000）。これは、他国の文化を自らの目、視点で見てしまう傾向を指す。とくに先進国側の国際経営マネジャーは、途上国に行くと自分たちのものすべてがよく見え、そうした最先端の知識やノウハウが現地でもそのまま通用すると固く信じてしまうことに問題が生じる。また、

---

> ### column
>
> ## グローバル・テクノロジーとローカル商習慣とをつなぐ中国の電子メール配達ビジネス
>
> グローバル・テクノロジーは必ずしも世界中で一律に受け入れられているわけではない。そのテクノロジーを日常のオペレーションに採用するか否かは各国の社会文化的環境による。したがって企業を取り巻くテクノロジー環境を見る場合、常にそれが各国でどのように適用可能かを含めた検討が肝要である。
>
> 以下のストーリーは、電子メール技術があまり普及していない中国において現地事情に合わせた活用法を導入することにより新たなビジネスを創出した例である。
>
> ある中国企業が中国の奥地に住みパソコンを使わない人々に迅速にメッセージを配達するビジネスを行っている。世界中どこから送られた電子メールのメッセージでも自宅近くの郵便局に送られ手紙としてプリントアウトされ、封筒に入れて数日以内に届けられるという。しかもその封筒の裏側に広告スペースまで売り出している。こうしたビジネスは中国での生活事情にうとい外国人ではとうてい思いつかないという（Reyes and Blagg 2001）。

単純化（simplification）の傾向も指摘されている。これはすべての異なる文化に対し、同一のアプローチをもって接することである（Hodgetts and Luthans 2000）。これらのアプローチは、異文化ないし多文化への対応としてはきわめて問題である。

# 3 組織文化の国際比較

　グローバル経営において、現地環境をよりよく理解することが大切なことは言うまでもない。その意味で、国による文化の特徴を比較する意味は大きい。しかしそれと同時に、グローバル経営においてきわめて重要な文化のレベルに組織文化がある。組織には、国境をまたがり活動を行う多国籍企業などのものも存在するが、ここではまず各国内で活動を展開する組織に属する文化的特徴を見てみよう。

　Trompenaars（1994）は、組織文化を分類するフレームワークを提示した（図13-5）。

　**①家族文化（family culture）**　　階層（ハイアラーキー）の強調とひと志向を持つ文化。トロンペナースによれば、トルコ、パキスタン、ベネズエラ、中国、香港、シンガポール等がこれに相当するという（Trompenaars 1994）。

**図13-5 ≫ 組織文化の類型**

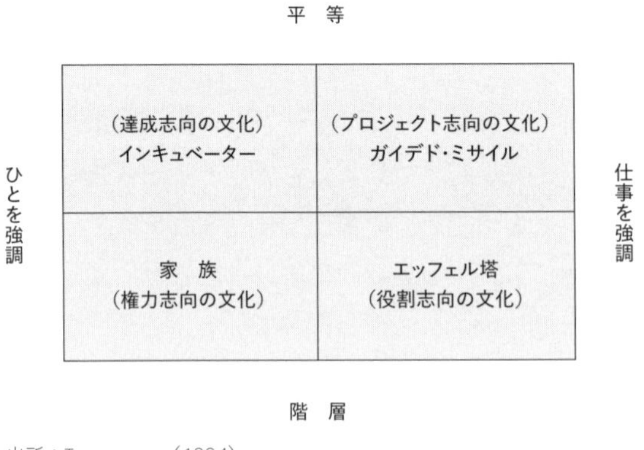

平　等

| （達成志向の文化）インキュベーター | （プロジェクト志向の文化）ガイデド・ミサイル |
|---|---|
| 家　族（権力志向の文化） | エッフェル塔（役割志向の文化） |

ひとを強調　　　仕事を強調

階　層

出所：Trompenaars（1994）

②**エッフェル塔文化**（Eiffel Tower culture）　階層（ハイアラーキー）の強調と仕事（タスク）への志向性を特徴とする文化。例：北米・北西欧諸国（カナダ、デンマーク、フランス、ノルウェー、イギリス等）。

③**ガイデド・ミサイル文化**（guided missile culture）　職場における平等に対する強調と仕事（タスク）への志向性をその特徴とする文化。例：アメリカ、イギリス等。

④**インキュベーター文化**（incubator culture）　職場における平等に対する強調とひと志向を持つ文化。例：カリフォルニアのシリコンバレー、スコットランドのシリコングレン等のスタートアップ企業。

---

column

## 企業文化とパフォーマンス

　企業のパフォーマンスに与える要因としてよく出されるのが、その経営活動の基盤としてのロケーションの意味である。多くの場合、その企業の本拠地の影響は計り知れないとされてきた。そのような中で、それとはまったく反対の実証結果としてDeshpande and Farleyによる研究がある（Silverthorne 2002）。

　彼らは企業文化と国の文化がグローバルマーケティング戦略に与える影響に関する調査を行った。その結果は、アントルプルナー主義や競争主義を尊ぶ企業のほうが官僚主義的ないし合意形成型企業よりもパフォーマンスが高いというものであった。しかもこうした傾向は国の違いを超えて共通することを、中国、香港、タイ、ベトナム、インド、日本の企業調査に基づき発見した。もちろん彼らは全世界に通用する普遍モデルを主張しているわけではないが、ここでは企業文化の影響のほうが国の文化よりも大きいとしている。いずれにせよ、ここでもまた、ロケーション神話を否定する実証結果が出されたのである。

---

case

## ユーロディズニーランド

　ウォルト・ディズニーのアイズナー会長が1987年に当時のシラク仏

首相との間でフランスのパリ郊外マルヌ・ラ・ヴァレに建設する旨の署名をしたのも、フランスから熱心な誘致のオファーがあったからである。他にもスペインからもテーマパーク建設のオファーを受けていたが、最終的にはヨーロッパの中央に位置するパリ郊外という立地の良さが決め手となった。フランスのみならず、その周辺国からも日帰りでテーマパークに訪れることが可能となるからだ。加えてマルヌ・ラ・ヴァレは、シャルル・ドゴール空港からのアクセスもよく、高速鉄道（TGV）の駅もつくるという話は魅力的であった。

　フランスにとってもディズニー誘致のメリットは大きいと判断した。それはユーロディズニーランドにより3万人近い雇用とパリ郊外地区の再投資と土地の高騰をもたらすとの観測からであった。しかしディズニーの進出は、フランスにおけるマスメディアや知識人たちからは「文化帝国主義」「文化的チェルノブイリ」などと批判された。アメリカ文化をフランスに押しつける、アメリカ商業主義の侵食など、酷評がなされた。労働組合も、ユーロディズニーランドの運営に必要となる労働時間の自由化は労働者の生活を悪化させると反対した。

　その一方で、フランスの青少年たちの間ではディズニー文化の人気は高まっていった。週末に放送されるディズニーチャンネルは人気を博した。大人の反対とは裏腹に、子供の心を着実に捉えていった。

　ウォルト・ディズニーは、ユーロディズニーランドの資本の49%を所有し、経営にも積極的に関与していった。従業員には（キャストといわれるパートタイマーも含め）厳格な服装規則を課し、髪の長さ、色、指輪、イヤリングなど、さまざまな規制を課した。また園内での飲酒も禁じ、食事時にワインをたしなむフランス人にとっては不評をかった。さらに笑顔で客に接するなど、多くのフランス人にとっては苦痛と感じられるような行動の規制を行った。

　1992年4月12日にユーロディズニーランドは開園したが、入場者数は当初の予想を大幅に下回った。メディアや知識人のネガティブキャンペーンも影響した。その後も米国式運営方法をめぐり、客と現地従業員の両方からの不満が出された。そこでその不振を克服するために、93年にはロバート・フィッツパトリック会長の後任に、フランス人のフィリップ・ブルギニョンが就任した。

　ブルギニョン会長は、ユーロディズニーランドの再建という重責を課されての就任となった。彼はかつてフランスのホテルチェーン「アコー」の重役としてニューヨークでノヴォテルを大成功に導いた実績の持ち主だ。フランス人会長の登場で周囲の目も変わる。フランス流の再建に注目が集まった。これまでの一律入場料をオフシーズンには特別割引したり、フランス語の話せる従業員を増やしたり、園内での飲酒を許可したり、現地顧客の心をとらえる努力を惜しまなかった。それでいてアメリカ生まれのディズニー文化をも大切にしていこうという姿勢もみられる。ブルギニョン会長はこのバランスを大切にしようと心がけていく。

　そして1994年10月以降、入場者数がやっと上向いた。入場料金を平均20%値下げしたり、娯楽施設を拡充したりしたことが効を奏したと考えられる。そして95年9月期決算で初めて黒字に転換した。会長は、これを欧州でもディズニーのコンセプトが受け入れられた表れだと述べた。

　1996年以降はユーロディズニーの業績が拡大軌道にのり、経営再建のめどが立ちつつあった。その後、翌97年にはブルギニョン会長が地中海クラブに去り、後任にジル・ペリソン氏が昇格した。新体制移行後も入園料引下げや鉄道・航空会社でのアライアンスを通じた集客戦術などを行い、経営再建が進んだ。そして2002年3月にはディズニーランド リゾート パリの第二パークが第一パークに隣接して開園した。

　テーマパークがフランスで次々と開園していることからも、フランス人の大衆レジャーとしてテーマパークが定着してきたことを示しているとの指摘もある。週労働時間の35時間への短縮を受けて、週末を利用したテーマパーク来園のニーズも上がったとの見方もある。1992年に最初のテーマパークを開園して以来、10年目にしてようやくディズニー文化がフランスないし欧州に根づきつつあるともいえる。ただしそうした評価は第二パークの動向を見てからでないと下せない。

参考資料：Black. S. and S. Krishna（1994）"Euro Disneyland"（Thunderbird Case）、ニューズウィーク（1993）「ユーロ・ディズニーが変身」（4月22日号）、L'EXPRESS（1999）"Mickey repart en Campagne"4月15日号

# ヤオハン

　和田一夫氏は1951年に熱海の実家の八百半商店に就職し、62年に八百半デパート社長となった。以後71年にはブラジル、74年にはシンガポールへ進出した。その後ブラジルでは経営危機に直面し80年に撤退した。89年、天安門事件直後にヤオハンインターナショナルを香港に設立し、90年には和田社長とその家族は香港に移住した。香港では買収した傘下企業各社を次々に上場させた。そしてその後中国へと進出していった。

　香港と中国は和田社長の管轄下にあり、日本およびその他海外は部下に見させた。香港・中国をはじめとするアジア全域への出店を目指し、シンガポールには国際卸売流通センター（IMM）を開設した。

　ヤオハンの経営の大きな特徴として強力な経営理念による統合が挙げられる。生長の家の哲学をベースに従業員教育を行った。こうした宗教ベースの理念だが、中国の人々から好意的に受け入れられたという。

　本社を香港に移したことにより現地の優秀な華僑その他のマネジャーを採用することに成功した。和田社長自身、華僑ネットワークに深い交友関係を持ち、彼らのリスクのとり方などに強い影響を受けた。自ら華僑ネットワークの一員と考え、ネットワークの内に入れば互いに信頼関係を築きあげることができたという自負を抱いた。

　そして和田は中国に進出し、2010年までに上海・揚子江流域に1000店舗を出店する計画を打ち出した。そのころには上海に居を構える計画を持っていた。

　しかしその後予期せぬ事態が生じた。北京のデパートとの間で行った提携が解消された。また香港返還前の不安から香港経済が不景気になり、ヤオハン香港も赤字となる。こうした中、華僑の実力者たちは一転して中国投資に対して冷静になるが、和田は意気軒昂で、その後も北京IMMのオープン、上海ヤオハン第一百貨"ネクステージ"オープン、中国総本社設立計画（上海）などさまざまな施策を打ち出した。

　このように自らのカリスマ性と顔をベースに社長自身の強いコミッ

トメントをもって華僑コミュニティの中に現地化を行った和田は、当初中国からの高い支持を得た。また香港への本部移転により国際企業としてのイメージを強め、現地政府からも歓迎された。本部移転による他のメリットとして税制、為替レートのリスクからの回避が挙げられる。そして経営スタイルについてはトップダウン型の強力なメッセージがカリスマ性を高め、常識破りの施策に打って出ることを可能にした。もちろん、同族経営がそうした自由を社長に与えたともいえよう。

　しかしその反面、同族経営の負の側面として、周囲の参謀にイエスマンばかり集まり、強力なワンマン社長に反対意見を述べる優秀なマネジャーが会社を去っていったことがある。負債比率が高いにもかかわらず、日本のメインバンクとの関係の悪化から、財務状況のチェック機能を欠いていた。財務よりも強力な理念の優先された経営スタイルとなっていたわけである。華僑の見解を過度に信じた社長に対するチェック機能こそ重要であったはずだがそれが機能不全に陥っていた。

　こうした冒険型グローバル化の勢いは、ヤオハンの中核企業であるヤオハンジャパンの会社更生法申請（1997年9月）というショッキングな事態を招くこととなった。

　こうした事態を受けて和田はグループ内すべての役職を辞任した。すべての責任は自分にある、という姿勢を貫き、最近では会社倒産回避の助言を幅広く展開している。

　ヤオハンジャパンの社長を弟にまかせたことをひとつの反省点としているが、同族経営の甘さを反省しているといってよい。また香港にヤオハンインターナショナルの本部を移転したころは、地元から熱烈な歓迎を受け、何をやってもうまくいくという錯覚に陥っていたという。「世界のワダ」などと紹介され舞い上がっていたと反省する。もともと両親が始めた熱海の八百屋営業で学んだ商売の原点を忘れてはならないと、和田は教訓を語っている。

参考資料：石田英夫（1995）「和田一夫と国際流通グループヤオハン」慶應義塾大学ビジネススクール、和田一夫（2001）「トップの誇りと同族経営の甘さが経営破綻に至った最大の原因です」『NIKKEI VENTURE』4月号.

### 本章のポイント

　本章では文化の概念を整理したうえで、各国文化の類型に関する代表的なものを紹介した。目に見えるものは文化のほんの一部であり、多くは目に見えないとても曖昧なものであるだけに、多くの分類の軸・尺度が重要となる。ここで紹介した類型論はいずれも異文化管理における代表的なものであるが、これらがすべてではない。ここで取り上げた分類の軸以外にもさらに有効な分類法もありうる。本章の目的は、多くの分類法を示すことにより、さまざまな状況に応じて異なる分類法が有効であることを読者に理解してもらうことである。ただし、異文化比較の落とし穴も忘れてはならない。文化の違いをあまりにも強調し、文化間の共通性を過小評価したり、文化に対する過度のステレオタイプ化がなされたりする危険もあることを認識する必要があろう。また国の文化の違いを強調するあまり、組織文化などのサブカルチャーを軽視すべきではない。グローバル経営に携わるひとは、文化的相違にとらわれすぎてもいけないし、逆に無視してもいけない。まさに文化に対する適切な見識を持つことが必要とされる。

終　章

# グローバル経営の課題

　グローバル経営のチャレンジとして、これまでにも世界規模の効率性、現地密着性、そして国境を越えたイノベーション・学習などが挙げられている。企業は世界規模での競争優位を構築するために諸活動をいかに世界中に配置し、それらを調整するかが肝心であるとも指摘された。

　さらにより最近では、本国の優位性に基づかないでいかにグローバル・イノベーションを起こすことができるかという挑戦課題が注目を集めた。ここでは、企業が世界中に分散する知識・ノウハウを迅速かつ適格に獲得し、社内で共有・活用することが鍵であるとされた。

　こうした課題は今後もますます重要となるであろう。しかしこれ以外にも大きな課題も山積している。最後に、これからのグローバル経営における新たな課題についても、簡単に触れることとしたい。

## 1. 価値基準、倫理観の違い

　国境を越えたビジネスにつきものなのが異文化摩擦であるが、正義、公正、責任感などといった価値観の根本部分にかかわるものもその例外ではない（Ross 1999）。とりわけグローバル規模での実質的活動が展開されるにつれ、善悪の基準が不明瞭になりがちである。多国籍企業内での意思決定の際の主要メンバーが複数国からなるほど、決定のベースとなる価値観もまた多様化するからである（Kim and Maubargne 1991）。以下にいくつかの例を示す。

　たとえば、自国で厳しい倫理基準を設けた企業が海外でも同じく厳しい基準を押しつけるべきか。賄賂などが典型例であるが、異国では、そうしたプラクティスは当たり前の慣習となっているような場合、その国におい

ては基準をゆるめることがある。難しい妥協といえよう。

　またある環境基準を満たした企業が海外に進出し、その環境対策に優れた製品を販売しようと試みた際、現地の消費者は環境対策にかかった余計な費用を払う意思がまったくないことが判明した。こうした場合、現地においては環境基準を満たさなくても、その分、低価格の製品を導入すべきだろうか。

　これからのグローバル経営においては、こうした点にますます留意しなければならない。

## 2. グローバル規模のアントルプルナーシップ

　アントルプルナーシップ（起業家精神）は近年とくに注目を浴びているテーマだが、これまではどちらかといえば一国内における分析が多かった。なぜならば、国によりアントルプルナーシップを取り巻く環境が異なるからである。しかし最近ではそうした違いに焦点を当て、そこにチャンスを見出す流れがみられるようになった。

　Kuemmerle（2001）は、アントルプルナーシップの国際比較を4つの側面から行った。第1の側面は資本市場の発達とその透明性、第2の側面は技術知識へのアクセス、第3の側面は文化を隔てた所得格差への寛容さ、そして第4は失敗の恥辱である。

　第1の資本市場の発達とその透明性に関しては、ファミリーオーナーシップの色彩の強いところでは資本市場の発達と透明性はあまり望めず、アントルプルナーシップも期待できない。最近ではドイツやフランスにおける透明性の向上はめざましいという。

　第2の技術知識のアクセスのパターンの違いも、アントルプルナーシップに大きく影響している。日本では、ニューベンチャーに移転されるべき多くの技術知識が大企業に眠っていることが多い。またフランスやドイツでは大学や研究機関で生み出される多くの発明が必ずしも商業化に結びつかないのも、アントルプルナーシップ醸成のうえでの問題となっている。

　第3の文化を隔てた所得格差への寛容さは、米国においてもっとも高いが、さきの先進国を含めて多くの国では必ずしも高くない。この現状が成功者に高い報酬が入るアントルプルナーシップの醸成を妨げる要因となる可能

性もありうる。

　そして第4の失敗の恥辱は、国により異なっている。米国は失敗に寛容な文化とよくいわれるが、それはチャレンジ精神と表裏一体であろう。しかし他国では社会制度上、失敗に対し大きな不利益が伴うことがある。たとえばクメールは、倒産により軍位を剥奪されるスイスの例を挙げ、とくに社会的地位を確立した人にアントルプルナーシップへの道がいかに危険なものとして映るかを説明している。

　以上の4つの側面に加え、知的所有権に対する安定した法的整備がアントルプルナーシップの発展には不可欠とした。そして今後の見通しとしては、現状では他国と比べ、米国が大きくリードしているものの、海外発のベンチャー企業も増加している。クメールは、近い将来、資本市場の整備をはじめとする上記の点で改善がみられるならば、ヨーロッパはもとよりラテンアメリカやアジア諸国でもアントルプルナーシップは開花すると論じている（Kuemmerle 前掲書）。

　今後国境を越えたアントルプルナーシップの可能性はますます増大するだろう。国ごとの温度差を十分に理解し、最大限グローバル規模でアントルプルナーシップをいかに発揮できるかは、グローバル企業にとっての大きな挑戦課題といえよう。


## 3. グローバル経営と知的所有権の問題

　所有権の中でもビジネス活動に密接なかかわりを持つものに、知的所有権がある。特許、著作権、商標に対する保護の度合いは国によってまちまちである。特許がしっかりと守られなければイノベーションに対するインセンティブも失われる。イノベーションには特許の保護は不可欠である（North 1991）。実際に、先進国ほど特許に対する保護はしっかりしている。それに対し、中国をはじめとして、知的所有権の保護がとてもおくれた国も存在する。中国やタイなどでは、コンピュータソフトや音楽ソフトなど、海賊版がおかまいなしに出回っているのが現状だ（Hill 2001）。マイクロソフトは中国でもっとも大きな被害を受けたが、試行錯誤の末、結局アメリカ政府へのロビイングを通じて中国政府へ働きかけ、改善の方向へ向かっているという（Hill 前掲書）。

中国で出回る模倣製品は今ではめずらしくない。中国のWTO加盟に伴い中国政府もその取り締まりに乗り出しはしたが、もはや模倣製品の製造は中国における現実となった。日本の二輪車メーカーにとってこれは重大な問題である。

しかし現実に目をそむけていては何も始まらない。その意味で、たとえばホンダの模倣品メーカーとの提携（2001年）は興味深い。コピーメーカーが低コストで製造したオートバイが消費者に受け入れられている現実から学ぶしかないと判断し、ホンダは現地企業への徹底した技術移転・指導を通じて模倣車をホンダのブランドに変えたのである。商標、特許といった知的所有権の常識が世界中で通用するとは限らない中、ひとつの興味深い戦術といえよう。

## 4. グローバル経営とイノベーション・クラスター

企業を取り巻く環境は、社会的側面のみならず、テクノロジー的側面も重要な要素である。テクノロジーとは形式知的であり、各国の文脈による違いとは無縁のような印象すら持たれることがある。しかし、それは明らかに間違っている。

たしかにテクノロジー自体は国際標準化の傾向にある。今まで各国ないし各地域ごとに特有であった企画や様式も、標準化の流れを受け、急速にグローバルスタンダードへと収斂しつつある。しかしながら、地域固有の特性が完全に消滅したわけではない。今日はまさに過渡的状況であり、だからこそ余計にテクノロジー、イノベーションの地域差を無視できないのである。

イノベーションの構成要素をそのコンポーネント（テクノロジーの最小単位）に関するナレッジと、その組み合わせに関するアーキテクチュラル・ナレッジに区分されるが（Henderson and Clark 1990）、後者についてはより社会的文脈とのかかわりが大きいといわれる。なぜならば、個々の技術単位をどう組み合わせるかといった発想は、社会文化的コンテキストに影響されるからである。とくに各国により、そうした技術やイノベーションに関する社会的文脈はまちまちである。

そもそもテクノロジーとは、人々がいかにものをつくるかという営みで

あり、文化的要素が強い（Ball and McCulloch 1999）。地球上のいたるところにイノベーションのクラスター（集積地区）が分布しているが、それぞれの土地柄を反映しているといえよう。

　かつてvon Hippel（1994）はイノベーションに関する知識・情報はスティッキー（粘着的）であると論じたが、ひとつの地域限定型ナレッジを安易に他地域に移転し移植してみても、まったく本来の効果を発揮できないわけである。

　Badaracco（1991）の呼ぶ migratory knowledgeとは、そのノウハウが製品などに埋め込まれた知（product-embodied knowledge）であり（Doz et al. 1997）、一見、移転自由のように思われるが、核心的部分はその特定文脈に深く埋め込まれて（embedded）おり（Granovetter 1985）、容易には移転しえない。そして強引に移転された瞬間、その本来の価値を失ってしまうことが多い。

　このように、最先端イノベーションは通常、高度に暗黙知的要素を含むことから、特定国の特定の地域に限定されることが多い。このことは、高度なイノベーションを生み出すための研究者・技術者、巨大資本、天然資源、インフラストラクチャーといった要素条件、洗練された市場からの要素がイノベーションを促進する需要条件、最先端イノベーションを可能にする関連・支援産業のサポート、そしてイノベーションを加速させるライバル間競争の存在という、ポーターのダイヤモンドの4条件が共にそろい、互いに相互作用を及ぼしながら機能しうるような国の環境が必要だからである。国には、それぞれの特性に基づき、このような条件を提供しうる産業があり、その産業において最先端技術を最大限に活かしたイノベーションが可能になると考えられる。

## 5. グローバル・イノベーション・システムの可能性

　さきのポーターのダイヤモンドの4条件から見て、明らかに自国が優れている場合にはなにも好んで海外に展開する必要はないかもしれない。あるいは仮に海外により優れた条件が整っていたとしても、産業自体がマルチドメスティックな場合、国内での事業展開が適している。

　イノベーションに限って見ても、同様のことがいえる。国内の技術・知識ノウハウ、その生産者たる科学・技術スタッフ、国内資金への依存をも

とに、国内市場向けに製品を開発すればよい。その際には国のイノベーション・システムへのアクセスがきわめて重要となる。具体的には、その国の大学・研究機関、政府、ベンチャー企業、金融機関、さらには競合他社との協調によるイノベーションの推進である。

　上述のとおり、この方法は次のふたつの条件を満たす場合に有効となる。①当該技術・産業がマルチドメスティックであること、②当該産業技術に関する自国の水準が高いレベルを保っていること。

　しかしこうした基準を満たさない場合、上記の方法は必ずしも妥当とはいえない。仮にその産業・技術が各国ごとにかなり異なるマルチドメスティックなものであっても、自国の科学・技術水準が低い場合は他国のイノベーション・システムにアクセスしなければならない。また当該産業・技術がグローバル統合型の場合（すなわち各国ごとにその現地適応があまり必要でなく、技術・知識のグローバル統合化が有効な場合）、自国のイノベーション・システムのみにアクセスするのでは不十分である。Spencer（2003）はフラット・パネル・ディスプレイ産業を例に、グローバル統合型産業においては企業はグローバル・イノベーション・システムへアクセスすることにより高い成果を収めることができると論じた。ここでいうグローバル・イノベーション・システムとは、多くの国の組織間相互作用により構築され、また世界中の企業からのアクセスが可能なリソースや制度・体制を意味する。

## 6. 濃厚なグローバリズム

　今日の世界において、グローバル化自体は以前からすでに存在し、決して新しい現象ではない。しかしKeohane and Nye（2000）によれば、今日の大きな特徴はその濃厚さにあるという。

　では濃厚なグローバル化とは何か。コヘインとナイによれば、濃厚なグローバル化（thick globalization）と希薄なグローバル化（thin globalization）は次のように異なっている。希薄なグローバル化では一部の人々がリンクしているのみで、そのインパクトもごく限られた少数の人々にのみ与えられる。昔のシルクロードでアジアとヨーロッパの商人が往来し、その影響は少数のエリート層の消費者のみに及ぼされたことがその例である。それに対して濃厚なグローバル化の場合は、世界規模で大量に行われ、大勢の人々に

多大な影響を及ぼす。そして国際的相互依存関係がいたるところでより深く交差している。一地域での出来事が、別の地域における別の次元のことに強く影響を与える（Keohane & Nye 2000; Nye & Donahue 2000）。

このことは、グローバル化の光と陰の両面についていえる。したがって、世界各地に存在する問題が深刻であればあるほど、濃厚なグローバル化の及ぼす陰の影響も大きい。今日的現象として、テロやSARSなどが世界中に及ぼした影響の大きさが典型的といえよう。これからのグローバル経営にとっての大きなチャレンジは、こうした濃厚なグローバル化の及ぼす陰の影響を最小限に抑えつつ、そのメリットを最大化することであろう。

## 7. グローバル経営とテロリズム

グローバル経営は政治と常にかかわりを持っている。多国籍企業は自国および進出国において各国の政治体制、カントリーリスク、政府からの規制といった諸条件のもとで事業展開している。

もっとも、ビジネスについて考えるとき、日頃、政治との関連などあまり意識しない人も多いかもしれない。しかし、普段、無意識にビジネス活動に励むことができるのも、資本主義社会が定着し、民主主義に基づく社会が安定しているからである。仮に急進的イデオロギーが台頭し、政治的不安が生じたら、我々はビジネス活動に専念することなどできなくなるだろう。あるいはテロリズムによる社会的不安が生じたなら、企業活動はただちに麻痺するであろう。資本主義社会に敵対的なテロの場合、企業はその標的にされかねない。仮に自国が政治的に安定していても、グローバル経営は国境をまたがりその活動を世界規模で展開するため、安心してはいられない。

カントリーリスクの高い国々でのビジネスは危険を伴うことは言うまでもないが、仮にそうした国々を避けたとしても、今やテロのトランスナショナル化（脱国家化）が急速に進んでおり、その国際的ネットワークは多くの国々にも張り巡らされている。

2001年9月11日に、米国で世界を震撼させた衝撃的事件が起こった。ニューヨークの世界貿易センター（WTC）ビルに航空機2機が衝突し、ビルを崩壊させた。同ビルは1993年にも爆弾テロ事件に巻き込まれた経緯がある。世

界貿易センターといえば、アメリカ資本主義の象徴ともいえる超高層ビルである。その中には多数の企業が入っており、一瞬にして多くのビジネス関係者が犠牲になったのである。この事件は、ビジネス活動がテロといった政治的事件にいかに影響されるかを示している。一見ビジネスとはまったく無関係のような分野における出来事に非常に敏感に反応し、脆弱性が高いといえよう。グローバル経営を行う際、忘れてはならない教訓である。

## 8. グローバリゼーションの功罪

　グローバリゼーションは富める国を一層豊かにしたが、貧しい国を一層貧しくした、という批判を耳にする。いわゆる反グローバリゼーション論（antiglobalization）の立場である。

　それに対し、グローバリゼーション推進派は、今日世界の貧困は減少したと主張する。ただしその大きな要因は中国とインドというアジアの二大国の経済成長によることが反対論者たちからは批判されている。

　またグローバリゼーション推進派は、中国やインドのように世界経済と歩調を合わせ始めた国々ほど経済成長がめざましく貧困も減少していると唱えた。しかしそうした歩調合わせが、ただちに経済成長につながるという根拠はない。アルゼンチンをはじめとするラテンアメリカが1990年代にグローバリゼーションを熱心に推進したが、貧富の差が拡大し経済成長を達成できなかったからだ。

　グローバル市場へのアクセスは貧困な国々には好ましいけれど、その際に要求されるゲームのルールは米国をはじめとする先進国主導のルールであり、貧困な国々には必ずしも都合のよいものではない（Rodrik 2002）。

　これからのグローバル経営は、先進国主導のみでは成り立たない。急成長をとげている新興諸国の台頭を前提とした新たな国際経営ゲームが繰り広げられることとなる。そうした中、先進国の観点とは明らかに異なるグローバリゼーションの視点も重要となる。グローバル展開を進める企業も先進国の論理一辺倒では世界のビジネス社会から正当性を得られないことを再認識することが重要となる。

**本章のポイント**

　本章では、これからのグローバル経営にとって重要となる論点をいくつか取り上げ概観した。なによりも世界規模の効率性の追求、現地密着性の実現、そして国境を越えた学習を通じたイノベーションの創出などが引き続き筆頭に挙げられる。今後ますます企業は世界規模での競争優位を構築するために諸活動の配置・調整を最適化する必要がある。とりわけ本国の優位性に基づかないでいかにグローバル・イノベーションを起こすことができるかというチャレンジは、競争優位の源泉が世界中に分散する今日のグローバル経営を勝ち抜く重要な鍵である。

　それ以外にも、これからのグローバル経営を考えるうえで欠かせない数々の論点が残されている。たとえば多様化する倫理・価値規準への取り組み、濃厚なグローバル化とその弊害への対処、グローバル規模でのアントルプルナーシップの促進、多様な発展途上国経済へのアプローチなど、枚挙にいとまがない。我々はこれからのグローバル経営を見る目を、企業経営を取り巻く政治・経済・社会・文化を見据えたマクロな視点を養うことで磨いていかなければならない。

---

本文注

1　大崎緑（2002）、慶應義塾大学ビジネススクール；『日経ビジネス』2001年10月15日号；吉野浩行（2002）「脅威の中国わがホンダ戦略」『文藝春秋』6月号

# 参 考 文 献

Aaker, D. and E. Joachimsthales (1999) The lure of global branding. *Harvard Business Review*, November.

Adler, N. (1981) Re-entry: Managing cross-cultural transitions. *Group and Organization Studies*, 6 (3): 341-356.

Adler, N. (1986) Do MBAs want international careers? *International Journal of Intercultural Relations*, 10 (3): 277-300.

Adler, N. (1991) *International Dimensions of Organizational Behavior* (Second Edition). PWS-Kent Publishing Company, Boston, MA. (江夏健一他訳『異文化組織のマネジメント』セントラル・プレス)

Afuah, A. (1998) *Innovation Management*. New York: Oxford University Press.

Almeida, P. (1996) Knowledge sourcing by foreign multinationals: Patent citation analysis in the U. S. semiconductor industry. *Strategic Management Journal*, 17 (s): 155-165.

Almeida, P., J. Song and R. Grant (2002) Are firms superior to alliances and markets? An empirical test of cross-border knowledge building. *Organization Science*, 13 (2): 147-161.

Asakawa, K. (1996) External-internal linkages and overseas autonomy-control tension: The management dilemma of the Japanese R&D in Europe. *IEEE Transactions on Engineering Management*, 43 (1): 24-32.

Asakawa, K. (2001a) Evolving headquarters-subsidiary dynamics in international R&D: the case of Japanese multinationals. *R&D Management* 31 (1): 1-14.

Asakawa, K. (2001b) Organizational tension in international R&D management: the case of Japanese firms. *Research Policy* 30 (5): 735-757.

Asakawa, K. and M. Lehrer (2003) Managing local knowledge assets globally: The role of regional innovation relays. *Journal of World Business* 38 (1): 31-42.

Asakawa, K. and T. Katoh (2003) Pitfalls of practice transfer across borders: Unwanted transfer as a neglected issue in multinational management. Savoir Gérer, ESSEC/U. of Paris: 9-30.

Badaracco, J. L. (1991) *The Knowledge Link: How Firms Compete through Strategic Alliances*. Boston: Harvard Business School Press. (中村光一、黒田哲彦訳『知識の連鎖』ダイヤモンド社)

Baliga, R. and A. Jaeger (1984) Multinational corporations: Control systems and delegation issues. *Journal of International Business Studies*. 15 (3): 25-40.

Ball, D. and W. McCulloch（1999）*International Business*. Boston, MA: Irwin/ McGraw-Hill.

Barney, J.（1991）Firm resources and sustained competitive advantage. *Journal of Management*, 17（1）: 99-120.

Barney, J.（2001）*Gaining and Sustaining Competitive Advantage*. NY: Prentice-Hall.

Bartlett, C.（1983）Procter and Gamble Vizir「プロクター・アンド・ギャンブル・ヨーロッパ：ヴィジアの発売」（HBSケース、翻訳版：慶應義塾大学ビジネススクール、浅川和宏監修）

Bartlett, C.（1986）Building and managing the transnational: The new organizational challenge. In: M. Porter（ed.）*Competition in Global Industries*. Boston: Harvard Business School Press.

Bartlett, C. and S. Ghoshal（1986）Tap your subsidiaries for global reach. *Harvard Business Review*, 64（6）: 87-94.

Bartlett, C. and S. Ghoshal（1989）*Managing Across Borders: The Transnational Solution*. Harvard Business School Press, Boston, MA.（吉原英樹監訳『地球市場時代の企業戦略』日本経済新聞社）、1998年に改訂版あり。

Bartlett, C. and S. Ghoshal（1990）Managing innovation in the transnational corporation, in, Bartlett et al.（eds.）, *Managing the Global Firm*, NY: Routledge: 215-255.

Bartlett, C. and S. Ghoshal（1992）*Transnational Management*. Boston: Irwin.（梅津祐良訳『MBAのグローバル経営』日本能率協会マネジメントセンター）

Bartlett, C. and S. Ghoshal（1992）What is a global manager? *Harvard Business Review*, September/October.

Bartlett, C. and S. Ghoshal（1993）Beyond the M-form: Toward a managerial theory of the firm. *Strategic Management Journal*, 14: 23-46.

Bartlett, C. and S. Ghoshal（2000）*Transnational Management*. Third Edition. Boston, MA: McGraw-Hill.

Bartlett, C.（1983）「プロクター＆ギャンブル・ヨーロッパ：ヴィジアの発売」（HBSケース、翻訳版：慶應義塾大学ビジネススクール、浅川和宏監修）

Bartlett, C（1993）「ABB継電器事業：グローバル・マトリックスの構築」（HBSケース、翻訳版：慶應義塾大学ビジネススクール、浅川和宏監修）

Bartlett, C. A. de Koning and P. Verdin（1997）"Procter and Gamble Europe : Ariel Ultra's Eurobrand Strategy"（HBSケース N9-398-084）

Bartlett,C.（2002）Philips versus Matsushita : A New Century, a New Round, HBS Case # 9-302-049（翻訳版「フィリップスと松下：世界的企業2社の成長」慶應義塾大学ビジネススクールケース、浅川和宏監修）

Beamish, P. (1984) Joint Venture Performance in Development Countries. Doctoral Dissertation, University of Western Ontario.

Beamish, P. (1988) *Multinational Joint Ventures in Developing Countries*. London: Routledge.

Befu, H. (1971) *Japan: An Anthropological Introduction*. San Francisco: Chandler.

Benedict, R. (1946) *The Chrysanthemum and the Sword*. Boston: Houghton Mifflin. (長谷川松治訳『菊と刀』社会思想社)

Berman, J. and W. Fisher (1980) *Overseas R&D Activities of Transnational Companies*. Cambridge, MA: Oelgeschlager, Gunn, and Hain.

Birkinshaw, J. (1995) Entrepreneurship in Multinational Corporations: The Initiative Process in Canadian Subsidiaries. Doctoral Dissertation, University of Western Ontario.

Birkinshaw, J. (1996) How multinational subisidary mandates are gained and lost. *Journal of International Business Studies*. 27 (3): 467-496.

Birkinshaw, J. (1997) Entrepreneurship in multinational corporations: The characteristics of subsidiary initiatives. *Strategic Management Journal* 18 (3): 207-230.

Birkinshaw, J. and N. Hood (1998) Multinational subsidiary evolution: Capability and charter change in foreign-owned subsidiary companies. *Academy of Management Review* 23 (4): 773-795.

Birkinshaw, J., N. Hood and S. Jonsson (1998) Building firm-specific advantages in MNCs: The role of subsidiary initiative. *Strategic Management Journal* 19 (3): 221-242.

Birkinshaw, J. and N. Hood (2000) Characteristics of foreign subsidiaries in industry clusters. *Journal of International Business Studies*, 31 (1): 141-154.

Black, S. (1992) Coming home: The relationship of expatriate expectations with repatriation adjustment and job performance. *Human Relations* 45 (2): 177-192.

Black, S. and G. Stephens (1989) The influence of the spouse on American expatriate adjustment and intent to stay in Pacific Rim overseas assignments. *Journal of Management* 15 (4): 529-544.

Black, S. and H. Gregersen (1991a) Antecedents to cross-cultural adjustment for expatriates in Pacific Rim assignments. *Human Relations* 44 (5): 497-515.

Black, S. and H. Gregersen (1991b) When yankee comes home: Factors related to expatriate and spouse repatriation adjustment. *Journal of International Business Studies* : 671-694.

Black, S. and M. Mendenhall (1991) The U-curve adjustment hypothesis revisited: A review and theoretical framework. *Journal of International Business Studies* : 225-247.

Black, S., H. Gregersen and M. Mendenhall (1992) *Global Assignments*. San Francisco: Jossey-Bass.

Black, S. and S. Krishna (1994) "Euro Disneyland" (Thunderbird Case)

Bonvillian, G. and W. Nowlin (1994) Cultural awareness: *An essential element of doing business abroad. Business Horizons*, November/December: 44-54.

Borg, M. (1988) International Transfers of Managers in Multinational Corporations. Uppsala: *Studia Oeconomiae Negotorum*.

Boutellier, R., O. Gassmann and M. von Zedtwitz (2000) *Managing Global Innovation: Uncovering the Secrets of Future Competitiveness*. Berlin: Springer.

Bower, J. (1970) *Managing the Resource Allocation Process*. Boston, MA: Harvard Business School Press.

Brannen, M. Y. (1993) Embedded cultures: The negotiation of societal and organizational culture in a Japanese buyout of a U. S. manufacturing plant. Presented at the Annual Meeting, Academy of Management, Atlanta, Georgia.

Brannen, M. Y. and J. Wilson (1996) Recontextualization and internationalization: Lessons in transcultural materialism from the Walt Disney company. *CEMS Business Review* 1 (1,2): 97-110.

Brett, J. (1980) The effect of transfer on employees and their families. In: Cooper et al. (eds.) *Current Concerns in Occupational Stress*. London: John Wiley.

Brooke, M. and H. L. Remmers (1978) *The Strategy of Multinational Enterprise*. London: Pitman.

Buckley, P. (1987) *The Theory of the Multinational Enterprise. Uppsala*: Acta Universitas Upsalienis, Almquist and Wiksell International.

Bulmann, R. and C. Wortman (1977) Attribution of blame and coping in the real world. *Journal of Personality and Social Psychology*, 35: 351-363.

Burgelman, R. (1983) A model of the interaction of strategic behavior, corporate context, and the concept of strategy. *Academy of Management Review* 8: 61-70.

Cantwell, J. (1989) *Technological Innovation and Multinational Corporations*. Oxford: Basil Blackwell.

Carrol, M. (1982) Culture. In: J. Freeman (ed.), *Introduction to Sociology: A Canadian Focus*. Scarborough: Prentice Hall.

Casson, M. (1987) *The Firm and the Market*. Cambridge, MA: MIT Press.

Caudill, W. and H. Weinstein (1974) Maternal care and infant behavior in Japan and America. In: R. Smith et al. (eds.) *Japanese Culture: Its Development and*

*Characteristics*. Chicago: Aldine.

Caves, R. (1971) International corporations: The industrial economics of foreign direct investment. *Economica* 38: 1-27.

Chakravarthy, B. and H. Perlmutter (1985) Strategic planning for a global business. *Columbia Journal of World Business*, 20: 3-10.

Chandler, A. (1962) *Strategy and Structure: Chapters in the History of the Industrial Enterprise*. Cambridge, MA: MIT Press. (三菱経済研究所訳『経営戦略と組織』実業之日本社)

Channon, D. (1973) *The Strategy and Structure of British Enterprise*. London: McMillan.

Chiesa, V. (1995) Globalizing R&D around centres of excellence. *Long Range Planning* 28 (6): 19-28.

Child, J. (1973) Strategies of control and organizational behavior, *Administrative Science Quarterly*, March

Coase, R. (1937) The nature of the firm. *Economica*, N. S. 4: 386-405.

Cohen, W. and D. Levinthal (1990) Absorptive capacity: A new perspective on learning and innovation. *Administrative Science Quarterly* 35: 128-152.

Collis, D. and C. Montgomery (1995) Competing on resources: Strategy in the 1990s. *Harvard Business Review*, July/August: 翻訳版：慶應義塾大学ビジネススクールノート

Conroy, M., R. Hess, H. Azuma, and K. Kashiwagi (1980) Material strategies for regulating children's behavior: Japanese and American families. *Journal of Cross-Cultural Psychology* 11: 153-172.

Contractor, F. and P. Lorange (1988) *Cooperative Strategies in International Business*. Lexington, MA: D. C. Heath.

Daft, R. (1998) *Organization Theory and Design* Cincinnati, OH: South-Western College Publishing.

Daniels, J., R. Pitts and M. Tretter (1984) Strategy and structure of U. S. multinationals: An exploratory study. *Academy of Management Journal*, 27: 292-307.

De Meyer (1987)「ネッスル」(INSEADケース)

Deal, T. and A. Kennedy (1982) *Corporate Cultures. Reading*, MA: Addison-Wesley.

Deshpande, R. and J. Farley (2002), quoted by Silverthorne, S. (2002) The country effect: Does location mattes? *Harvard Business School Working Knowledge*, February 25.

Dierickx, I. and K. Cool (1989) Asset stock accumulation and sustainability of competitive advantage, reply. *Management Science* 35: 1514.

DiMaggio, P. and W. Powell (1983) The iron cage revisited: Institutional isomorphism and collective rationality in organizational fields. *American Sociological Review* 48 (April): 147-160.

Doz, Y. (1976) National Policies and Multinational Management, doctoral dissertation, Harvard Business School.

Doz, Y. (1979) *Government Control and Multinational Strategic Management: Power Systems and Telecommunication Equipment.* New York: Praeger.

Doz, Y. (1980) Strategic management in multinational companies. *Sloan Management Review* 21 (2): 27-46.

Doz, Y. (1986) *Strategic Management in Multinational Companies.* Oxford: Pergamon.

Doz, Y. (1996) The evolution of cooperation in strategic alliances: Initial conditions or learning processes? *Strategic Management Journal*, 17: 55-83

Doz, Y. and G. Hamel (1998) *Alliance Advantage: The Art of Creating Value through Partnering.* Boston, MA: Harvard Business School Press.（志太勤一、柳孝一監訳『競争優位のアライアンス戦略』ダイヤモンド社）

Doz, Y. and S. Ghoshal (1993) Organizing for Europe: One size does not fit all! Working Paper, INSEAD, Fontainebleau, France.

Doz, Y. and C. K. Prahalad (1981) Headquarters' influence and strategic control in MNCs. *Sloan Management Review* 23 (1): 15-29.

Doz, Y. and C. K. Prahalad (1984) Patterns of strategic control in multinational corporations. *Journal of International Business Studies* 15 (2): 55-72.

Doz, Y. and S. Rangan (1997) Exploring global coordination: An unifying framework. INSEAD Working Paper, Fontainebleau, France.

Doz, Y., J. Santos and P. Williamson (2001) *From Global to Metanational.* Boston: Harvard Business School Press.

Doz, Y., K. Asakawa , J. Santos and P. Williamson (1997) The metanational corporation. INSEAD Working Paper, Fontainebleau, France.

Dunning, J. (1993) *Multinational Enterprises and the Global Economy.* Wokingham, England: Addison-Wesley.

Dunning, J. (1981) *International Production and the Multinational Enterprise.* London: Allen and Unwin.

Dunning, J. (1994) Re-evaluating the benefits of foreign direct investment. *Transnational Corporation*, 3 (1): 23-52.

Dunning, J. (1995) Reappraising the eclectic paradigm in an age of alliance capitalism. *Journal of International Business Studies* 26 (3): 461-492.

Dyer, J. and H. Singh (1998) The relational view: Cooperative strategy and sources of interorganizational competitive advantage. *Academy of Management Review* 23 (4): 660-679.

Edström, A. and J. Galbraith (1977) Transfer of managers as a coordination and control strategy in multinational organizations. *Administrative Science Quarterly* 22: 248-267.

Egelhoff, W. (1982) Strategy and structure in multinational corporations: An information processing approach. *Administrative Science Quarterly* 27 (3): 435-458.

Egelhoff, W. (1988) *Organizing the Multinational Enterprise: An Information Processing Perspective*. Cambridge, MA: Ballinger.

Erikson, E. (1950) *Childhood and Society*. New York: Norton. (仁科弥生訳『幼児期と社会1・2』みすず書房)

Etzioni, A. (1980) Compliance structures. In: A. Etzioni et al. (eds.), *A Sociological Reader on Complex Organizations* Holt, Rinehart and Winson: 87-100.

Fayerweather, J. (1978) *International Strategy and Administration*, Ballinger

Ferraro, G. (1990) *The Cultural Dimension of International Business*. New Jersey: Prentice-Hall.

Fleck, L. (1979) *Genesis and Development of a Scientific Fact*. Chicago: University of Chicago Press.

Fouraker, L. E. and J. Stopford (1968) Organizational structure and multinational strategy, *Administrative Science Quarterly* 13 (1): 47-64

Franko, L. (1974) The move toward a multidivisional structure in European organizations. *Administrative Science Quarterly* 19: 493-506.

Franko, L (1976) *The European Multinationals: A Renewed Challenge to American and British Big Business*. Stanford, Conn: Greylock.

Fratochii, L. and U. Holm (1998) Centers of excellence in the international firm. In: Birkinshaw et al. (eds.), *Multinational Corporate Evolution and Subsidiary Development*, 189-212. Basingstoke: MacMillan

Freeman, C. (1982) *The Economics of Industrial Innovation*. Cambridge, MA: MIT Press.

Freud, S. (1933) *New Introductory Lectures on Psychoanalysis*. New York: Norton. (高橋義孝、下坂幸三訳『精神分析入門 上・下』新潮文庫)

Frost, T. (2001) The geographic sources of foreign subsidiaries' innovations. *Strategic Management Journal* 22 (2): 101-123.

Frost, T., J. Birkinshaw and P. Ensign (2002) Centers of excellence in multinational corporations. *Strategic Management Journal* 23 (11): 997-1018.

Galbraith, J. and D. Nathanson (1978) *Strategy Implementation: The Role of Structure and Process*. St. Paul, Minn: West. (岸田民樹訳『経営戦略と組織デザイン』白桃書房)

Galtung, J. (1981) Structure, culture, and intellectial style: An essay comparing saxonic, teutonic, gallic and nipponic approaches. *Social Science Information*, 20 (6): 817-856.

Gassmann, O. and M. von Zedtwitz (1999) New concepts and trends in international R&D organization. *Research Policy* 28: 231-250.

Gates, S. (1994) The changing global role of human resources function. Report No. 1062-94-RR. The Conference Board, New York.

Gerybadze, A. and G. Reger (1999) Globalization of R&D: Recent changes in the management of innovation in transnational firms. *Research Policy* 28: 251-274.

Ghemawat, P. (2002) How to look at globalization, Interviewed by M. Lagace, Harvard Business School Working Knowledge, June 10.

Ghoshal, S. and C. Bartlett (1988) Creation, adoption, and diffusion of innovations by subsidiaries of multinational corporations. *Journal of International Business Studies*, Fall: 365-388.

Ghoshal, S. and C. Bartlett (1990) The multinational corporation as an interorganizational network. *Academy of Management Review* 15 (4): 603-625.

Ghoshal, S. and C. Bartlett (1997) *The Individualized Corporation: A Fundamentally New Approach to Management*. New York: Harper Business. (グロービス・マネジメント・インスティテュート訳『個を活かす企業』ダイヤモンド社)

Ghoshal, S. and N. Nohria (1989) Internal differentiation with multinational corporations. *Strategic Management Journal* 10: 323-337.

Ghoshal, S. (1987) Global strategy: An organizing framework. *Strategic Management Journal* 8: 425-440.

Goehle, D. (1980) *Decision Making in Multinational Corporations*. Ann Arbor: UMI Research Press.

Gomes-Casseres and Krista McQuade (1991) Xerox and Fuji Xerox, Harvard Business School Case 391-156.

Gomes-Casseres, B. (1990) Firm ownership preferences and host government restrictions. An integrated approach. *Journal of International Business Studies*, 21 (1): 1-22.

Gomes-Casseres, B. (1993) Managing international alliances: Conceptual framework.

Harvard Business School Note: 9-793-133.

Gomes-Casseres, B. (1996) *The Alliance Revolution*. Cambridge, MA: Harvard University Press.

Gomes-Casseres, B. (1989) Joint ventures in the face of global competition. *Sloan Management Review*, 30: 17-26.

Goold, M., A. Campbell and M Alexander (1994) *Corporate-Level Strategy: Creating Value in the Multibusiness Company*. New York: Wiley.

Granovetter, M. (1985) Economic action and social structure: The problem of embeddedness. *American Journal of Sociology* 91 (3): 481-510.

Granstrand, O., O. Hakanson and L. Sjolander, eds, (1992) *Technology Management and International Business: Internationalization of R&D and Technology*. Chichester, NY: Brisbane.

Gulati, R. (1995a) Social structure and alliance formation patterns: A longitadinal analysis. *Administrative Science Quarterly* 40 (4): 619-652.

Gulati, R. (1995b) Does familiarity breed trust? The implications of repeated ties for contractual choice in alliances. *Academy of Management Journal* 38 (1): 85-112.

Gupta, A. and V. Govindarajan (1991) Knowledge flows and the structure of control within multinational corporations. *Academy of Management Review* 16: 768-792.

Gupta, A. and V. Govindarajan (2000) Knowledge flows within multinational corporations. *Strategic Management Journal* 21 (4): 473-496.

Hagedoorn, J. (1996) The economics of cooperation among high-tech firms: Trends and patterns in strategic partnering since the early seventies. In: G. Koopmans et al. (eds.), The Economics of High-Technology Competition and Cooperation in Global Markets, 173-198. Hamburg: HWWA.

Hakanson, L. and R. Nobel (1993) Determinants of foreign R&D in Swedish multinationals. *Research Policy* 22 (5-6): 397-411.

Hall, E. (1977) *Beyond Culture*. Garden City, NY: Anchor Press.

Hamel, G. (1991) Competition for competence and inter-partner learning within international strategic alliances, *Strategic Management Journal*, 12: 83-103.

Hamel, G., Y. Doz and C. K. Prahalad (1989) Collaborate with your competitors and win, *Harvard Business Review* January-February: 133-139.

Harvey, M. (1985) The executive family: An overlooked variable in international assignments. *Columbia Journal of World Business*, 20: 84-92.

Harzing, A-W. (2000) An empirical analysis and extension of the Bartlett and Ghoshal typology of multinational companies. *Journal of International Business*

*Studies*, 31 (1): 101-120.

Haspeslagh, P. and D. Jemison (1991) *Managing Acquisitions: Creating Value through Corporate Renewal*. New York: Free Press.

Hedlund, G. (1980) The role of foreign subsidiaries in strategic decision-making in Swedish multinational corporations. *Strategic Management Journal* 9: 23-26.

Hedlund, G. (1981) Autonomy of subsidiaries and formalization of headquarters-subsidiary relationships in Swedish MNCs. In L. Otterbeck (ed.) *The Management of Headquarters-Subsidiary Relationships in Multinational Corporations*. 25-78. Aldershot: Gower.

Hedlund, G. (1984) Organization in-between: The evolution of the mother-daughter structure of managing foreign subsidiaries in Swedish MNCs. *Journal of International Business Studies*.

Hedlund, G. (1986) The hypermodern MNC: A heterarchy? *Human Resource Management* 25: 9-35.

Hedlund, G. and D. Rolander (1990) Action in heterarchies: New approaches to managing the MNC. In: C. Bartlett et al., (eds.) *Managing the Global Firm*. London: Routledge. BOOK chap.

Heenan, D. and H. Perlmutter (1979) *Multinational Organization Development: A Social Architecture Perspective*. Reading, MA: Addison-Wesley.

Henderson, R. and K. Clark (1990) Archtectural innovation: The reconfiguration of existing product technologies and the failure of established firms. *Administrative Science Quarterly*, 35: 9-30.

Hennart, J. F. (1991) The transaction costs theory of joint ventures: an empirical study of Japanese subsidiaries in the United States. *Management Science*, 37: 483-497.

Hill, C. (2001) *International Business*. Boston, MA: Irwin/McGraw-Hill.

Hodgetts, R. and F. Luthans (2000) *International Management*. Boston, MA: Irwin/McGraw-Hill.

Hoffmann, S. (1966) Obstinate or obsolete? The fate of the Nation-States and the case of Europe. *Daedalus*.

Hofstede, G. (1980) *Culture's Consequences: International Differences in Work-Related Values*. Sage Publications, Beverly Hills, CA. (万成博、安藤文四郎監訳『経営文化の国際比較』産業能率大学出版部)

Hofstede, G. (1983) Dimensions of national cultures in fifty countries and three regions. In *Expiscations in Cross-Cultural Psychology*, J. B. Deregowski, et al. (eds), Swets and Zeitlinger, Lisse, Netherlands.

347

Hofstede, G. and M. H. Bond (1984) Hofstede's culture dimensions: an independent validation using Rokeach's value survey. Journal of Cross-Cultural Psychology. 15 (4): 417-433.

Hofstede, G. (1991) *Cultures and Organizations: Software of the Mind*. McGraw-Hill, New York, NY. (岩井紀子、岩井八郎訳『多文化世界』有斐閣)

Humes, S. (1993) *Managing the Multinational*. New York: Prentice-Hall.

Hymer, S. (1960) *The International Operations of National Firms*. Doctoral dissertation, MIT. Published in 1976, Cambridge, MA: MIT Press. (宮崎義一編訳『多国籍企業論』岩波書店)

Inkpen, A. (1998) Learning and knowledge acquisition through international strategic alliances. *Academy of Management Executive* 12 (4): 69-80.

Inkpen, A. (1992) Learning and collaboration: An examination of North American-Japanese joint ventures. Doctoral Dissertation, The University of Western Ontario.

Jaffee, A., M. Trachtenbert and R. Henderson (1993) Geographical localization of knowledge spillovers: Evidence from patent citations. *Quarterly Journal of Economics*, 108: 577-598.

Jarillo, J. and J. Martinez (1990) Different roles for subsidiaries: The case of multinational corporations in Spain. *Strategic Management Journal*, 11: 501-512.

Jeannet, J-P. (2000) *Managing with a Global Mindset*. London: Prentice-Hall; Financial Times; Pearson Education.

Johanson, J. and L. Mattson (1987) Interorganizational relations in industrial systems: A network approach compared with a transaction cost approach. *International Studies of Management and Organization*. 17: 34-48.

Johanson, J. (1995) An empirical analysis of the Integration-Responsiveness framework: U. S. construction equipment industry firms in global competition. *Journal of International Business Studies*, 26 (3): 621-636.

Kanter, R. M. and T. Dretler (1998) Global strategy and its impact on local operations: Lessons from Gilette Singapore. *Academy of Management Executive* 12 (4): 60-68.

Keohane, R. and J. Nye (2000) Introduction. In: J. Nye et al., (eds.) *Governance in a Globalizing World*. Brookings Press.

Kets de Vries, M. and C. Mead (1991) Identifying management talent for a pan-European environment. In. S. Makridakis (ed.) *Single Market Europe*. San Francisco: Jossey Bass: 215-235.

Kiefer, C. (1970) *The psychological interdependence of family, school, and bureaucracy in Japan*. American Anthropologist, 72: 66-75.

Kim, C. and R. Mauborgne (1991) Implementing global strategies: The role of procedural justice. *Strategic Management Journal* 12: 125-143.

Knickerbocker, F. (1973) *Oligopolistic Reaction and the Multinational Enterprise*. Cambridge, MA: Harvard University Press.

Kogut, B. (1985a) Designing global strategies: Comparative and competitive value added chains. *Sloan Management Review* (Summer): 15-28.

Kogut, B. (1985b) Designing global strategies: Profiting from operational flexibility. *Sloan Management Review* (Fall): 27-38.

Kogut, B. (1990) The permeability of borders and the speed of learning among countries. In: J. Dunning et al. (eds.) *Globalization of firms and the competitiveness of nations*, 59-90. Lund, Sweden: Lund University Press.

Kogut, B. and S. Chang (1991) Technological capabilities and Japanese direct investment in the United States. *Review of Economics and Statistics*, LXXIII: 401-413.

Kogut, B. and U. Zander (1992) Knowledge of the firm, combinative capabilities, and the replication of technology. *Organization Science* 3: 383-397.

Kogut, B. and U. Zander (1993) Knowledge of the firm and the evolutionary theory of the multinational corporation. *Journal of International Business Studies* 24 (4): 625-645.

Korine, H., K. Asakawa and P. Y. Gomez (2002) Partnering with the unfamiliar: Lessons from the case of Renault and Nissan. *Business Strategy Review* 13 (2): 41-50.

Korine, H., K. Asakawa, and P. Y. Gomez (2003) The importance of the agreement formation process in partnering with the unfamiliar: The case of Renault and Nissan. Chapter 17. Palo Alto: Stanford University Press.

Kroeber, A. and F. Kluckhohn (1952) *Culture: A Critical Review of Concepts and Definitions*. Peabody Museum Papers 47 (1): 181. Cambridge, MA: Harvard University.

Kuemmerle, W. (1997) Building effective R&D capabilities abroad. *Harvard Business Review* March/April: 61-70.

Kuemmerle, W. (1999) Foreign direct investment in industrial reserch in the pharmaceutical and electronics industries: results from a survey of multinational firms. *Research Policy* 28: 179-193.

Kuemmerle, W. (2001) Creating Value across borders. *Harvard Business School Working Knowledge*, February 12.

Lane, H., J. DiStefano and M. Maznevski (2000) *International Management Behavior*. Oxford: Blackwell.

Laurent, A. (1983) The cultural diversity of Western conceptions of management. International *Studies of Management and Organization*. 13: 75-96.

Laurent, A. (1986) The cross-cultural puzzle of international human resource management. *Human Resource Management* 25: 91-102.

Lawrence, P. and J. Lorsch (1967) *Organizationa and Environment: Managing Differentiation and Integration*. Boston: Harvard Business School Press.

Lebra, T. (1976) *Japanese Patterns of Behavior*. Honolulu: University of Hawaii Press.

Lehrer, M. and K. Asakawa (1999) Unbundling European operations: Regional management and corporate flexibility in American and Japanese MNCs. *Journal of World Business* 34 (3): 267-284.

Lehrer, M. and K. Asakawa (2002) Offshore knowledge incubation: The third path for embedding R&D labs in foreign systems of innovation. *Journal of World Business* 37 (4): 297-306.

Lehrer, M. and K. Asakawa (2003) Managing intersecting R&D social communities: A comparative study of European knowledge incubators in Japanese and American firms. *Organization Studies* 24 (5): 771-792.

Lehrer, M (1996). The German model of industrial strategy in turbulence : Corporate governance and managerial hierarchies in Lufthansa. Discussion Paper FSI 96-307,WZB, Berlin.

Lenway, S. and T. Murtha (1994) The state as strategist in international business research. *Journal of International Business Studies*, 25 (3): 513-536.

Leonard-Barton, D. (1993) Hewlett-Packard Singapore (A) (B) (C), Harvard Business School Case (694-035〜037).「ヒューレット・パッカード・シンガポール (A) (B) (C)」慶應義塾大学ビジネススクールケース (浅川和宏監修)。

Leonard-Barton, D. (1995) *Wellsprings of Knowledge: Building and Sustaining the Sources of Innovation*. Boston: Harvard Business School Press.

Levitt, T. (1983) *The globalization of markets*. Harvard Business Review 61 (3): 92-102.

Lipmann, S. and R. Rumelt (1982) Uncertain imitability: An analysis of interfirm differences in efficiency under competition. *Bell Journal of Economics*, 13: 418-438.

Lorange, P. (1976) A framework for strategic planning in multinational corporations. *Journal of Long Range Planning*, June: 276-288.

Makino, S. and P. Beamish (1998) Performance and survival of joint ventures with non-conventional ownership structures. *Journal of International Business Studies*, 29 (4): 797-818.

Malnight, T. (1995) Globalization of an ethnocentric firm: An evolutionary perspective. *Strategic Management Journal* 16 (2): 119-142.

Martinez, J. and J. Jarillo (1989) The evolution of research on coordination mechanisms in multinational corporations. *Journal of International Business Studies* 20 (3): 489-514.

Maruyama, M. (1984) Alternative concepts of management: Insights from Asia and Africa. Asia Pacific Journal of Management: 100-111.

McEvily, B. and A. Zaheer (1999) Bridging ties: A source of firm heterogeneity in competitive capabilities. *Strategic Management Journal* 20 (12): 1133-1156.

Mead, R. (1994) *International Management*. Oxford: Blackwell.

Mendenhall, M. and G. Oddou (1985) The dimensions of expatriate acculturation: A review. *Academy of Management Review* 10 (1): 39-47.

Miles, R. and C. Snow (1978) *Organizational Strategy, Structure, and Process*. New York: McGraw-Hill.

Miles, R. and C. Snow (1994) *Fit, Failure and the Hall of Fame*. New York: Free Press.

Mintzberg, H. (1973) *The Nature of Managerial Work*. New York: Harper & Row. (奥村哲史、須貝栄訳『マネジャーの仕事』白桃書房)

Moore, K. and J. Birkinshaw (1998) Managing knowledge in global service firms: Centers of excellence. *Academy of Management Executive*, 12 (4): 81-92.

Morrison, A., D. Ricks and K. Roth (1991) Globalization versus regionalization: Which way for the multinational? *Organizational Dynamics*, 19 (Winter): 17-29.

Murtha, T., S. Lenway and R. Bogozzi (1998) Global mind-sets and cognitive shifts in a complex multinational corporation. *Strategic Management Journal* 19 (2): 97-114.

Murtha, T., S. Lenway and J. Hart (2001) Managing New Industry Creation: Global Knowledge Formation and Entrepreneurship in High Technology, Stanford: Stanford University Press.

Nobel, R. and J. Birkinshaw (1998) Innovation in multinational corporations: Control and communication patterns in international R&D management. *Strategic Management Journal* 19 (5): 479-496.

Nohria, N. and S. Ghoshal (1993) Horses for courses: Organizational forms for multinational corporations. *Sloan Management Review* 34 (2): 23-35.

Nohria, N. and S. Ghoshal (1997) *The Differentiated Network: Organizing Multinational Corporations for Value Creation*. San Francisco: Joeesy-Bass.

Nonaka, I. (1994) A dynamic theory of organizational knowledge creation. *Organization Science* 5: 14-37.

Nonaka, I. and H. Takeuchi (1995) *The Knowledge-Creating Company*. New York: Oxford University Press. (梅本勝博訳『知識創造企業』東洋経済新報社)

North, D. (1991) *Institutions, Institutional Change and Economic Performance*. Cambridge: Cambridge University Press.

Nye, J. and J. Donahue, eds. (2000) *Governance in a Globalizing World*. Brookings Press.

O'Donnell, S. W. (2000) Managing foreign subsidiaries: Agents of headquarters, or an interdependent network? *Strategic Management Journal*, 21 (5): 525-548.

Oberg, K. (1960) Culture shock: *Adjustment to new cultural environment*. Practical Anthropologist, 7: 177-182.

Osland, J. (1991) The overseas experience of expatriate businerss people: Paradox and cultural involvement: presented at the Academy of Management Meetings, Miami.

Ouchi, W. (1977) The relationship between organizational structure and organizational control. *Administrative Science Quarterly* 22: 95-113.

Ouchi, W. (1981) *Theory Z*. Reading, MA: Addison-Wesley. (徳山二郎監訳『セオリーZ』CBS・ソニー出版)

Parker, B. (1998) *Globalization and Business Practice*. London: Sage.

Parkhi, A. (1993) Messy research, methodological predispositions, and theory development in international joint ventures. *Academy of Management Review*, 18: 227-268.

Patel, P. and K. Pavitt (1992) Large firms in the production of the world's technology: An important case of non-globalization. *Journal of International Business Studies* 22 (1): 1-22.

Penrose, E. (1958) The Theory of the Growth of the Firm. *Economic Journal*, 60: 220-235.

Perlmutter, H. (1969) The tortuous evolution of the multinational corporation. *Columbia Journal of World Business* 4: 9-18.

Peters, T. and R. Waterman (1982) *In Search of Excellence*. New York: Harper & Row. (大前研一訳『エクセレント・カンパニー』英治出版)

Polanyi, M. (1962) *Personal Knowledge: Towards a Post-Critical Philosophy*. Chicago University Press, Chicago. (長尾史郎訳『個人的知識』ハーベスト社)

Polanyi, M.(1966) *The Tacit Dimension*. London: Routledge.(佐藤敬三訳『暗黙知の次元』紀伊國屋書店)

Pooley-Dias, G. (1972) Strategy and Structure of French Enterprise. Doctoral Dissertation, Harvard Business School.

Porter, M.(1980) *Competitive Strategy*. New York: Free Press.(土岐坤他訳『競争の戦略』ダイヤモンド社)

Porter, M. (1986) *Competition in Global Industries* (ed.) Boston, MA: Harvard Business School Press.(土岐坤他訳『グローバル企業の競争戦略』ダイヤモンド社)

Porter, M.(1990) *The Competitive Advantage of Nations*. London: Macmillan.(土岐坤他訳『国の競争優位 上・下』ダイヤモンド社)

Powell, W. (1987) Hybrid organizational arrangements: New form or transitional development? *California Management Review* 30 (1): 67-87.

Powell, W. (1988) Institutional effects on organizational structure and performance. In: L. Zucker (ed.) *Institutional Patterns and Organizations: Culture and Environment*. Cambridge, MA: Ballinger.

Powell, W. (1990) Neither market nor hierarchy: Network forms of organization. In B. Staw et al. (eds.) *Research in Organizational Behavior*, 12: 295-336.

Powell, W., K. Koput and L. Smith-Doerr (1996) Interorganizational collaboration and the locus of innovation: networks of learning in biotechnology. *Administrative Science Quarterly* 41 (1): 116-145.

Prahalad, C. K. (1975) The Strategic Process in a Multinational Corporation. Doctoral dissertation, Harvard Business School.

Prahalad, C. K. and Y. Doz (1981) An approach to strategic control in MNCs. *Sloan Management Review. Summer*: 5-13.

Prahalad, C. K. and Y. Doz (1987) *The Multinational Mission: Balancing Local Demands and Global Vision*. New York: Free Press.

Prahalad, C. K. and G. Hamel (1990) The core competence of the corporation. *Harvard Business Review*, May-June: 79-91.

Probert, J. and H. Schütte (1994)「グラバーベルと旭硝子」(INSEADケース、翻訳版:慶應義塾大学ビジネススクール)

Pucik, V., N. Tichy and C. Barnett eds. (1992) *Globalizing Management*. New York: John Wiley & Sons, Inc.

Rangan, S. (1994) *Are MNEs an impediment to trade adjustment? Transnational Corporations*, 3: 52-80.

Reyes, A. and D. Blagg (2001) New paths to success in Asia. *Harvard Business School*

*Warking Knowledge* April 30.

Roberts, E. and C. Berry (1985) Entering new businesses: Selecting strategies for success. *Sloan Management Review,* 26 (3): 3-17.

Rodrik, D. (2002) Globalization good for whom? *Harvard Business School Working Knowledge,* July 29.

Ronen, S. and O. Shenkar (1985) Clustering countries on attitudianl dimension: A review and synthesis. *Academy of Management Journal:* 435-454.

Ronstadt, R. (1977) *Research and Development Abroad by U. S. Multinationals.* New York: Praeger.

Ronstadt, R. (1978) International R&D: The establishment and evolution of research and development abroad by seven U. S. multinationals. *Journal of International Business* Studies 9: 7-24.

Rosenzweig, P. and J. Singh (1991) Organizational environments and the multinational enterprise. *Academy of Management Review,* 16 (2): 340-361.

Ross, J. (1999) Value judgements: Business ethics across borders. Harvard Business School Working Knowledge, October 12, 1999.

Roth, K. and A. Morrison (1990) An empirical analysis of the integration-responsiveness framework in global industries. *Journal of International Business Studies,* 21 (4): 541-564.

Roth, K., D. Schweiger & A. Morrison (1991) Global strategy implementation at the business unit level: Operational capabilities and administrative mechanisms. *Journal of International Business Studies,* 22 (3): 369-402.

Rothbaum, F., J. Weisz and S. Snyder (1982) Changing the world and changing the self: A two process model of perceived control. *Journal of Personality and Social Psychology* 42: 5-37.

Rugman, A. (1983) The comparative performance of U. S. and European multinational enterprises. *Management International Review,* 23: 4-14.

Rugman, A. (2000) *The End of Globalization.* New York: Random House (2001version as well)

Rumelt, R. (1974) *Strategy, Structure and Economic Performance.* Boston, MA: Harvard Business School Press.

Rumelt, R. (1991) How much does industry matter? *Strategic Management Journal* 12 (3): 167-185.

Sakakibara, K. and E. Westney (1992) Japan's management of global innovation: Technology management crossing borders. In: N. Rosenberg, et al. (eds.) *Technology and the Wealth of Nations,* Stanford University Press.

Saxenian, A. (1994) *Regional Advantage: Culture and Competition in Silicon Valley*. Cambridge, MA: Harvard University Press. (大前研一訳『現代の二都物語』講談社)

Schein, E. H. (1985) *Organizational Culture and Leadership*. SanFrancisco: Jossey-Bass. (清水紀彦、浜田幸雄訳『組織文化とリーダーシップ』ダイヤモンド社)

Schneider, S. and K. Asakawa (1995) American and Japanese Expatriate Adjustment. *Human Relations* 48 (10): 1109-1127.

Scott, B. (1973) The industrial state: Old myths and new realities. *Havard Business Review* 51: 94-102.

Serapio, M. and W. Cascio (1996) End-games in international alliances. *Academy of Management Executive* X (1): 62-73.

Shan, W. and J. Song (1997) Foreign direct investment and the sourcing of technological advantage: Evidence from the biotechnology industry. *Journal of International Business Studies* 28 (2): 267-284.

Shaver, J. M. and F. Flyer (2000) Agglomeration economies, firm heterogeneity, and foreign direct investment in the United States. *Strategic Management Journal*, 21 (12): 1175-1193.

Silverthorne, S. (2002) The country effect: Does location matter? *Harvard Business School Working Knowledge*, February 25.

Smith, W. and R. Charmoz (1975) Coordinate line management. Working Paper, Chicago: Searle International.

Sohn, J. (1994) Social knowledge as a control system: A proposition and evidence from the Japanese FDI behavior, *Journal of International Business Studies* 25 (2): 295-324.

Spekman, R., L. Isabella, T. MacAvoy and T. Forbes (1997) Alliance and Partnership Strategies, ICEDR Report.

Spencer, J. (2003) Firms' knowledge-sharing strategies in the global innovation system: Empirical evidence from the flat panel display industry. *Strategic Management Journal*. 24 (3): 217-234.

Steining, B. and M. Hammer (1992) Cultural baggage and the adaptation of expatriate American and Japanese managers. *Management International Review* 32 (1): 77-89.

Stopford, J. (1968) Growth and Organizational Change in the Multinational Field. Doctoral Dissertation, Harvard Business School.

Stopford, J. (1995) *Competing globally for resources. Transnational Corporations*, 4

(2): 34-57.

Stopford, J. and L. Wells (1972) *Managing the Multinational Enterprise*. New York: Basic Books. (山崎清訳『多国籍企業の組織と所有政策』ダイヤモンド社)

Subramaniam, M. and N. Venkatraman (2001) Determinants of transnational new product development capability. *Strategic Management Journal* 22 (4): 359-378.

Surlemont B. (1998) A typology of centers within multinational corporations: AN empirical investigation. In: J. Birkinshaw et al., (eds.), *Multinational Corporate Evolution and Subsidiary Development* 162-188. Basingstoke: MacMillan.

Taggart, J. (1991) Determinants of the foreign R&D locational decision in the pharmaceutical industry. *R&D Management*, 21: 229-240.

Taggart, J. and M. McDermott (1993) *The Essence of International Business*. New York: Prentice-Hall.

Tannenbaum, A. 1968. *Control in Organizations* McGraw-Hill 1968.

Taylor, W. (1991) The logic of global business: An interview with ABB's Percy Barnevik. *Harvard Business Review*, March-April: 91-105. (「マルチ・ドメスティック企業論」『ダイヤモンド・ハーバード・ビジネス』6・7月号、1991年)

Taylor, S., S. Beechler, and N. Napier (1996) Towards an integrative model of strategic international human resource management. *Academy of Management Review*, 21 (4): 959-985.

Teece, D., G. Pisano and A. Shuen (1997) Dynamic capabilities and strategic management. *Strategic Management Journal* 18 (7): 509-534.

Terpstra, V. (1977) International product policy: The role of foreign R&D. *Columbia Journal of World Business*, Winter: 24-32.

Thanheiser and Lehrer (1997)「ルフトハンザ航空（短縮版）」(INSEADケース、翻訳版：慶應義塾大学ビジネススクール、浅川和宏監修)

Thanheiser, H. (1972) Strategy and Structure of German Firms. Doctoral Dissertation, Harvard Business School.

Thompson, J. (1967) *Organizations in Action*. New York: McGraw-Hill. (高宮晋監訳『オーガニゼーション・イン・アクション』国文館出版)

Thurow, L. (1992) *Head to Head: The Coming Economic Battle Among Japan, Europe, and America*. New York: Morrow. (土屋尚彦訳『大接戦』講談社)

Tolbert, P. (1988) Institutional sources of organizational culture in major law firms. In: L. Zucker (ed.) Institutional Patterns and Organizations. Cambridge, MA: Ballinger.

Trompenaars, C. (1994) *Riding the Wave of Culture*. Burr Ridge: Irwin. (須貝栄訳『異文化の波』白桃書房)

Trompenaars, F. and C. Hampden-Turner (1998) *Riding the Waves of Culture: Understanding Diversity in Global Business* 2nd ed. New York: McGraw-Hill.

Tung, R. (1988a) Career issues in international assignments. *Academy of Management Executive*, 11 (3): 241-244.

Tung, R. (1988b) *The New Expatriates: Managing Human Resources Abroad.* Cambridge, MA: Ballinger.

Tung, R. (1987) Expatriate assignments: Enhancing success and minimizing failure. *Academy of Management Executive* 1 (2): 117-126.

Vernon, R. (1966) International investment and international trade in the product cycle. *Quarterly Journal of Economics*. 80 (2): 190-207.

Vernon, R. (1971) *Sovereignty at Bay: The Multinational Spread of U. S. Enterprise.* New York: Basic Books. (霍見芳浩訳『多国籍企業の新展開』ダイヤモンド社)

Vogel, E. and S. Vogel (1961) Family security, personal immaturity, and emotional health in a Japanese sample. *Marriage and Family Living* 23: 161-166.

von Hippel, E. (1994) Sticky information and the locus of problem solving: Implications for innovation. *Management Science*, 40 (4): 429-439.

von Hippel, E. (1988) *The Sources of Innovation*. New York: Oxford University Press. (榊原清則訳『イノベーションの源泉』ダイヤモンド社)

Weick, K. and P. Van Orden (1990) Organizing on a global scale: A research and teaching agenda. *Human Resource Management* 29 (1): 49-61.

Weisz, J., R. Rosenbaum and T. Blackburn (1984) Standing out and standing in: The psychology of control in America and Japan. *American Psychologist* 39 (9): 955-969.

Welge, M. (1981) The effective design of headquarters-subsidiary relationships in German MNCs. In: *The Management of Headquarters-Subsidiary Relationships in Multinational Corporations*. Hampshire: Gower.

Wernerfelt, B. (1984) A resource-based view of the firm. *Strategic Management Journal* 5 (2): 171-180.

Westney, E. (1993) Institutional theory and the multinational corporation. In: *Organization Theory and the Multinational Corporations*. Ghoshal, S. and E. Westney (eds.) 53-76. New York: St. Martin's Press.

White, R. E. and T. A. Poynter (1984) Strategies for foreign-owned subsidiaries in Canada. *Business Quarterly*, Summer : 59-69.

Wild, J., K. Wild and J. Han (2001) *International Business*. London: Prentice-Hall.

Williamson, O. (1975) *Markets and Hierarchies: Analysis and Antitrust Implications.*

New York: Free Press. (浅沼万里、岩崎晃訳『市場と企業組織』日本評論社)

Winter, S. (1987) Knowledge and competence as strategic assets. In Teece (ed) *The Competitive Challenge*. Cambridge, MA: Ballinger.

Wrigley, L. (1970) Divisional Aautonomy and Diversification. Doctoral Dissertation, Harvard Business School.

Yip, G. (1989) Global strategy.... in a world of nations? *Sloan Management Review*, Fall: 29-41.

Yip, G. (1992) *Total Global Strategy*… New York: Prentice-Hall.

Yoshino, M. Y. and U. S. Rangan (1995) *Strategic Alliances: An Entrepreneurial Approach to Globalization*. Boston: Harvard Business School Press.

Yoshino, M. Y. (1990)「プロクター&ギャンブル・ジャパン (A) (B) (C) (D)」 (HBSケースN9-391-003の翻訳版、慶應義塾大学ビジネススクール)

Young, S., N. Hood and J. Hamill (1985) Decision-making in foreign ownwed multinational subsidiaries in the U. K. ILO Working Paper No. 35. Geneva: ILO.

Zaheer, S. (1995) Overcoming the liability of foreignness. *Academy of Management Journal*, June: 341-363.


浅川和宏 (1999)「世界標準プラクティスの社内普及過程における障害要因：日欧製薬企業の場合」『医療と社会』9 (2)：19-53.

浅川和宏 (2002)「グローバルR&D戦略とナレッジ・マネジメント」『組織科学』36 (1)：51-67.

浅川和宏＝Y. ドーズ (2001)「資生堂フランス1998年」慶應義塾大学/INSEADケース

浅川和宏 (1999)「ABB社：新たなグローバル多角化企業モデル」『マネジメントトレンド』(Vol. 4, No. 1, pp. 88-97)

浅川和宏 (2001a)「ミーズ日本支社の日本人」慶應義塾大学ビジネススクールケース

浅川和宏 (2001b)「ミーズ日本支社の駐在員」慶應義塾大学ビジネススクールケース

浅川和宏、イブ・ドーズ (2001)「資生堂フランス1998年」慶應義塾大学ビジネススクール／INSEADケース

浅川和宏、樽井行弘 (2002)「HOYA (株) グローバリゼーション」慶應義塾大学ビジネススクールケース

安保哲夫編著 (1988)『日本企業のアメリカ現地生産』東洋経済新報社

石田英夫 (1995)「和田一夫と国際流通グループヤオハン」慶應義塾大学ビジネススクール

石田英夫（1999）『国際経営とホワイトカラー』中央経済社

石田英夫他（2002）『MBA人材マネジメント』中央経済社

伊丹敬之（1991）『グローバル・マネジメント：地球時代の日本企業』NHKブックス、日本放送協会

伊丹敬之（1998）「第1章　経営と国境：グローカル経営と経営の政治化」『リーディングス国際政治経済システム第2巻：相対化する国境1　経済活動』有斐閣

伊丹敬之（2003）　『経営戦略の論理（第3版）』日本経済新聞社

伊藤元重（1996）　『ゼミナール国際経済入門』日本経済新聞社

伊藤元重（1998）「序章・国境を越える経済活動」『リーディングス国際政治経済システム第2巻、相対化する国境1　経済活動』有斐閣

岩田智（1994）『研究開発のグローバル化：外資系企業の事例を中心として』文眞堂

岩本武和他（2001）『グローバル・エコノミー』有斐閣

馬越恵美子（2000）『異文化経営論の展開』学文社

江夏健一、首藤信彦編（1999）『多国籍企業論』八千代出版

大滝精一他（1997）『経営戦略』有斐閣

岡田正大（2001）「ポーター vs. バーニー論争の構図：RBVの可能性」『ダイヤモンド・ハーバード・ビジネス』5月号. pp88-92.

小高正裕（2001）「外資系企業日本法人の戦略的イニシアティブ」慶應義塾大学大学院経営管理研究科修士論文

加護野忠男、野中郁次郎、榊原清則、奥村昭博（1983）『日米企業の経営比較』日本経済新聞社

片岡照栄（1993）「巻頭言、研究開発は国際的な視野で」FEDジャーナル Vol. 4 No. 2.

川端基夫（2000）『小売業の海外進出と戦略：国際立地の理論と実態』新評論

桑嶋健一、高橋伸夫（2001）『組織と意思決定』朝倉書店

小林規威ほか（編）（1968）『国際経営』（講座現代の経営第7）河出書房

コリーン, H., 浅川和宏, P. Y. ゴメス（2001）「ルノー＝日産：グローバル・アライアンスの構造」慶應義塾大学／ロンドン・ビジネス・スクール・ケース

榊原清則（1995）『日本企業の研究開発マネジメント』千倉書房

島田晴雄（1988）『ヒューマンウェアの経済学』岩波書店

椙山泰生（2001）「グローバル化する製品開発の分析視角：知識の粘着性とその克服」『組織科学』35（2）: 81-94.

高橋伸夫編（2000）『超・企業組織論』有斐閣

高橋浩夫（2000）『研究開発のグローバル・ネットワーク』文眞堂

高橋浩夫（2000）『国際経営の組織と実際』（同文舘出版）

竹田志郎（1993）「第3章　多国籍企業の概念」山崎清、竹田志郎編（1995）『テキストブック国際経営・新版』有斐閣ブックス

田中真理子（1999）「ギャップジャパン（株）の店舗展開に見る海外小売事業の日本への定着」『流通システム』No. 102. 12月号

辻和成（2001）「正体見たりカルフール」『販売革新』2月号

テイラー, W.（1991）「マルチ・ドメスティック企業論」『ダイヤモンド・ハーバード・ビジネス』6・7月号. pp28-45

土居健郎（1971）『甘えの構造』弘文堂

徳田昭雄（2000）『グローバル企業の戦略的提携』ミネルヴァ書房

中原秀登（2001）『研究開発の国際マネジメント』文眞堂

根本重行、為広吉弘（2001）『グローバル・リテイラー』東洋経済新報社

長谷川信次（1998）『多国籍企業の内部化理論と戦略提携』同文舘出版

林倬史（2002）「企業間競争のグローバル化と特許戦略：知識資本主義時代の競争優位」『組織科学』35（3）: 4-14.

林吉郎（1985）『異文化インターフェイス管理』有斐閣

藤野哲也（1998）『グローバリゼーションの進展と連結経営』文眞堂

洞口治夫（2002）『グローバリズムと日本企業：組織としての多国籍企業』東京大学出版会

安室憲一（1993）『国際経営』日経文庫

矢作恒雄（1997）「ABBジャパン」慶應義塾大学ビジネススクールケース

山崎清、竹田志郎編（1993）『テキストブック国際経営』有斐閣

山下達哉、高井透（1998）『現代グローバル経営要論』同友舘

吉原英樹（1978）『多国籍経営論』白桃書房

吉原英樹、佐久間昭夫、伊丹敬之、加護野忠男（1981）『日本企業の多角化戦略』日本経済新聞社

吉原英樹、林吉郎、安室憲一（1988）『日本企業のグローバル経営』東洋経済新報社

吉原英樹（1989）『現地人社長と内なる国際化：グローバル経営の課題』東洋経済新報社

吉原英樹（1997）『国際経営』（2001年新版）有斐閣

吉原英樹他（2001）『英語で経営する時代：日本企業の挑戦』有斐閣

吉原英樹編（2002）『国際経営論への招待』有斐閣

# 索 引

〈著者略歴〉

**浅川和宏**（あさかわ・かずひろ）
慶応義塾大学大学院経営管理研究科教授
1961年東京生まれ。1985年早稲田大学政治経済学部政治学科卒。日本興業銀行勤務を経て、1991年ハーバード大学ビジネススクール経営学修士（MBA）。1993年INSEAD（欧州経営大学院）経営科学修士（M. Sc.）。1996年にINSEAD経営学博士（Ph. D.）。1995年より慶應義塾大学大学院経営管理研究科準専任講師。1997年に同助教授。2004年より現職。その間、マサチューセッツ工科大学（MIT）客員研究員。2015年よりAcademy of International Business フェロー。専攻は国際経営学、グローバル・イノベーション論。
著書：『グローバルR＆Dマネジメント』慶應義塾大学出版会,2011
主要論文：*Journal of International Business Studies, Journal of World Business, Global Strategy Journal, Research Policy* など多くの国際学術誌に多数の査読付論文を掲載。

Management
Text

マネジメント・テキスト

# グローバル経営入門（新装版）

| | |
|---|---|
| 2003年11月12日 | 1版1刷 |
| 2022年3月23日 | 2版1刷 |

| | |
|---|---|
| 著者 | 浅川和宏 |
| | ©Kazuhiro Asakawa, 2003, 2022 |
| 発行者 | 白石　賢 |
| 発行 | 日経BP<br>日本経済新聞出版本部 |
| 発売 | 日経BPマーケティング<br>〒105-8308　東京都港区虎ノ門4-3-12 |
| 装丁・本文設計 | 新井大輔 |
| 印刷・製本 | シナノ印刷 |
| DTP | マーリンクレイン |

ISBN 978-4-532-13527-0　Printed in Japan